读客®图书

Mahdoton Menestys

诺基亚总裁自述

重压之下

[芬] 约玛·奥利拉　哈利·沙库马 著

王雨阳 译

Kasvun paikkana Nokia

by Jorma Ollila and Harri Saukkomaa

文汇出版社

目　录

　　本书是对诺基亚从旧式的芬兰企业变为全球化企业的转型过程所进行的叙述，也描述了我们的团队，那些在诺基亚每天追寻梦想的人们。本书讲述了一种不同寻常的成功，但同时也描述了我们有时所显露出的糟糕的判断力，以及我们所作出的失败决策和所犯的错误。

　　我的家庭背景教导我，如果一个人想要取得成功，那么他必须要工作，而且一定得努力工作。祖父为他的企业尽心尽力，我父亲也是每周工作七天。母亲则在家辛劳地照顾我们逐渐壮大的家庭，不久之后也开始在村里的学校教书。除了带薪工作之外，我父亲还将许多时间花在他自己的项目上。每天一醒来，他便被各种各样的工作占据，日日如此。

　　当我于1992年开始担任总裁时，重建信任是我那时所面临的最重要的任务。此外我还需要组建一个新的团队……我在那个春天所做的便是去挽救公司脱离水深火热的状态。我竭力地避免使公司越陷越深，或避免士气的完全崩溃。

前　言

约玛·奥利拉：

翻翻总裁们执笔的那些书，你就会发现其见解往往贫乏而空洞，尤其是回忆录，他们的回忆很少能吸引住读者。总裁们引领着公司不断成长，营业额和利润一路高歌，随后又会进入困难时期，危机也接踵而至。日常工作中充满了会议、讨论、策略团队和出差。回望曾经，人们会发现错误很容易被掩盖，而成功则离不开良好的计划和精明的领导。我并不相信后见之明，不过是事后诸葛亮而已。然而，一个人总还是能从过去的经历中学到些什么，其中最重要的一课或许是：一个人在经营公司时不会重复踏入同一条河流。

21世纪之初，我所创立的芬兰出版公司奥塔瓦（Otava）邀请我写一本自传。从那时起，以上所有的保留意见和疑惑便在我的脑海中不断翻腾。我决定要在这本书中，展示出自己在诺基亚故事里所扮演的角色，表达出自己的观点，这在芬兰、欧洲乃至整个世界都将是独一无二的。此外还要对参与这个故事的其他人进行描写，叙述出我当时的所感所闻，这便是我自始至终都在尝试的事情。书的结尾部分是在2012年写的，而其余部分则是在事情发生时就记录好的。这本书的创作历经了十多年，希望这长期的酝酿不会给读者带来阅读的不适感。

此外还应提醒读者的是，我并非一名历史研究学家，我的书也不是在客观地描述公司历史。马蒂·海柯（Martti Häikiö）已经写过一本诺基亚从1865年至2000年的精彩历史著作，其英文译本对任何读者来说都是值得一读的背景材料。本书旨在描述我在诺基亚的不同发展阶段中的观点、观察和经历，我选择了那些让我印象极其深刻或我所想起的有趣且重要的事件。

本书的内容截止到2010年史蒂芬·埃洛普（Stephen Elop）接任总裁。选择这个时间是有原因的，毕竟要评价诺基亚最近的事件还为时过早。另外，我在2012年春辞去了董事会主席的职位，因此我确实无法直接地了解到诺基亚最近发生了什么。

相比于考虑要写诺基亚的哪些内容，更难的是决定关于自己要说些什么。我的媒体形象与现实中的自己相去甚远，写一些个人隐私对我来说并不容易，况且我自己也没有完全总结好。我特别想讲讲自己是如何成为总裁的。我从未规划过事业，但是许多因素聚在一起从而水到渠成。我还描述了自己在奥斯托波斯尼亚的童年和乡土之情，因为我相信这些经历意义重大。然而最主要的是，在芬兰，不管背景如何，只要人们保持强大的意志力和不懈的努力，便能够立身处世。

20世纪70年代，我还是个年轻人，我想讲述那段在芬兰的时光。虽然这只是个人观点，但我尝试坦诚地说出来。70年代的芬兰并不发达，而这却促使我作出了改变人生走向的根本性决定。

我也提到了一些有关我家庭的内容，但仅仅是不得已而谈及。我会尽可能地保护隐私。尽管家人们并没有为我的作品和随后的媒体曝光付出很多，但是如果没有丽萨（Liisa）和孩子们的支持与理解，我写书的价值便荡然无存。

我将自己的想法以部分口述、部分文字的形式来表达，本书的另一位创作者哈利·沙库马（Harri Saukkomaa）编写了大部分的文本。感谢这些年来每一位对这本书作出贡献的人：受访者、幕后工作人员以及出版商奥塔瓦。

哈利·沙库马：

刚开始参与到记述约玛·奥利拉人生的这本书时，我还不知道承担了怎样的任务。我本以为这本书会在两到三年内完成，却没想到最终成了一个持续十年的冒险。在此期间，我与约玛·奥利拉谈论了人生、领导力以及海陆空不同环境的世界的未来。这些访谈和对话在几百个小时内便传播开来。我还通过许多其他的方式采访了约玛·奥利拉身边的五十多个人，其中的某些被采访者在本书出版之前就已不幸离世。

本书是一本生平事迹，约玛·奥利拉在书中讲述了他自己的传奇。我们很早就决定以第一人称来叙述这个故事。这是一种最难使用的形式，但却是能够在仅有单独叙述时确保作者和主人公的视角相一致的唯一形式。作为作者，我当然对本书的主题和叙述风格印象深刻。我编写了这本书大部分的文本，这些内容来自于与约玛·奥利拉和其他人的访谈。本书还利用了公众领域中的材料：书籍、学术研究和媒体报告。

在本书的创作过程中，我们经历了全球经济危机、互联网泡沫、美国的"9·11"事件、战争、改革以及世界历史长河中的各种小事件。诺基亚见证了好时代，也历经了坏时代，还面对了其市场支配地位的崩溃。在为本书作准备的过程中，我极其深入地了解了诺基亚的领导们，他们的观念、焦虑、喜悦、悲伤和梦想。我了解到诺基亚是如何被领导的，明白了为什么这个公司会在世界经济史中占据一席之地。我还懂得了即使早已万事俱备，但有时战略还是无法实现，有时成功依旧难以企及的缘由。

感谢与约玛·奥利拉的畅谈，那些时刻令人愉快、值得铭记。我对自己采访的每个人和使用的所有信息资源表示感谢，对出版公司奥塔瓦的耐心和强烈支持表示感谢。感谢在各个阶段对手稿进行阅读和评论的每个人，尤其是在最终阶段不遗余力地编辑并修正文本的图卡·海特玛吉（Tuukka Hetemäki）。另外，还要感谢麦里克·玛兹希（Melek Mazici）在这项漫长的项目中对我的支持与理解。

序　言

1992年1月某日

1992年1月16日，我被选为诺基亚的总裁。没有人庆贺。

诺基亚的股票价格瞬间骤跌10%，当日的收盘价下跌了4%，这表明了投资者对诺基亚前景所持的看法。评论员认为我还太年轻，那时我才41岁，缺乏足够的经验来领导这么一家大型优秀的芬兰公司。诺基亚的员工唯恐发生最坏的情况——我这位前银行家兼财务经理会跌入燃烧的欲望中，尽其所能地打捞钱财，并将股票抛售给出价最高的竞买者。我的家人认为我接受了一项极难处理的任务，他们预计工作将占据我的整个生活。若是如此，那么我的三个孩子能在深夜见到我就很不错了。或许他们下一次见到我得等到暑假。但总归而言这是个有希望的开端。

在离开诺基亚总部的那个昏暗的夜晚，我考虑着我必须得扭转局面，转危为安。我一路上心情不错，尽管其他人并不赞成我所接受的委任，但至少犹豫不决和不确定的局面已经结束。我对诺基亚的总裁该做什么抱有自己的看法，但是对自己即将面临的情况却几乎没有一丁点儿概念。不过这反而使生活变得更容易了。我已经乘上过山车，那令人恐惧的俯冲、回环和下坠都是我从未想象过的。如果有人跳入车内坐在我身旁并告诉我诺基亚将会成功，我是不会相信的；如果有人问我期望诺基亚的未来如何，非要实话实说的话，我则会回答：一无所知；如果有人能够描述出我在诺基亚最艰难时期的感受将是如何糟糕，我是不会相信的。或者如果我相信了，我则不会接管这个公司。我是一艘大船的船长，该船只有驾驶室在吃水线上方，船体已没入水中，水正流入发动机舱。

前总裁因与董事长闹翻而被解雇，这名董事长随后也退休了。而前任董事长已经自杀。自此之后，诺基亚曾被试图出售给瑞典公司爱立信，被爱立信明智地回绝了。于是毫无疑问，公司的士气跌至谷底。我被委任为诺基亚总裁将标志着公司历史上一个时代的终结和另一个新时代的开始。然而，1992年的我还并不了解这背后的情况。我了解的仅仅是，前辈们委任我重建几乎要被他们断送掉的公司。

我当然也不会想到自己将领导诺基亚长达十四年以上，那时我连六个月都不敢去想。当我被任命为诺基亚的最高职位时，我曾对我的妻子丽萨谈到这是个可能瞬间就丢掉的职位，股东们可能会认为任期已足够，投资者们可能会撤资，或者公司的股票价格可能会跌落至最低点以致成了竞购者们彼此争抢的美味盘中餐。

我们的竞争者或许会对这次任命感到高兴，他们认为诺基亚的故事已写到了终章，不然是不会选择前财务经理的。公司将会以整体或各个小部分的形式被迅速出售，竞争者们要做的仅仅是等待诺基亚解体，之后便会准备好接受瓜分。

同事们对我的委任一点儿也高兴不起来，我曾经是一名政治研究学者，之后在美国银行工作。这些并不是什么闪光点。政治研究学者基本上是默默无闻的，并且在美国银行驻芬兰的办事处工作后便更加爱国。相当多的芬兰人根本不知道我是谁。我的背景对于总裁而言并不独特。芬兰人很可能会问这个41岁的工程师兼经济学家对工厂或工厂里的工人有什么了解呢。这是个很好的问题，换作是我也会这样问。我看上去似乎是一名缺乏耐心、穿着得体的银行家，具有一副顽固的面孔和相当好的数字记忆能力。我对自己如此充满信心，以致作为诺基亚总裁的我还不清楚我将会以多少种方式失败。

我已经做好准备并着手工作。工作相当多，我能够完成工作并从中得到享受，但这对于工作本身而言还是不够的。我还得去找一些使诺基亚和自己得以存活的东西。我需要去寻找那些对这家公司抱有信念的人。我必须给公司引入新的生命力，好使得这里的人能够相信自己。否则我们终将会在这片沉没着许多公司失事船体的海上迷失，而它们的名字将会无人记得。

我和诺基亚其他几个同龄的管理者有一个梦想。就梦想本身而言，它或许有些平凡，但那是能够真正付诸实践的梦。我们观察了周围的情况，看到了芬兰和芬兰经济几近崩塌。我们审视了诺基亚，注意到这个公司并没有被领导好。尽管如此，我们晓得诺基亚是一家出色的公司，我们知道这个被交到我们手中的公司能够比以前更好，我们希望向整个世界证明这一点。

本书是对我们在诺基亚从旧式的芬兰企业变为全球化企业的转型过程中的经历所进行的叙述。这也是我如何出于偶然地成为了诺基亚总裁的故事，即使我本应该成为一名物理学家或经济学家。本书也描述了我们的团队，那些在诺基亚每天追寻梦想的人们。这个故事讲述了一种不同寻常的成功，但同时也描述了我们有时所显露出的糟糕判断力，以及我们所作出的失败决策和所犯的错误。

第一章

进入诺基亚之前的生活

芬兰小镇

    我的旅程要从1950年8月中旬的南奥斯托波斯尼亚开始讲起，那是芬兰西边的一个乡村省份。这个时间和地点有着重大的意义。我父母双方的家族都是奥斯托波斯尼亚人，我深深地扎根于那片平坦的土地中。几个世纪以来，这片土地养活了无数坚持不懈的农民、顽强的商人和狂热的传教士。

    20世纪50年代之初，芬兰还在从战争时期中逐渐恢复。我们没有被侵占，国家没有被夷为平地，最主要的是我们仍然保持着独立。然而，情况也并没有那么乐观。芬兰失去了十分之一的领土，战争的伤痛回忆仍然让人记忆犹新。我们被迫向苏联支付了一笔巨额的战争赔偿，国家毫无财富可言，实际上饥荒的记忆依然历历在目。虽然工业在快速发展，但是大部分人却仍以农业和林业为生。没有人想沉迷于过往，相反人人都在展望未来。在这里寄生虫毫无立足之地，每个人都得做好分内之事，并且多多益善。国家的形势似乎还相当不稳定，没有人能对未来满怀信心，可是当下的每份努力却都是在进行建筑之中。战争结束的时间还不长，和平能否延续仍处于未知。我们的政治领袖尝试在这个毫无安全感的世界中使芬兰尽可能安全。

    整个国家成了建筑工地，新的房屋、公寓、小型商店和工作坊拔地而起。在经历了艰难的战争岁月和随之到来的乏味而了无生机的时期之后，每个人都在迅速地向前发展。出生率居高不下，贫穷与对未来的信念共存。所有人都在争先恐后地奔忙着，以致孩子们仅能自娱自乐。那时没有电视、电脑或手机，我们的生活被上学、运动、家务和家庭作业填满。我们的世界只有村庄那么大，人们彼此了解，生活充满了安全感。

奥斯托波斯尼亚的地形是广袤的田野和草原，其上散布着许多谷仓，并且被不同的河岸分隔开来，如今仍保持着此番地貌。冬天，大雪将覆盖田地，那里的树丛像黑岛般矗立着。春天，积雪融化时，河水将会涌出并大量流入田野和道路。在芬兰人看来那里的林木并不算多，但是其土地产量和畜牧繁殖量已足够当地人民繁衍生息。如果你的小块耕地无法养活你，你就得尝试些其他的事情。因此，在奥斯托波斯尼亚还存在很多小型企业，在我们居住的库里卡，有锯木厂、纺织工厂、金工车间、乳品店以及各种其他的工厂。这个平凡的小镇中大约生活着1万人，城镇中心由一座教堂和许多学校、运动场、银行、商店以及一家有高烟囱的工厂组成。在白天短暂的冬日里，灰色的烟雾会从烟囱中升起，在明朗的天空中凝结成朵朵小红云。

我出生在一个不算穷也不算富的家庭，我的祖父卡埃罗·奥利拉（Kaarlo Ollila）在库里卡建立了一家电气产品企业，他的曾祖父曾在韦海屈勒的村子里买下了一家名为"田鼠（Hiiripelto）"的农场，随后变成了奥利拉的农庄。我祖父的父亲并没有留下来接管这家农场，而是去了加拿大铜崖（Copper Cliff）。他三个儿子中有两个在婴儿时期就死去了，唯一活着的那个便是我的祖父卡埃罗·奥利拉。他重返芬兰并进入一所位于拉赫的商业学校学习，这所学校坐落于波的尼亚湾北海岸上的港口，他在那里名声很大，能够通过心算来完成复杂的计算。

我的祖父是个瘦高结实且固执倔强的人，不喜欢聊天。他在年轻时丧偶，之后再未结婚，这在他的人生中留下了印记。在一个孩子看来，祖父似乎是一个严厉并有点儿神秘的人。卡埃罗曾参与过三场战争：芬兰内战[1]、冬季战争[2]和继续战争[3]。他于1918年参加了坦佩雷的围攻战，以维护白军的利益。这是内战中最糟糕的一场战役，也是那时在北欧发生的规模最大的战役。然而，直至今日，我仍然未能找到我祖父在这些战争中的更多信息。坦佩雷围攻战在我的家庭中是一个被极力守护的秘密，我是在近十年中翻查已故父亲的文件时才了解到它的。在我祖父的葬礼上，孙儿们来翻查他书桌的抽屉，在一个抽屉里找到了一把上膛的手枪。我们不了解为什么卡埃罗·奥利拉依然留着武器，但是至少表明，他在去世后向我们展示出了另一种人格气质。

我的父亲奥伊瓦·奥利拉（Oiva Ollila）从战场上回来后，便完成了学业并从技术学校的工程系毕业。父亲在赫尔辛基遇见了母亲，她名叫塞玛·伊丽莎白·卡里奥（Saima Elisabeth Kallio），人们常叫她丽萨。她曾在赫尔辛基大学攻读农业与林业学。他们迫不及待地开始组建家庭，我母亲为此中断了学业，同父亲一起回到了奥斯托波斯尼亚。

我母亲样貌迷人、美丽聪慧，有着一双大而温柔且满含好奇的眼睛、高凸的前额和波浪起伏的深色头发。她灿烂的笑容简直能照亮整个世界，但有时也会充满渴望地望着远方。她看上去不像芬兰人，似乎融合了少量意大利人的血统和些许高加索人的暖意。由于我年龄最大而且还是男孩儿，因此无须向母亲争宠，我会一直是她的掌上明珠、母爱的焦点以及她信任的帮手。我的妹妹丽娜（Leena）两年后出生，但我没必要和她争宠，因为她是个女孩子。直到母亲死去，我自始至终都是她的挚爱之子。

作为长子，我自然而然地集权利与义务于一身。我不但需要照顾自

---

1 芬兰内战，发生于1918年1月27日至1918年5月15日，是芬兰左派与政府发生的战争，最后以政府军获胜告终。

2 冬季战争，苏联和芬兰于第二次世界大战期间爆发的战争，苏联发动进攻，芬兰惨败，后于1940年3月13日双方签订《莫斯科和平协议》。

3 继续战争，第二次世界大战期间芬兰和苏联之间的战争，从1941年持续到1944年，芬兰方面认为是冬季战争的延续，苏联方面认为是卫国战争的一部分。

己，还得照顾年幼的弟妹们。我父母常常没什么时间管我。我肩负着家庭责任：我得安排其他孩子去做他们的家务活儿，还得在父母面前替他们讲话。大人们希望我树立一个好榜样。

我的母亲散发着一股领袖气质，这使我近些年来开始越来越钦佩她。我意识到她希望我将事情做到尽善尽美，因此我努力去达到这些期望。尽管她从未明说过这些要求，但我能够从她的举止和关怀中很好地理解这些。而我母亲终究实现了她的愿望。她支持我的学业，尊重知识和教育，并且她对此有自己的理由。

我母亲的家庭来自于伊索屈勒，那里离我父亲家不是很远。一代又一代的祖先一直居住在这里，因此，追溯到远至16世纪，我的整个家族都是以畜牧业为生的奥斯托波西尼亚人。我母亲成长在一个有节制的环境中，她有七个兄弟姐妹。父亲是伊萨克·伊萨吉尼博伊卡·卡里奥（Isak Isakinpoika Kallio），一个异常固执的农民，他憎恨贵族及其所有的工作。他决定不让他的任何一个孩子去中学上学，因为孩子们会因此受到不良影响。我母亲的年龄在孩子们当中排行第六，她父亲在她长到上学的年纪之前便去世了，由此我母亲才得以去学校接受教育。她是家里第一个从高中毕业的人，如果不是遇见了我父亲并和他结了婚，她毫无疑问会从大学毕业。

我的父亲个子很高、消瘦且勤奋努力。他不太寻常之处在于讲话很多，除了战争——对战争这个话题他一向保持缄默。他是一名战争英雄，曾因参加塔培利战役而被授予勋章。他曾担任野战炮军官，但却几乎不谈论那段岁月，当然也从没有夸耀过。直到他的孙子——我的儿子——出生时，他才翻开了自己的战争历程。战后几十年的如今，他谈到的也绝非丰功伟绩，因为这么做并非我父亲的本性，他已经在前线履行完了职责，无须再多加评判了。

我父亲不停地工作、计划和建造，他总是要同时做许多事情。受其影响，我开始对千百种不同的事情感兴趣，而这种习惯在随后必须专注于一项事务的情况下，给我造成了很多麻烦。在我们生活的地方，男人有权利对他们喜爱的事物产生兴趣，而女人应当做的则是为他们料理身后的琐事。我母亲包揽了全部的家务，这在50年代的芬兰是司空见惯的。我出生时，我母亲24岁，父亲28岁。我们全家人一起住在我祖父在库里卡的房子中，我们家的人口不断增多，却不得不挤在两间屋子里。我家和别的亲戚共同住在一楼，祖父则住在二楼。我父亲开始在家族的电气企业里工作，祖父当时一定希望父亲能最终接管这家企业。

这是种实实在在的使命感。我的家庭背景教导我，如果一个人想要取得成功，那么他必须要工作，而且一定得努力工作。祖父为他的企业尽心尽力，我父亲也是每周工作七天。母亲则在家辛劳地照顾我们逐渐壮大的家庭，不久之后也开始在村里的学校教书。除了电气企业的工作之外，我父亲还将许多时间花在他自己的项目上。他为其他人的房屋设计电气布线，还会建造房屋和夏季别墅。每天一醒来，他便被各种各样的工作占据，日日如此。

工作就同呼吸一般自然而然地进行着，若是哪天没有工作或是突发奇想地享受了悠闲的时光，那就不正常了。这是种懒惰，是对自己放纵的开始。我因而可能会对伏特加开始贪杯，这可是致命的罪恶。奥斯托波斯尼亚的生活也混杂着一些村庄争斗事件和家庭暴力。"一名优秀的员工"，是你对某个人所能作出的最佳赞美。良好的工作表现也与另一种价值观息息相关，即自主性。人们应当自食其力地去营造自己的生活。

在我的成长环境中，人们认为一个人做再多的工作也不为过，而闲暇时光则是种潜在的致命威胁。正是这样的一种观念才使得芬兰成为了一个发达国家，这同东南亚许多发展中的经济体具有相似之处。我从童年时期起就知晓一种观念，工作能够使人继续生活、实现繁荣致富并且能够教导其子孙后代更好地生活。我从父母那里学到了这些。当生活中充满了有待完成的事情时，至少这并不会令人感到乏味。

我母亲信仰上帝，她家庭中的某些人是虔敬派教徒，他们身穿黑衣并吟唱赞美诗。我记得自己还是个男孩时，曾穿着短裤参加虔敬派教徒的集会，尽管在家里并没有人真正提到过上帝。我们在圣诞节那天去了教堂，看到了洗礼仪式和葬礼。相对宗教而言，我的父母对自然史更感兴趣。在我们家的书架上摆着许多关于地理和自然史的书籍，还有一些百科全书和地图以及一些自然奇观的插图本。我们家是在20世纪60年代期间才开始阅读小说作品的，会读一些文学名著，但觉得阅读科技图书更有意义。

我们每天一定会读一些算术和数学书，我家人将这些书视为思想境界极其崇高的作品。我父母总以为他们的孩子会很容易掌握数学，他们甚至不关心我们数学课的考试成绩，因为他们确信我们一定是得分最高的。我祖父将其在数字方面所具有的技能传授给了我父亲，之后父亲又传给了我和我的弟妹们。我母亲也有着卓越的数学才能。我从很小的时候起就喜爱数学了，并且我对自己在精确性方面要求很高，后来也以同样的标准要求别人。我会对那些在报告结果时弄混数据的下属说："当然，你的数据你最清楚。"

数字呈现出了一个更宽广的世界。数字可以来描述事物，而事物在实际中可以相当大。如果我理解了数字，那么便会理解事物。如果我理解了事物，那么便能控制世界。当数字足够确切时，我可以专注于它们所代表的事实，之后我便能够收获某些新的东西。这些在以后的日子中使我更加感同身受，但是如果没我父母对数学所怀有的那份尊敬，我也不会成为今天的自己。

在我四岁以前，我们全家一直住在祖父房子中的那个小套间里。之后我们搬到了更大的住所，一个位于库里卡中心河岸上游的公寓。这里就是我童年记忆开始的地方。我们租到了新家，在这里我们有了自己的房间。这栋陈旧的石砌公寓楼里面空间充足，公寓楼距商店和学校只有一小段路。这是后来许多次搬家中的第一次，在17岁以前，我至少辗转过七个住处。

这便是我四岁时在库里卡所拥有的专属世界。它包括河岸上游的新家、我的父母和弟妹们以及在楼房周围存在的许多有趣事物。河岸房屋的旁边有一座造型规则的木质建筑，在我们的观念中，房屋应当鳞次栉比，每样事物都应该规划得恰如其分。

夏天自然是最美妙的时节。我可以骑上脚踏车去河里游泳，因为我们住所周围实在没有什么好点的湖泊。另外，我也在竭尽所能地养活我的家人。我会在河里捉些河鲈和鲤鱼，并且还会帮祖母照看牛羊。我母亲能做美味的三明治和小圆面包，她调制的热巧克力也是无人能及的。

由于父母没什么时间陪我玩，因此我得以安安心心地去"探险"。最有趣的一个地方是离家几百码的一家商店，那里存放着农用机械：用来打谷的、粉碎稻草的、犁地的以及割草的机器。这些机器都是崭新且闪闪发亮的，我完全被它们吸引住了。这里有被漆成红色的金属零件和用来保护机器核心机构的明黄色木板，它们包括电机、叶片、传动带和车轴，每样东西都使我感到兴奋。

与我的朋友海基·西兰帕（Heikki Sillanpää）一起，我发现了一台特别令我着迷的机器。海基抓住了机器手柄，在另一侧有一个孔，穿过它我可以看见用来切碎谷仓稻草的如尖刀般锋利的叶片。这是一台新型且性能极佳的机器，我们一定要立刻看看它是如何工作的。我决定让海基尝试着旋转手柄，而此时我则从另一侧观察机械构造。

这个尝试获得了巨大的成功：我将自己的手塞进机器内，然后海基转动了手柄。叶片开始迅速旋转，而我的指尖被其中的一个叶片削掉了。当我将手抽出时，我的指端悬吊着一块皮，血液喷流得到处都是，于是我便像着了魔似的朝家跑去，跑向那个最安全的地方。那是种异乎寻常的疼痛，可奇怪的是我现在已经不太记得了。我妹妹丽娜那时正在院子里，当她看到血正从我的手指中喷涌而出时，她便开始尖叫。她的喊声远远盖过了我的声音，反倒让我控制住自己的恐慌了。她跑上楼去叫我的父母，我也跟着上了楼，血仍然在大量地流出。我的血液在楼梯周围的墙壁上留下了永久的印记。在跑回家的途中，我的指尖不知什么时候脱落了，我父母还曾出去找过但是却没能找到。

在医院里，医生们对这根残缺的手指尽了最大的努力。我永远也不会忘记1955年夏天的那个日子。那一天我懂得了虽然这个世界可能感觉上是安全的，但实际上却充满了危险。如果你想将你整个身体完好无损地保留至生命终结，哪怕是好奇心也要保持一定的克制。

在那段时间，父亲决定为我们家建一座新房子。自从在河岸上游出租公寓以来已经过了足够长时间，拥有自己的房子便可以向世界宣告奥利拉一家已经开始了独立自主的生活，从此摆脱依赖。建造自己的房屋是一件光荣的事情，前年冬天我父亲已经从我母亲娘家的林区里取来了木材。树木是通过手锯砍伐的，之后原木由一辆马拉的雪橇运出，并且在库里卡被砍削成了适于造房子的合适尺寸。我父亲自己设计了一种新式的宽敞房屋，他细心地规划了每个细节，哪怕是铸造金属制成的球形门把手都是精美的工艺作品。房屋后面是一个花园，等到冬天还可以在里面溜冰。

记得在建造房屋时，我曾搬运砖块并搅拌水泥，我将1957年的整个夏天都花在了建筑工地上，每当我听见路人们相互低语着说奥利拉的房子将是整条街上最棒的房屋时，心中便自豪不已。而事实也确实如此，最好的一点在于我们小孩子有了更多的空间，那也正是这个家庭需要的，因为那时已经有四个孩子了。我将在秋季入学，需要有地方堆放书本和完成作业。我母亲已经开始在中学教书，她也需要房间以便在家办公。

这是我父亲所建造的第一座房子，从那以后，他又接二连三地进行了建造，最终总共建了七座。他总想搬到新的地方继续生活，想让他的家庭繁荣富裕并过上更舒适的生活，这就意味着我们总是在搬家。每当我开始逐渐了解新同学时，家又搬了，于是我又一次置身于一群新面孔之中。我不得不更加不厌其烦地建立自己的世界，以经受住这些改变。我变成了一个和其他人一起学习和玩耍的男孩，但这个男孩心中却明白他有自己要走的路。

自信来自哪里？

对于一个七岁的男孩来说，关注世界时事或许还太年轻。尽管如此，这些事件对处在20世纪50年代中的每个孩子还是产生了强烈的影响。那时芬兰正在世界中寻找一席之地。赫尔辛基本应在1940年举办奥林匹克运动会，但是战争却介入了，最终1952年才举办了这场运动会。毫无疑问，奥林匹克运动会提升了芬兰的形象。伴随着这场运动会的举办，可口可乐和黑人运动员首次来到了芬兰——这些运动员本身几乎就是一道具有吸引力的风景。我甚至还有一张在运动场边拍的照片，我摆着一副黑人田径运动员的奔跑姿势，那是在奥运会几年之后拍摄的，那时大概是五岁。

为了奥林匹克的举办，国家专门进口了一整船的可口可乐，并在芬兰退伍军人的协助下进行销售。奥林匹克运动会结束后，可口可乐便销声匿迹了几年，并且在我已是青少年时，可口可乐也仍然是一种珍贵的饮料。这种饮料很贵，是一小瓶一小瓶的，一个家庭的成员之间通常共享一瓶饮料。并且要小口小口地慢慢喝。

我自己开始逐渐产生了自信和自尊，这是自然而然的。虽然我们家是个适于成长的安全之所，但还是有相当多的变化需要与之抗衡。正当我们刚在新家安定下来的时候，父亲却决定让全家搬到图尔库去，那是一个位于芬兰南部海岸的城市。他已经决定放弃在我祖父电气企业中的工作。这令我的祖父很失望，不久之后祖父便关闭了企业并找了别的工作。而我父亲则在图尔库的一家更大的电气企业中找到了一份新工作，他希望获得更大的挑战和更好的生活水准。他与芬兰的工业化保持着同步前进。那时整个国家就是一个建筑工地，对电力和电气设备的需求与日俱增。在当时的芬兰，仍然有些地方在等待着它们的第一条电缆。

我的父母在谋求一种新的生活和更好的未来，但是他们也渴望自由，希望从他们的家庭以及他们所必须承担的义务和被预设的未来中摆脱出来。我父母想自食其力地去创造属于他们自己的生活，这意味着要承担风险、变化并谦恭忍耐。家里的钱不多，必须得尽量赚取每个便士，因此我父亲每天都在工作。而母亲则重新开始照顾家人。我们于1959年搬到了新家，一所位于图尔库的木房子。我们在库里卡的房子被卖掉了，于是我也不得不再次开始适应新的学校和班级。我怀着沉重的心情离开了库里卡的朋友，也仅仅收到过其中几个人的来信。我们不写多余的话，至少在我们仍然上小学时不会进行过多的通信。

在图尔库，我是一个普通、勤奋且行为端正的男孩。但我感到孤独，很想回到自己熟悉的地方和自己了解的人身边。我骑着自己的脚踏车在新城镇中走街串巷，尝试去理解同学们的奇怪口音。这个城市比库里卡要大很多，我曾经的家似乎已经离我远去。

我的同学们已经确定我是个来自乡下的男孩，他们都叫我乡巴佬。我发现很难交到朋友，主要是因为我在十岁以前已经换过三所学校。但我不能因频繁的更换学校而闷闷不乐，我必须去结交新朋友并通过努力学习和优秀的成绩来克服自身缺乏的自信。

有时我会翻看那段时光的校园照片，我记得当时的情形：你至少得尝试微笑。摄影师带着他的大相机和黑色幕布来到学校，他会讲一个能把孩子们逗乐的笑话，与此同时按下快门。每个人坐着并望向镜头，确实有好多人都笑了，然而老师则始终一脸严肃。我不确定地看着照片里的自己，我的脑袋陷入肩膀，我似乎在寻找自信。我已决心向每个人表明自己和他们是一样的，但是我并没有微笑。

我们家里最小的孩子在图尔库出生了，她便是我的小妹妹希尔库（Sirkku）。如今家里已经有了五个孩子：我（生于1950年）、丽娜（生于1952年）、哈利（生于1954年）、伊尔琼（生于1956年）和希尔库（生于1959年）。我母亲把时间都花在了照顾我们兄弟姐妹身上，特别是此时家里还有一个婴儿。尽管如此，家里却总是一尘不染。虽然有小孩子要照顾，但家里还是常常能够闻到刚出炉的面包香味儿。我们的房子是半独立式的，有两个房间和一个厨房，另外还有一层屋顶阁楼。房子是在战争刚结束后建造的，品质很差，似乎要倒塌似的。我们从外部取水，在屋内用原木生火加热作为生活用水，废水被倾倒在屋外。我和妹妹丽娜住在顶层阁楼的房间里。

后来我们搬到图尔库的西部，这意味着生活得到了改善。现在我们拥有三个房间和集中供暖系统。房间通过烧油产生热量，因此我们再也用不上原木了。窗户在寒冷的早晨不会再被冻住，房间都在楼上，一楼是一家乳品店。在20世纪50年代，城镇和乡村仍然混杂在一起，我们房屋的正对面就是田野，长辈们在那里种植菠菜，而我会帮着采摘。

在我大约十岁时的某一天，我发现自己脖子上长出了一个小的增生物，需要通过手术进行切除。手术并不存在什么风险，那只是一个常规的手术，并且我并不害怕流血或者住院。我父母刚刚给我买了一辆成人脚踏车作为礼物，它在我身边待了好几年直到被偷走，那时我还是个学生。那天早晨，我收拾好我的背包，跳上脚踏车从山上出发，之后又沿着狭窄的街道骑了几英里，最后抵达了大学医院，那是一座白色的大楼。我进行了手术登记。手术很顺利，我在医院住了一周进行康复疗养，我父母曾来看望过我一次。我的邻床是一位活泼可爱的小姑娘，她用她的图尔库口音向我提问，听上去就像在说"难道不是很难忍受吗？"。在后来我才明白她在问我是否有咖啡，而并非是对生活发出感慨。当我于几天后离开医院时，我像来时那样回到了家里。这是一次生动的经历，但并没什么可怕的。在20世纪60年代初，一个十岁的男孩自己去医院是一件再正常不过的事情了。

在1961年春天，我父亲宣布要再一次搬家。他已经在图尔库重新找了工作，他的新公司将他派去了瓦萨，因此我们要返回奥斯托波斯尼亚。

出于经常搬家的缘故，我已经发展出了自己的兴趣和活动，其中最重要的一种是网球。这对我而言是来自更好世界中的一缕清新的气息。相比于遥远的村庄，网球运动则更常出现在较大的城镇中。网球运动起源于益格鲁-撒克逊族，在那里精明聪敏的人士会身穿纯白色网球服参与这项运动。芬兰的运动生活包括滑雪、溜冰、跑步、跳高、棒球、举重、摔跤和铅球，但却没有网球。然而我父亲却是一个例外：就像他决定自己建造房屋来构筑一个世界一样。他会打网球，我不清楚是什么吸引了他，或许是这项运动的体型要求抑或是所需的技术技巧。无论如何，他把对网球的热爱遗传给了我，网球成为了我一生的挚友，它是我的治疗师和减压良方。

当我11岁时，我给母亲写了一封信。她那时在城镇的家里，而我整个夏天都在祖母的农场待着。我精心措辞的一封封信件是很容易读懂的，但为此，我却几乎费了九牛二虎之力。我了解到我们又要再次搬到瓦萨，便进行了调查，并发现瓦萨有网球运动。"那里有为初学者开设的网球课程，今天就开课了。"我写道。"我什么时候才能够参加网球俱乐部，它的名字是网球-61。"我一本正经地写道。我将信纸折好装入信封，小心地写下母亲的住址，并将这封信送到了商店旁边的邮局。母亲第二天就收到了信，她看着我送来的消息满心喜悦。网球并不是我乐于搬到瓦萨的唯一理由。正如我所写的："重新回到自己的出生地确实令人高兴。"

小鸟和披头士乐队

我的学校瓦萨高中，主要培育医生、律师、神职人员和工程师。许多男孩子沿袭了他们父辈的职业，但我在那时并不清楚未来的路在哪里。我们也不会在家讨论这个问题。我父亲已经拥有了足够多的电气设备知识，并且成为了一名工厂厂长。就我自己而言，我仅仅下定了一个决心并会坚持恪守：我决不会进工业这一行。工厂和车间看上去肮脏不已，工作内容也单调乏味。更主要的原因是，我父亲每天都在工作，我不确定自己是否想从事如此艰难的职业。

我父亲从来没有足够的时间陪我，并且其他人似乎也都时时刻刻在忙碌。生活中充满了工作和忙碌，每个人都在自己的旅程中或起或伏，没有人有闲工夫去开玩笑、感慨或苦恼。出于父亲新工作的缘故，我们有了新家，一幢位于工厂旁边的轻型木制大房子。家人对我的唯一期望是我在学校表现良好，这不存在任何问题。另外，父母在设法使我相信，一个人只有通过学习、工作和研究才可能应对初看似乎毫无可能的挑战；只有通过准备和仔细的考虑，才能够战胜对手。知识就是力量，借助于知识可以改变一个人的命运。在知识的协助下，一个人能够不断前进并做出伟大的事。在知识领域中，人们可以相互竞争，并且没人能够超越它的极限。

我确实不是很清楚这种乐观的世界观来自哪里。或许我的父母仅仅将他们自己的失望投射在了孩子们身上。他们均在年轻时被迫中断了学业，两个人都是各自家中首个被大学录取的孩子，但却都没能从大学毕业。他们非常希望自己的孩子能够有机会学习并且最终毕业。

对我母亲而言，曾经那个放弃学业以便组建家庭的决定一直令她感到痛苦。我们从没有公开地谈论过这件事，因为这会使母亲深感难过。正是因为我外祖父的过世，母亲才有幸进入中学学习并且考上了大学，但是她却再也没能有机会继续施展她的智慧和天赋。我认为她本来会大有前途的。母亲对自己的命运耿耿于怀，这种苦涩之感后来逐渐变成了一种大家心照不宣的灰色云雾。这团云雾作为一种无声的要求，敦促着她的孩子们去学习以及去抓住曾经与她失之交臂的机会。

我是在很久以后才又想起母亲的这些经历，那是在2002年我会见中国国家主席江泽民的时候。我母亲当时已经去世，因此我无法对她讲述我与江主席的谈话。江主席希望了解我对在中国设立证券交易所的看法。我认为中国人确实需要设立证券交易所，为了保持竞争性，国家需要优秀的工程师、律师和企业家。

后来，我在职业生涯中遇到了似乎毫无指望的情况，我便想起了那些曾在家中学到的道理，一切皆有可能，只要你肯去探索、研究并正确地做事。诺基亚内部满是些与我所见相同的人，我们都认为没有什么是不可能的。对于那些明白自己在做什么的人而言，一切都是可能的。但是如果没有完备的知识体系、有教养的谦卑品德和全神贯注的专注力，那么也是不会有所成就的。我从不善于临时抱佛脚，我总是想为一切作准备，无论是情理之中的还是意料之外的。当我认为已经准备充分，我便处在了最佳状态，不管所筹备的是一场演讲、一次交易或只是一场例行会议。

当然，20世纪60年代初我在瓦萨高中上学时对这一切仍然是毫无概念的。我和其他的男孩子一起坐在教室里，有时老师是无聊且见解狭隘的，有时他们会令我的思绪涌现如潮。比如说，雷默·泰珀（Raimo Teppo）的历史课和社会研究课就十分让人着迷，以至每个孩子都会非常安静地听讲。泰珀对经济学和社会学很感兴趣，并且他用自己的热情感染了他的学生。曾经我们就哪家芬兰银行是最好的进行过辩论，正是从他那里我才了解到证券交易所是什么，以及股票价格为何会波动。

我不是那种可能会被选举为队长的男孩子。我不会讲趣事儿或笑话，我不会组织聚会，并且我没有尝试过酒精或烟草。女孩子们喜欢我，但是我不是那种会在无聊的课程期间连续收到一堆秘密情书的大众情人。我被教育过应当举止得体。在家里我们强调的是人人平等，并且我们都有机会去发展自身的天赋。没人需要仰视其他人，同样也不应有任何人被轻看。

我上学是为了学习而并非享乐。我的很多同学会通过捉弄老师来取乐，有些则会以取笑他人为乐。我们的圣经学老师十分健忘，总是会想不起来他把车停在了哪里，有时他甚至会忘记今天是哪一天。有些老师会发现他们的椅子上被放了潮湿的蘑菇或尖锐的图钉。我没有参与过这种活动，而且我敢肯定其他许多男孩儿会认为我有些自命清高。我当然比他们大多数人成熟，或许时至今日我仍会被叫作"书呆子"。

在那段日子中，我经常会在晚上骑车去打网球。冬天，温度可能有零下20℃，我带上我的网球拍，穿上厚实的冬季夹克并戴上羊毛帽，沿着瓦萨黑暗湿滑的街道骑向城镇的另一边。自行车的前轮似乎从未能保持笔直，骑车就像是在滑冰。我会在网球馆和朋友打上四个小时，如果我输了，我就会安静而沮丧地回到家里。如同许多别的事物一样，网球运动已经成为了一种正式的竞技。但最主要的是我在跟自己竞赛，在我心里为自己设置了一个强劲的对手。

除了网球之外，我的娱乐活动还有童子军和自然学会。在那段时间里，几乎每一所芬兰中学都有自己的自然学会。在瓦萨高中，其被称为Reviiri，即芬兰语"领土"的意思。这个学会中包含了来自学校每个班级中的成员，也有一些以前的校友。我在12岁左右加入了这个学会，后来我成了学会主席。我们主要关注鸟类学，因为我们头顶上的天空是鸟类迁徙的主要路径之一。对于许多自然学会的成员而言，其爱好在于通过成为生物学家或自然摄影家来点亮他们的人生事业。通过这个学会，我得以开始阅读一些引人入胜的书籍，诸如蕾切尔·卡逊（Rachel Carson）的《寂静的春天》（*Silent Spring*）。这本书是在讲鸟鸣的逐渐消逝。由于过度使用杀虫剂已经打乱了食物链，鸟群正在逐渐衰落。

作为最年长的孩子，大人们希望我比自己的弟妹们做得更好。在家里我们不会做愚蠢的事。我们不会做那些令所有人开怀大笑的恶作剧，然而生活也并不严肃，即使我们常常得真诚而专注。我们从不袒露自己的情感，无论是令人愉快的还是悲伤的。我母亲的家庭尤其重视对情感宣泄所持有的缄默。我成长成了一名彬彬有礼、保守、勤奋、易于取悦且满怀抱负的年轻人。

当1963年11月肯尼迪总统在达拉斯被谋杀时，我在报纸上读到了这个消息，而我的很多同窗则是通过电视了解到的。我们家的几个孩子有几次在邻居家的电视上看到了这条新闻，但是我们的父母并不急于购买这台新型且划时代的设备。在传统的奥斯托波斯尼亚家庭中，电视机可能会毁坏这种家庭生活，孩子们在学业上取得成功的机会可能因此受到严重影响，颠覆性的左翼分子理论可能会因而得以传播。

不过，我们最终还是在1964年买了电视机。学校的同学们已经使我确信了电视的优势，我告诉父母如果我们不买一台的话，我在学校就不会表现那么好了。我确实需要紧跟国际时事。母亲将我的要求告诉了父亲，他第二天就买了一台。然而，无论是否有电视机，我们在家还必须维持秩序。为此，我将所有孩子和父母召集至桌边，写下了观看电视的规则。根据这个规则，我们只有在特定的时间才能看电视。只有在作业完成之后我们才能开始看，而最晚得在十点关电视。对于新闻和体育节目也有例外，如果小凯瑟斯·克莱（Cassius Clay）的拳击比赛[他还尚未改名为穆罕默德·阿里（Muhammed

Ali）]在半夜上演，我父亲是可以在那时观看的。而我们男孩子们也会半夜醒来然后下楼去看。除此之外，每个人必须遵守所设定的规则。

在1963—1964年间，无线电波中传来了令人躁动不安的声音，这个声音彻底改变了我们那个时代的人。一组头发蓬乱的英国人唱道："将我所有的爱都献给你，亲爱的，我是真心的。"虽然我并不理解，但我在心中一整个星期尽情地大喊这些歌词。在我14岁的夏天，我又来到了那个谷仓里有牛、羊和鸡的乡村。那里离利物浦很远，即在芬兰乡村引起轰动的披头士乐队的所在地。而我们的牛群似乎全然没受到这群杰出年轻人的影响。

我怀着十足的热忱向我母亲介绍了披头士乐队，于是她开始尝试通过广播了解这群人。我妹妹有一台录音机，我们用它来录下披头士乐队的最新专辑。不只是披头士的音乐激励了全世界的年轻人，还有他们的发型。披头士成员的发型意味着一种革新以及对老一代人的反抗。我自己仍然留着体面的短发，但无论如何披头士都成了每个人生活中的一部分。

从我们学校的顶层能够一览无余地望见女子高中的操场，我的很多同学已经有了女朋友。我们既妒忌又嘲笑那些有女朋友的男孩子们。我的一个同班同学在14岁时就开始和一个女孩儿约会，最终与她结婚并已经生活了好多年。但我在那段时间还远远没有早熟，或许是我太腼腆、太保守并且总在被管制，也可能是我对女孩儿还没有足够的兴趣。

改变我人生的一天

由于功课对我而言不成问题，因此当我在报纸上看到大西洋学院预计招收一些芬兰学生时十分高兴。那是一所位于南威尔士的国际学院，我当即便明白我希望去那里上学。接下来的一天，我所在高中的校长奥拉维·涅米（Olavi Niemi）在走廊叫住我，说他建议我申请大西洋学院。我告诉他我已经寄去了申请表。我不确定是否能被录取，因为这家学院对语言能力和其他的一些资历均有要求，但我确信的是我能做得很好。三月份，我向芬兰文化基金会提交了芬兰选拔程序所需的文件。四月份，十位杰出的候选人被邀请参加在赫尔辛基举行的一场英语面试。我当时讲着一口结结巴巴的英语。我没有出过国，也从未在任何地方使用过英语。我曾在电视上听到过人们讲英语，但我对其他方面的风土人文却是一无所知。

在四月的最后一天，我唯一一次地拨响了芬兰文化基金会的电话。我问自己是否被录取了。当我听到自己已被录取时，电话不禁开始在手中颤动。我将在接下来的秋季前往威尔士的大西洋海岸，我的内心因此而欢呼雀跃。我将这个消息告诉了父母，他们对我表示祝贺。我父亲用力地拍了拍我的后背，我母亲则大显身手地筹备了一顿晚餐，甚至超过了她的最高水平。那次晚餐于五点开始，持续进行了数小时，其间我们讨论了即将面临的所有事情。那天是我人生中最快乐的日子之一。

我当时并不知道我的人生将自此完全地发生改变。然而当我回首过去时，我却会毫无疑问地确信这一点。某些看似偶然的事件实际上却改变了我们人生的走向。我在那时并未意识到这些，仅仅是在回首往事时才发觉。我被大西洋学院的录取恰恰正是这样一个事件。

大西洋学院的建立旨在将来自五湖四海的学生汇聚到一起进行两年的学习。该学院的学术前景雄厚：在各种标准和面试的基础上遴选出了一批天资聪慧的学生，以观察他们在这里的适应能力。这一年我们当中将有两个人离开这里。我们的学费将由文化基金会提供的津贴支付。你也可以通过另一种方式进入这所学院：有钱的家长可以为孩子支付学费，但是这些孩子仍然必须要通过入学考试。因此，大西洋学院是一个高压学院和国际组织，其尝试在20世纪60年代培育出首批国际性人才。这个试验还不错，至少就我的情况而言大西洋学院实现了它的目标。

在1967年的夏天，我怀着不断高涨的兴奋心情等待着我的新学校之旅。在瓦萨，关于我的未来如何曾流传出千奇百怪的说法。我感到极度惊喜的原因在于我不用再参加这所享誉盛名的瓦萨高中所举办的考试，而是要前往威尔士的某个地方，无论那是哪里。这却似乎令每个人都深感沮丧。当然我的母亲也不例外，她因其最大的孩子不能从家乡的高中毕业而感到难过。

在乘坐芬兰航空的卡拉维尔飞机（Caravelle）经过了一段飞行之后，我抵达了伦敦。我在那里乘火车前往威尔士的布里真德，到达之后再乘汽车去大西洋学院。学院所在地选用了一种中世纪的灰色阴郁城堡，它守卫了学院几个世纪。在这座久经侵蚀的城堡周围零星地散布着一些供学生们生活工作的新建筑楼。学院区域的周边环绕着田野，那里有羊群啃食青草。城堡周围有一座花园，精心修茸的坡地从这里一直蔓延至海边。跃过浅绿色的草丛和深绿色的树木可以望见大西洋无尽的地平线。雾气从海面升起，寒风吹过，但这些对任何一个芬兰人而言并不足为奇。新的景象令我感到兴奋。这是一个比芬兰更加宽广的不同世界，这里的海依然是海，只不过要比波的尼亚湾大，我只知道海的另一边有瑞典人。在这里，自濒海地带起始的整个新大陆正等待着被征服。在这里，我将能够尽可能地拓展我的视野。

我被拱顶城堡中的图书馆彻底俘获，这里有大量有趣的书籍，有太多需要学习的东西。当我想着将要汲取这里所有的新知识以及自己来到这里竟然仅源自于报纸上的一则布告消息，出于偶然而受到眷顾，我的求知欲便沸腾不已。

我们芬兰人是心怀高远的族群，早在一年前就开始为来到这里进行筹备。因此我们必须向其他人证明我们的能力。在过去的几年中，德国人在学术成绩上始终是表现最优秀的种族。我们下定决心，认为这回该轮到我们芬兰人了。我们小组中最聪明的要属彭帝·库里（Pentti Kouri）。彭帝·库里身高两米，浑身充溢着一股自信，且知识面广博。他的成绩在整个大西洋学院的历史上是最优秀的。这些年以来我看到了他的成就。他成为了一名杰出的宏观经济学家，也是一名有着各种成就的风险资本家。他的自信和天赋不仅为他带来了友情，同时也引来了嫉妒和敌意。彭帝·库里令我对宏观经济学更有兴趣。马缇·萨洛玛（Martti Salomaa）是一位有天分的物理学家及数学家，后来成为了赫尔辛基理工大学的一名理论物理学教授。赛珀·红卡波西亚（Seppo Honkapohja）延续了他的本行，在剑桥大学担任宏观经济学主席，并且是芬兰银行的董事会成员。

在大西洋学院，没有人谈论他们可能会从事的行业以及未来将会如何，但是所有人都很清楚我们将来或多或少都将与学术相关。我们当中几乎没人会设想自己成为工业巨头、银行家或政党领袖。我们仅仅享受着在知识的银河中进行探索。

我们宿舍有四个男孩儿，金属架子床将我们彼此相连，因此我们必须得学习忍耐来自不同文化的氛围和习惯。我很快就了解到哪些人会洗脚，而哪些人不会。我自己仍然是那个在芬兰长大的勤勉认真的男孩子。我希望对舍友们坦诚相待，当我收到家里寄来的食品包裹时，我会确保我的每位室友都能分到一份。我的一些新朋友和我有着相似的背景，诸如来自挪威的室友。另外一些来自很远的地方，以至我不得不开始努力了解新的文化。比如鲁帕特恩格（Lu Pat Ng）来自马来西亚，他在那里属于华人。如果我年轻时没有遇见过这个人，我肯定无法理解后来我需要了解的东南亚生活。

大西洋学院要求它的学生们从一开始就要努力学习，每个学生需要专攻三门学科。我选择了经济学、物理学和数学，没有什么特殊的原因，只是因为在这三门学科中，我都能运用我的数学天赋。我在瓦萨时就已经开始对经济学产生兴趣了，我那位出色的老师雷莫·泰珀能将他教授的这门课讲得绘声绘色。在大西洋学院，经济学变成了我十分热爱的学科，因为那里也有一位杰出的教师，安德鲁·麦克霍斯（Andrew Maclehose）。他教我观察经济学和经济政策之间的联系，他让我们从英国财政大臣的角度看待经济问题。我们需要作出决定：这是否是货币贬值的恰当时机，我对他的教学极其喜爱。我的自信也增强了，我懂得了每个人都可以借助知识来影响世界，知识就是力量。

国际学校

我的新学校甚至会要求我这个腼腆的乡村男孩儿在重大的国际事件上表明立场。我们每天必须在课堂上捍卫自己的观点，每个星期都会就当前的时事进行辩论。在这里，你必须准备好提出自己的论点，并同时给出充分的理由。我还记得我们曾就1967年到1968年间爆发的一些事件所进行的激烈讨论。

在我初到这里的六个月里，我像那个当初离开瓦萨首次出国的男孩一样保守，甚至变得更加腼腆。但是后来我的腼腆逐渐消失了，我开始变得更加坚定自信。大西洋学院的纪律不如普通英国寄宿学校那样严格，它提倡某种时代精神并推崇毫无偏见的思想，因此我们不必穿校服。牛仔裤在这里是完全被允许的，只要它们干净整洁。同样没有领带的干净衬衫也是被接受的。晚餐时我们通常穿上夹克衫、打好领带并换上直筒裤。

大西洋学院尽力使我们适应有规律的生活习惯。在四月到十一月之间，我们每天早晨七点半会进行游泳晨练，晨练之后会享用丰盛的英式早餐。游泳项目在来年四月份左右重新启动。随着那种晨练习惯的不断进行，后来你便会在特定的时间自然醒来。学校的其他娱乐活动也使我更加坚强。我的学习项目包括救生、赛艇以及其他有助于健康的活动。在最初的几个月，我和另一个同学用橡胶和木材建造了一艘适于出航的小船。除了曾请木匠做了少量的协助外，这艘船差不多完全是我们自己的杰作。另外我们还用橡胶制成了自己的潜水衣。当我将这个沉重的装备拉回芬兰时，着实令我的弟妹们赞叹不已。然而，相比于威尔士充满暴风骤雨的大西洋海岸，这些装备在瓦萨派上用场的机会更小。

我对学校课业投入了大量的努力。除经济学之外，我还热衷于亚当斯（Adams）小姐教授的物理学。她年轻而美丽，物理课上我总是选择那个能从最佳角度望见她的座位。尽管我总是走神，但我的物理成绩仍是最高的。

我会偶尔旅行。在复活节假期中，我乘船去了爱尔兰，从费什加德到罗斯莱尔。那时的爱尔兰并不是我们如今所知的主流欧洲国家。它算不上一个第三世界国家，但是也不属于第一世界。我乘火车沿着海岸线抵达了都柏林，之后搭便车前往斯特拉班的一个小镇，其横跨北爱尔兰和爱尔兰共和国。我在这里停留了三天，住在我几年前在芬兰的童子军营地所结识的一个男孩家里。这是一个富裕的中产阶级家庭，但家庭成员都是北爱尔兰的天主教徒。在北爱尔兰，天主教徒被视为二等公民。他们热情地谈论着对目睹"自由岛"的渴望，我能够从谈话中感觉到他们生活中有某些问题。或许由于我过于彬彬有礼或过于有分寸，以至我无法在这些问题上对他们一探究竟。即使到后来我对造成北爱尔兰分裂的这些古老的、近乎部族的冲突还是一无所知。大约六个月以后，动乱便爆发了。

在大西洋学院，我学会了与不同文化背景的人共同生活和工作，这对于20世纪60年代的芬兰年轻人而言并不常见。那里当然会有一些作为交换生去出国进修的机会，比如去英国或者美国。但是这个项目并不能确保我们能像在大西洋学院那样接触到各种丰富的文化。在20世纪60年代，芬兰还是个文化单一的国家，或至少在奥斯托波斯尼亚是这样。作为我前辈的那些公司主管们还不曾了解真正的多元文化是什么。在另一个方面，对于那些比我年轻的后辈们，文化多元性则是工作中一种不言而喻的必要前提。大西洋学院帮助我了解到多元文化究竟是什么，以及它在这个全球化的世界里为何是必不可少的。

回到芬兰

一切开始接近尾声，我的"逃逸"在1969年春天画上了句号。我凭着在国际中学会考中取得的优异成绩以及在英国毕业考试中的全A评级从大西洋学院毕业。我和其他的芬兰学生一起回到了芬兰，资助我们学习的芬兰文化基金会希望我们回到祖国。即使我认为无论如何我们全都会回来。我们心中产生了一种奇怪的情感，但若将其称为爱国主义或许会有些言过其实，而若称作思乡之情则又有些过于随意。那是种介乎于二者之间的情感，芬兰语或英语中还没有一个词语能够真正地诠释它。我们曾经确实在外面代表着芬兰，这个在世界其他地方几乎不为人所知的国家。如今我们希望回到我们自己的祖国并继续在芬兰学习和工作。

当我回到芬兰时，我必须要去大学参加入学考试。我申请了赫尔辛基理工大学，这所学校并不认可我曾在大西洋学院取得的A级水平，或者说并没有因此为我提供任何优惠政策。该大学认为具有国际学习背景的学生也应该参加考试，以便确定他们有能力完成他们的学业。在我于威尔士完成考试后的一星期，我再次来到了考试大厅，这是令人乏味的。任何一个曾参加过大学入学考试的人都知道充分准备的重要性，我一向坚信对自己所要做的每件事都应进行全面的准备。

我穿过草坪，沿着石子路向大学的主楼走去。我要在这个大礼堂中与其他上百个应试者一起参加考试。除了大西洋学院的那些假期之外，这是长久以来我首次接触到我那些芬兰的同代人。他们埋首于自己的试卷中，他们的头发在耳朵上方毫无生气地贴在头上，他们的衬衫有着宽大的领子，紧绷的尼龙材质使他们热出了汗。周围仅有一片铅笔的摩擦声。考试科目包括数学和物理，幸运的是我在大西洋学院打下的基础足够坚实，以致我在考试刚一结束就知道自己答得不错。我对回答那些问题和难题感到得心应手。

当我回到芬兰时，国家经济已经有所增长。在政治上，芬兰像其他国家一样已在20世纪60年代末转为了左派。

我的很多同代人都热衷于左翼思想或共产主义思想。与苏联的友好往来为芬兰的外交政策奠定了牢固的基础。这意味着二者之间维持着良好的关系，从而使得我们强大邻国的亲密盟友也能从该政策中获益。苏联在芬兰的对外贸易中占据了最大的份额，因此许多公司和"资本家"机构都加入到了芬兰这个"官方的"外交政策中。与此同时，芬兰企业希望芬兰向西方国家打开国门，那里历来是芬兰工业的出口市场，并且那里有真正的财富而非一些无法兑换的古怪卢布。我们一直以来出口的是焦油、黄油和纸张。在最近的几十年中，则开始越来越多地出口机械和电子设备。

在1969年的春天，我与两年前离开大西洋学院时的那个男孩已经截然不同了。我确实长高了一些，身材瘦长且留着长发，并且对英美的最新流行歌曲毫不陌生。受当时时代精神的熏陶，我穿着时髦的牛仔裤，讲一口流利的英语，尽管除了芬兰语和英语之外，我确实也不会其他语言。当我在诺基亚时，我仍然在弥补这个缺陷。但最重要的是，我确实成为了一个拥有自信和自尊的人。我曾去过国外，这趟首次出国旅行持续了两年。我经受住了考验，实际上是完美收场，我时刻都在思念芬兰和我的家人。

然而如今我已回到了家乡。我用了一个夏天来帮我叔叔处理他农场的干草。在60年代末，当地已变得繁荣而充满生机了。农场很小并且是旧式的，亲戚们是农场运营的主要劳动力。不久前我还在大西洋学院用铅笔和滑尺工作着，如今却手持集草叉和长柄镰刀。那个夏天是我在奥斯托波斯尼亚度过的最后一个长夏，尽管当我在田地里辛勤劳作时并不晓得这一点。我既不感到悲伤也不觉得留恋，而是怀着一种积极的兴奋和期待。与此同时，尼尔·阿姆斯特朗（Neil Armstrong）和阿波罗11号正朝着月球迈进，并且阿姆斯特朗在7月21日首次登上了月球表面。他的这个飞跃之举持续不断地在我叔叔那个传统的小农场中播放着。

大西洋学院使我离开父母独立生活，并且完全令我脱离了自己的成长环境。我的世界从此完全开放了。我不再需要总是顾及父母，做事时当然也不用听取他们的意见。独自生活的小孩已经在转眼间长成了一名年轻人。我曾承受过巨大的压力，但那也是必经之路。

我那一代有很多人热衷于集体农场和"五年计划"。那时我已经搬到了西部，以便参与规模更大的欧洲和国际交流。在智力发展的关键阶段，我的世界观和我的许多同代人产生了分歧。我进行了学习，并且也看到了世界是如何发展的，资本主义是如何发展的。在我的同代人因拥护党政宣传而已经无法独立思考的同时，我开始非常艰难地学习捍卫自己的观念，我将自己的观点进行汇集来抵御智力上的抨击。这种经历构建起了我的自尊，但同时也使我被芬兰拒之门外，政党积极分子似乎占据着上风，甚至相当年轻就能身居要职。

左派观点——崇尚苏联和德国的民主共和——充当着芬兰的精神狂热团体的本质。运动在1970年达到了巅峰状态。那时学生抵制上课并和工人一起罢工，学校被迫停课。学生组织变成了发表声明的党政机器，其内容包括中东局势、非洲贫困或西方帝国主义对全世界构成的危险。

我那时没有职业梦想，但是我预感到自己将能在学术界中找到商机。我认为自己或许会成为一名大学或理工学院中的优秀物理学教授，或者也可能会继续曾经的城市活动，毕竟我在大西洋那鼓舞人心的环境中曾义无反顾地从事过城市活动。作为一个19岁的青年，我开始使用自己从大西洋学院经济学课程所学到的以及每周在《经济学人》上读到的丰富经验来分析芬兰政府的经济。或许物理学教授在某种程度上也能从中有所收获？难道是那完全关乎计算和数学的物理学和经济学对我而言越来越容易了？这些就是当我在那个夏天处理干草时所产生的一连串思想。

八月份，邮局送来了芬兰家庭都渴望收到的那类信——我已经被赫尔辛基理工大学的应用物理系录取。我和父亲去了瓦萨银行，那里有自我童年起就开设的账户。我需要一笔助学贷款，当时国家还没有自动提供这种贷款的担保，因此我们穿上了西装和被熨烫平整的衬衫。我父亲为这笔贷款提供了担保，第二天我就收到了令人放心的消息，即贷款已被批准。于是我的大学时光便开始了。

工科大学生

20世纪70年代一直被称为"阴郁的十年"。对我而言这段阴郁的时期于1969年9月1日我在理工大学注册的那一天开始降临。我将要住在大学旁边的一栋学生公寓楼中，这栋楼是在举办赫尔辛基奥林匹克运动会时为运动员建的，至今没有多大变化。这座建筑的主色调是棕色和深蓝色。在我入学的第一年，我和另一个一年级学生共住一间屋子。在学生们开玩笑的传统中，一个人会说，自从马缇·祝哈拉（Matti Juhala）成为赫尔辛基理工大学车辆技术系的现任教授以来他就没什么进步了。我们各自有一张窄床、一个书桌、一把椅子和一个衣柜。角落有一个脸盆用于洗漱，卫生间、厨房和客厅是公用的。在二年级时，我在这栋楼中拥有了专属于自己的房间。

选择赫尔辛基理工大学对我而言几乎全凭直觉。在我的家庭成员中从来不缺少工程师，在我之后，奥利拉家族会有很多孩子去学习成为一名特许工程师。我选择了应用物理作为自己的专业，这是现有课程中一门要求极高的理论课程。我喜欢接受挑战并且希望阻碍的栏杆能足够高。我的同学们都很聪明，从他们的考试成绩中可以充分证明这一点。他们来自芬兰的各个角落，但是来自赫尔辛基地区的人最多，因为这里有许多优秀的学校。在此之前我仅仅听说过其中的几所。

赫尔辛基理工大学在几年前将其校址迁至奥塔涅米。这是芬兰的第一所美式校园，整片区域专用于大学教学楼和学生宿舍。而有些服务设施虽然并不尽如人意，诸如中型商店和邮局，但是赫尔辛基毕竟就在旁边。

学习非常紧张，每个星期得上25至30小时的课程。我曾在威尔士适应的工作节奏又开始自然而然地继续了。在我入学的前两年中，我只记得学了物理和数学。那需要做许多工作，但是我在大西洋学院已经打好了坚实的基础。除了学习之外，在秋季我们获得了新的放松机会。在每个星期二晚上会有社交活动，星期三有舞会。令我非常高兴的是这里会提供餐食，我几乎不会做饭，但是煮土豆和鸡蛋还是没问题的。在宿舍我一直靠速食汤料包和三明治度日，因此学生餐厅确实是一种巨大的进步。

每年都会有本课程的工程师培训生住进我们的公寓，我们彼此合群，并且我们的集体生活也十分令人愉快。在闲暇的时光，通常我们会一起坐在客厅，煮些咖啡并聊些时事，而不是躲进各自的房间。我和这个群体共同度过的两年半时间是我大学生活中最美好的事情，后来我们也会经常聚会。

工科学生有时谈起这些日子会将其称作为"奥塔涅米式"人的岁月。这是一种成为体制化人才的特有方式，几乎很少有人会离开奥塔涅米。但这些却没有发生在我的身上。我过去常常在赫尔辛基市区打网球，我并不经常参与其他学生组织的活动，但是我也过着一种充满活力的生活。实际上是活力十足以致连网球都成了一种周期性运动。这也是我人生中唯一一次从重要的追求中脱离出来。

我在奥塔涅米见到了我人生中最初的斯大林主义者。他们都很固执己见。他们会说："社会民主党、中央政党和保守派的问题在于他们没有能够效仿的社会模式典范，这种生活模式是一种比芬兰更好的并且适于全世界的生活模式。"在另一方面，我们则融合了德意志民主共和国和苏联的模式。

从现今的观点来看，要了解70年代的过度政治化究竟到达了怎样的程度是困难的。每件事——我是说方方面面——都是政治性的。我以学生选举活动中的候选人身份开始了我的政治生涯，在1969年这是首次在党政上具有开放性的活动，我选择站在保守派一边。在我的故乡实行的是两党制，我所了解的每个人不是投给了保守派就是投给了中央政党。我认为选择保守派的是那种对社会主义不感兴趣的思想家，就像我对社会主义毫无兴趣的那种态度。很快我就开始明白，在这些选举活动中保守派的政策与社会主义是完全背道而驰的，除此之外再没有别的内容。这些对我而言还不够，其中似乎缺乏一种积极的方案，这个党派的政策似乎是完全消极的，根本没有建设性的元素。第一年后我转为了中央党派的一员，这里似乎有懂得思考的人。

正当我对政治逐渐失去耐心时，我也开始对技术教育感到厌倦。我对学习的抱怨并没有什么特别的原因，只是仅仅靠那些微分方程似乎无法呈现给我想要的世界。我追求一种更广义的教育，能够将关注力着眼于社会问题。我曾在威尔士学习经济学，并且我希望以大学的水准继续学习。我有一些朋友在赫尔辛基理工大学的政治科学院，因此我在1971年也提出了申请并被录取。这次我不必参加入学考试，令我惊喜的是他们竟然根据我在大西洋学院的成绩而录取了我。

经济系位于赫尔辛基理工大学的正中央，我十分喜爱这里。环境氛围令人愉快，讨论和教学为我提供了一种看待社会问题的新视角。经济系有一些精英，我从他们那里就我应该学些什么得到了很好的指导。然而，学习过程中我大多是在单枪匹马地奋战。我没有听过一堂系列讲座，仅参与过几次研讨会。在大部分时间中，我都埋首于需要考试的课程书籍中，尽可能在最短时间内弥补被耽误的知识。

丽萨改变了我的生活

1970年2月的那个晚上，我的所有计划再次被彻底打乱。我和朋友参加了一场学生舞会，其中有一个年轻女士，她是和她在赫尔辛基经济学院的朋友一起来的。

当时我正在排队买啤酒，无意间被这个看上去美丽聪慧的金发女孩儿吸引住了。她似乎在排队的人中找谁。我后来才了解到，这只是她的习惯性动作，并没有什么特别的含义。总之当我买完啤酒之后便邀请了她跳舞。我当时充分地施展了我的个人魅力，之后我们一起离开，并回到学生宿舍和我们的朋友们继续度过那个夜晚。我向她要了电话号码，她将其写在了一张纸条上。

"你确定这个号码是对的吗？"那晚的活动结束时我再次问道。

"我不会随便给你一个电话号码的。"她回答道。她的声音中透着一股坚决，或许也暗示着一种邀请。我尽快给她打了电话，我想她可能会觉得我太过于健谈和心急了。然而，我的大献殷勤却有了好结果，我很快又见到了她。

这个女孩儿叫作丽萨·麦索拉（Liisa Metsola），她考取了护士从业资格并且已经工作，而我则还在上学。我们很快便开始频繁地约会。我们去了电影院、剧院、音乐会和学生派对，也就是说我们做了年轻情侣们都会做的事。丽萨来自一个混合着芬兰东部和卡累利阿血统的家庭。东部的芬兰人比我们西部芬兰人更加善于表现自己，并且更容易感情用事。丽萨会以直截了当的方式来考虑问题，并且在需要的时候她不怕否定我的看法。

我们在一起后的第一个夏天就被迫分开度过，因为我必须得再次回到瓦萨，去那里的一个工程车间实习，这是我完成学业的一部分。我在父亲工作的工厂里被安排了一个职位，我需要做的是维护工作以及一些管路安装工作。这里的环境与我过去在大西洋学院和理工大学所处的环境有很大差别。尽管如此，我还是和同事们相处得很好。我们谈论男人的话题——工作、女人和足球。瓦萨足球俱乐部那时正在参加一级联赛，如今我讲起这件事时仍然感到自豪。我在工厂的那段时间学到了对我未来事业至关重要的知识，关于车间的内部动力系统以及良好的直线型管理与糟糕的直线型管理之间的差异。我实在不能再夸大一个人早期工作经历的重要性了。

丽萨和我于1971年的国际劳动节假期订婚。我见了她的父亲并告诉他我希望和他女儿结婚的愿望。他对我礼貌的请求作出了完全肯定的答复，虽然丽萨和我在其他任何事上几乎没有同意过他。我们对那个时代的政治问题进行激烈地争论，就像结着一场家庭宿仇。当苏联在1939到1940年间入侵芬兰时，他是一名来自卡累利阿的逃难者，他的家园已经被夷为平地。他对俄国人的仇恨并非出于政治立场，而是某些更深层的东西。他对芬兰政府希望通过积极的外交政策来实现与俄国人的友好往来这一主要目的充满了同情。在许多芬兰家庭中也进行着我们这种争论，对他们而言战争仍然记忆犹新。

我们在1972年3月25日结婚，婚礼仪式在奥塔涅米的一个小教堂举行。这座教堂被森林围住，但其与我在学校的住处只相距几百码。婚礼上大概来了40位客人：只要一间教室就能容纳的亲人、同学和朋友。教堂的独特在于它的祭坛画作。画作都已经不在了：原来的地方被芬兰的自然景物所占据，透过巨大的窗口可以看见它布满了整面墙壁。因此婚礼就像是在一片冬季的森林里举行的。我们在学生餐厅里招待大家，那是我们初次见面的地方。奥斯托波斯尼亚式的婚礼喧嚷而热闹，但是我们的婚礼却是平静而文明的，其中包括许多热情洋溢且精心准备的致辞。这种风格合乎我们的性格。

在20世纪70年代初始，我们对未来充满了忧患。我们快速朝前奔走，以致并非每个人都能与我们保持相同的步调。我父母认为我们本不应该结婚，因为我还没有大学毕业，并且我也没有领妻子去见过我母亲。我们的婚姻完全是一种学生式的"闪婚"，我们没有基本的经济保障或任何明确的计划。但是我已经离开了我的家人并且希望过我自己的生活。

丽萨很快就注意到与她结婚的是一个日记本很快就被填满的男人。一天，她拿出自己的日记本，她希望并非仅仅去适应她这位新婚丈夫的任何计划，她有自己做事的优先顺序，我也得学着去适应。"我们看看什么时间是对我们两个都合适的。"她明确地说。她的这种态度在40年中从没有变过，这帮助了我们共同处事。我尝试使我的安排尽可能灵活化，尽管成功的可能性也随之改变了。

我们都是抱负远大的人，也都很独立，我是家里最大的孩子，过去常常自己照顾自己。丽萨是她家里最小的孩子，但是由于她母亲曾经生过病，这迫使她家的孩子不得不自己照顾自己。虽然我们的性格不同，我们却能发自内心地理解对方，因此婚姻的建立便比较容易。或者实话讲，我不能确保总是容易的，但至少这是有可能的，因为我们相互理解。

我们搬到赫尔辛基以西十英里处，租了一间有两个卧室的公寓。那个时候"阴郁的十年"想必已经在接近尾声了，因为我们新家的墙壁已成了纯白色。从那时起，我们就开始希望住在白色或米色墙壁的房子中。当时还没有宜家，我们的家具都是从我们各自家中带来的旧家具或从二手市场买来的旧货。我们家周围的地区正在快速发展，新房屋、新学校和新商店不断建成。由于我们微薄的收入，我们没法搬去赫尔辛基的市中心。很多年轻的夫妻都像我们这样，在新郊区迅速建起的公寓中开始生活。在60年代，通向城市的旧公路已经变成了现代化的高速公路，这为我们的出行提供了便利。我们在早晨跳上公交车，经过二十分钟左右便可以到达市区。但不久后我便中断了一段时间的学业，来到赫尔辛基工作。

学生领袖

在1972年秋天，我参加了芬兰全国学生联合会（SYL）举办的年度会议。通过委员会的选举我被任命为该联合会的主席。我们在周五集合、周六开会并且周日会对我们已经决定的事进行探讨。形式上我们是作为所有学生的代表来到这里的，我代表的是理工大学。但是和那个时代的每件事一样，选举也是赤裸裸的政治活动。在走廊上的谈话内容是中间派的候选人应当成为主席，因为无论是保守派还是左派都不会受到足够广泛的支持。真正进行选举的前一晚至关重要，因为决定性的政治活动往往在深更半夜发生。于是他们开始寻找一名能够被所有人认可的中间派主席候选人，我满足了这些要求。在那个夜晚，我们也为下一年起草了大致的规划方案，因此也对这件事产生了一些争论。那就像是在夜晚起草政府方案一样。

在周日，我从家出发开始了我的漫长旅程，我清楚妻子将要经历一场重大的变化。我在22岁就被选为了全国学生联合会的主席。我曾经担任过全国理工科学生联合会的主席，因此我对如何掌管事物还是有一定想法的。比如说，我曾在抵制上课的活动中帮助维持秩序，希望促进大学管理的现代化。作为学生，我们要求自己应当能直接代表管理机构。

现在，我将要用所有时间来发展学生们的兴趣。我的新角色需要具有十分重要的国际化视野，因此我的国外求学经历和语言技能毫无疑问地派上了用场。当我被任命时，我第一次感受到公众的目光，新学生主席选举的这个消息在多个具有影响力的日报上成了新闻，甚至电视上也进行了报道。我父母对此则困惑不解，他们不清楚这条新的职业道路是否是值得期待，是否适合。

在我们结婚才仅仅半年时，丽萨就不得不接受她丈夫不再是一名学生的这个事实。作为主席我可以领到少量工资，其中大部分都贡献给了房租。SYL位于赫尔辛基中心一座构建优良的大楼五层，我第一次有了自己的专属办公室。打开房间的窗户便可以看见曼纳海姆（Mannerheimintie）大街，这是赫尔辛基的主干道。

我每天早晨去办公室，晚上回到家里，这就像任何一种工作那样。我的学业被搁置了，如今我仍然保存着那时候的两本练习册，上面没有任何笔迹，学术学习被中断了四个学期。我每天身穿西装打着领带，带着我的公文包上班而后下班。我的夜晚被洽谈、会议和旅行占据，每件事都是严肃认真并且极其政治化的。我也认真地审视了自己，发现身处这个职位上的自己似乎正在快速变老。联合会被管理得很好，无论在官僚层面还是财政方面。秘书们都高度专业，保持着年轻人的热情，然而执行委员会的能力却一直在变化。

在那个时期，SYL被视为开始国家政治仕途的一块自然而然的跳板。比如说，芬兰总统塔里娅·哈洛宁（Tarja Halonen）早些时候曾在委员会待过几年，后来通过工会运动进入了国会。

我想成为一名学生领袖，而且我热爱我的工作。我过去常常会到芬兰周围的大学去旅行。我开始同高级官员和政府部长频繁地举行会议，但我从未将自己视为一名政治家，而仅仅扮演着一位代表学生讲话的角色。

我很喜欢和一小群人一起在一个组织中工作，我想要进行有效的领导。会议应当具有议程安排、目标和明确的时间表。我对宣传并不感兴趣，也没有在这方面费心思，但是我却因此首次尝到了苦头。我学习进行即兴演讲，这从来不是我的强项。我也学习写一些深思熟虑的长演讲稿，其官方立场符合芬兰的外交政策。我从不喜欢妥协，但是作为一名学生政治家我必须每天都这么做——这是这份工作乏味但具有教育意义的一面。

有时我会将自己的不耐烦写在脸上。哪怕是在一个天气宜人的日子，掌管芬兰全国学生联合会仍得处处留心地采取着防御性措施，虽然左翼分子不占多数，但是那时感觉就仿佛存在着一种整个学生世界将被控制的真正危险。在许多欧洲国家，学生组织已经变得激进化，大多数学生开始疏远他们，比如法国就发生过这样的事。防止这种事在芬兰发生便成了SYL的中间派群体所要肩负的某种使命。

作为中间派的代表，我还得与保守派合作，尽管许多问题都是通过左派解决的。中间派和左派形成了所谓的泛民主阵线，他们掌握着政权。尽管如此，在我担任SYL主席期间，从未对与欧洲经济共同体订立的自由贸易协议签署过抵制声明。该协议曾受到过强烈的反对，包括那些后来身居要职的人，诸如塔里娅·哈洛宁（后来成为了芬兰总统）、埃尔基·图奥米奥亚（Erkki Tuomioja）（后来成为外交部长）和埃尔基·利卡宁（Erkki Liikanen）（芬兰银行行长）。在与西方国家关系岌岌可危的情况下，就外交政策的重要问题，SYL坚定不移地支持着已被认可的国家政策。

我懂得了政治游戏的规则。一直以来我在我的职位上都支持中间派和左派，在某些情况中，我则会在慎重考虑之后赞成保守派，以此来促进我所坚信的一些合理政策。也因此激怒了左派和中间派，并且引起了一些人谴责我是投机者及叛徒。

从工作中学习政治在后来确实给我带来了巨大的帮助。在20世纪70年代的芬兰，领导学生组织确实使我了解到了政治、研讨会、说话技巧、政治交易以及投机主义究竟都意味着什么。一名总裁必须要理解政治到底是什么，否则公司会对其所处的社会大形势作出错误的判断。而其导致的结果对公司而言可能是致命的，因为通常情况下你是无法改变你所处的环境的——相反你必须得去适应它。

学生会主席这份工作十分耗费精力的主要原因在于那些斯大林主义者。他们都很自信并且清楚自己想要什么。在他们的身后有着大量的追随者。斯大林主义者遵循双轨政策。一方面，他们采用国会制路线，积极主动地探索SYL的发展道路和资源。另一方面，他们尝试进行变革，这种钳形运动的发展是势不可挡的。他们毫不留情地利用与苏联之间的关系，作为对自己进行变革的托词。我自己将斯大林主义者的支持视作SYL发展的起点。当一个团体具有约15%的支持者时，像SYL这样的组织便足以为其举行一场公平的听证。

值得一提的是，斯大林主义运动受到的关注程度要比其应受到的支持大得多。在国会选举中，该运动仅得到了比例不大的赞成票，但是其形象要比学生选举中的情况具有更大的影响。

芬兰当时由乌尔霍·吉科宁（Urho Kekkonen）领导，他从1956年开始执政。他是国家外交政策的主要策划者，并且是芬兰对苏联宣布独立的担保人。在70年代早期，他的政策无论是在选民中还是在政治界所受到的支持都在与日俱增。在很大程度上，需要感谢吉科宁使芬兰能够与欧洲经济共同体就自由贸易协议进行谈判，这对芬兰的出口产业来说是十分重要的。在1973年1月，由于一个了不起的国会法案，本应在1974年卸任的吉科宁任期被延长至1978年。这并非一个预先决定的结论，因为这需要有六分之五的议员投票赞成才行。这和欧洲共同体的协议有着密切的联系，新法案延伸了国家的管治权，左派人士对此极其支持。

吉科宁以及芬兰的外交政策也受到了西方国家的尊重。芬兰的中立立场被广泛地认可，但是许多西方政治家和记者完全无法理解芬兰在冷战期间会身处怎样的困境中。芬兰总统在国内也有一些心怀怨恨的仇敌，他们公开谴责总统是通过对苏联的阿谀奉承才促成了所谓的芬兰化。

我曾与吉科宁见过几次面，这些会见大多是在正式场合，但是我也曾去过他的官邸和他讨论诸如重塑大学管理体系的问题，我们向他解释了SYL的立场。吉科宁在芬兰占据着相当强大的支配地位，无论他被卷入了怎样的问题，总是能够全身而退。他对强权政治行事谨慎并且常备忧患意识。各个政党是如何产生分歧的？政治家的公开言论是如何反映出他们的个人目标的？这是我们讨论时他向我提出的问题。

我和吉科宁之间的一次使我印象最为深刻的会面是发生在1973年12月的那次独立日接待。对学生联合会而言，在重要事件进行之前对总统表示问候是一种传统。我事先准备了一些要讲的话，希望总统能对学生厨房的严重短缺进行关注。当我走向总统府时，感觉潮湿的赫尔辛基街道似乎吸收了所有的光线，尽管商店橱窗里陈列着琳琅满目的圣诞节装饰。

我们在六点半见到了总统，在官方接待开始之前的半个小时，大量访客将会涌入议会厅。我们的会面理所当然是不被看好的。首先，我们之间存在着年龄差异：吉科宁要比我大50岁，一个非常符合73岁人所应有的特质的人，在他身上还没有显示出任何将在几年后折磨他的阿尔茨海默病迹象。其次，吉科宁坚不可摧的地位是我们年轻一代人不可能理解的。他从我五岁起就担任总统，并将一直持续到我31岁。由其他任何人来担任总统几乎都是无法想象的。

我们是一个小型代表团，当到达总统府大门时便被引领入内。其他人穿着符合时代精神的套装，而我则正式地穿上了一身晚礼服。坦白地讲，那时的情形并不那么让人舒适。墙上挂着描绘了芬兰的森林、野生生物和历史战役的精美艺术作品，即使那并不是开始学习艺术史课程的时机。

我们怀着自命不凡的心情走进了议会厅并且保持着应有的礼节。总统站在那里迎接我们，胸前别有一系列勋章，或许令某些人感到吃惊的是，芬兰竟然有如此繁荣的荣誉奖励体制。他透过自己那副大眼镜以令人生畏的目光强有力地望着我们，在他的两侧各有一名副官。对于一名学生会主席拜访总统而言，由我向其致意是我的职责。"共和国的总统先生，独立日愉快。"我开始说道。我们也请他为他妻子西尔维（Sylvi）送上我们带来的百合花束。总统欣然接受了花束，露出了一丝浅笑。"谢谢，我保证会将花尽快送到它应去的地方。"他回答道。这算是破冰之举，随后我便开始进行我简短的讲话。

作为SYL的主席，我也被邀请去了真正的接待会。因此，在我们简短的会面之后，其中的一名工作人员便引领我绕着总统府周边加入到那些将要和这位真正的总统进行握手的队伍中，与此同时总统正穿过议会厅朝着这列接待队伍走来。西尔维正坐在那里等他，她的身体已经开始进入了衰退期。他将花束递给她，然后开始和今晚的访客握手。

东部和西部

除了我们的防御战斗，我们还会去负责管理一些影响学生的平凡但重要的事情。我们要比其他地方的学生领导肩负更加重大的责任，由于芬兰学生联合会是一个大规模的权属者。学生公寓建成了，学生的医疗卫生服务得到了发展，大学管理体制得到了改革。

虽然我的主要关注力在国内，但是我也会将许多时间用在国际事务上。例如每年会有两次北欧学生领袖参与的会议，芬兰的学生组织与苏联集团的学生组织之间也有着良好的关系。作为主席，我曾多次前往莫斯科和布拉格，这是共产主义学生组织总部的所在地。我学会了如何在芬兰外交政策的限制内行事，毕竟国际会议有其自己约定俗成的特殊惯例和仪式。

国内培养的共产主义者经常也会一起加入这些旅程。我记得有一次我们乘火车去了铁幕（Iron Curtain）的背后。列车长有一本旅客留言簿，旅客们可以在上面写下自己的名字以及几句友好的话。有一组被挑选的斯大林主义者留下了如下内容："我的家乡是芬兰，但是我的祖国是苏联。"

我在1970年首次访问墨西哥，那时我们主要集中在调查苏联啤酒质量的问题上，苏联啤酒似乎是十分达标的。除此之外我再也找不到苏联还有什么值得庆贺的事情，因为这个国家的超级地位与其科技发展水平之间的差距是显而易见的。但是我们所见到的苏联学生政治家都散发着智慧，并且十分乐意谈论国际事件。我们在讨论美元汇率、石油危机或美国经济政策方面是易于交流的。但是尽管能够进行这些谈话，他们却仍然是苏联制度的产物。他们一直都明白政党的路线，没有人能够堂而皇之地越过它。但是凌晨喝过一些伏特加之后，他们或许会讲出他们真正所想的内容。令人难过的是，真正的友情是不太可能的，因为每个人都有着无法摆脱的角色。他们当中的一些人后来加入了戈尔巴乔夫政府、叶利钦政府和普京政府。

苏联的教育水平很高，学生政治家懂得数学、经济学和国际关系。但是，比如当我引领参观摩尔多瓦（那时是苏联的一部分）的集体农场时，我看见了这个国家的勤务是如何令人失望的。人们让一片桃树林在那里任其腐烂，而其本该是能够被卖给墨西哥的。他们的努力并没有使人民更加富裕，并且没有对工作的鼓励措施。我常常怀着一种释然从苏联回国，苏联这样的经济体制绝不可能击败市场经济。

然而市场经济自身也存在一些问题。在践行宏观经济学的过程中，我学着将经济看作一种从非均衡化走向均衡之后再走向非均衡的机制。在20世纪70年代初始，经济正朝着非均衡化迅速转变。在1973年末，石油生产国决定向西方世界施压，使西方国家转变其对待以色列的政策。石油价格上涨了70%，石油运输业的收费是一年前的十倍或十倍以上。世界经济突然间受制于石油生产商，国际经济萧条已然成为了事实。

不久之后，世界从石油危机中逐渐恢复了过来，但是却给经济思考留下了永久的印记。如今，我们关于能源节约和替代型能源的讨论仍然很多。中东和OPEC（石油输出国组织）成为了政治议程上不可磨灭的一部分，我们整个世界都变化了。在1972年春天，甚至是在能源危机爆发前，名为"罗马俱乐部"的一组专家和未来学家出版了一本名叫《增长的极限》的书。这警示着世界资源将无法继续维持经济增长，因此世界经济必须作出改变，因为增长已经达到了它的极限。如今罗马俱乐部提倡以零增长为目标，以使世界及其所有的自然财富得以延续。既然石油危机曾经爆发过，那么罗马俱乐部所提出的警示就应当被严肃对待。这将是政治团体制定政策的理论根基，比如对占据着极左派和教条右派中间立场的自己而言就得依照这种警示。虽然这些政治团体支持资本主义和市场经济，但是他们也希望经济发展能够遵循大自然和自然资源所施加的约束。

我仔细阅读了罗马俱乐部的报告，最终我成了学校自然学会中的一名成员。我也是宏观经济学的一名学生，并且了解一些政治学。除此之外，那时甚至科技发展也使我感兴趣。我尝试理解罗马俱乐部的思维方式，但是我还是无法相信他们是正确的。在我的理解中，零增长是一种粗略的目标，是一种无从得出的数据。我在经济学课程中已经学到，经济增长对人口不断增长的人类而言是必要的，我对这一信念从未动摇过。罗马俱乐部则没有考虑科技发展，而这却能够通过利用更少的能源和国家资源来达到相同的产量。

事后想来，罗马俱乐部的报告对科技过于悲观了。报告警示，到1990年铜和银将被用尽。但是在一种恰当运作的市场经济体制中，没有什么东西是将会被用尽的。例如，如果存在一种纸张资源将会枯竭的危险，那么使用替代品将会是可行的，因为纸张会令人支付不起。相比于20世纪70年代初始，如今世界的已知石油储量已经大大增加了，虽然如今只能在更艰难的情况下开采石油了。

罗马俱乐部在20世纪70年代时认为市场经济具有一种失控的内在倾向，但是全球经济已经显示出其超乎想象的灵活性。在70年代，没有人会相信世界能够挺过石油危机。1973年至1979年的危机造成了全球经济萧条，但是也为帮我们渡过难关的科技发展提供了动力。汽车如今已经变得更加环保，更多的核能已经运转。因此世界至少又赢得了30年的额外时间。如果没有石油危机或罗马俱乐部的警示，这些是不可能发生的。他们提出了正确的问题，即使没能给出答案。

在20世纪70年代，许多年轻人当然还有年老的政治家会与苏联代表会面，并且会参观苏联大使馆，参观的频率比他们去街角商店的频率还高。我去那里主要是受到了特定的接待邀请，我和政府官员的联系很少而且都很正式。作为对苏联的某种平衡感，我认为了解西方也是很重要的。在1973年5月，我首次到美国旅行。在赫尔辛基有一个美国信息服务办公室，其每年将两至四名学生政治家送到大西洋彼岸去了解美国的政治体制和生活方式。我们的项目设立在华盛顿、丹佛、圣弗朗西斯科、洛杉矶、拉斯维加斯、新奥尔良，并且最近也在纽约设立了。我们住在旅馆里，但是我们在所去的每个城市中都会拜访一些当地人，这些人扮演着接待家庭的角色来向我们展示美国人的生活方式。相比于70年代的芬兰人，更别说是苏联人，我被其十足的繁荣震撼了。这里的可口可乐能让你喝个够，然而在我青年时期的芬兰，可口可乐仅以十分吝啬的小瓶装出售，T骨牛排如孩子们脚掌那么大。"汽车座椅要比我们学生公寓的沙发舒服"，这是对美国的一种实实在在的介绍。

在华盛顿，我们参观了美国国会，在这里我们了解到了美国的政治体制，虽然所讨论的仅有一个主题：不幸的理查德·尼克松（Richard Nixon）将会如何？在我们参观期间，水门丑闻正在经历白热化阶段，这确实将美国从中间一分为二。共和党宣称《华盛顿邮报》无权那样羞辱尼克松，而民主党则因那正在进行的"滑稽的诡计"狂喜不已。虽然在尼克松的问题上存在着分歧，但是美国决不会出现曾经的那种政治极端化。我们对整件事中哪些是有益的哪些不是进行了激烈的讨论。

美国之行和水门事件是研究冷战立场的绝佳机会，美国人真诚地相信他们统治着世界。在欧洲，社会民主党的支持力度很大，许多人认为美国虽然曾有过好日子。但美国的领导地位曾经因为越南而受到质疑，美元摇摇欲坠，第一次石油冲击近在眼前。

这些年有文献证明，某电视节目记录，有一位留着长发、身材瘦长且严肃认真的学生领袖前往柏林的世界青年节。他大胆地谴责世界中与日俱增的帝国主义力量。是的，兄弟们，那个人就是我。

家与家人

在1975年7月1日，我们拿到了新家的钥匙。我们买下了一间包含两个卧室的公寓，它位于赫托涅米（Herttoniemi）的一栋20世纪50年代楼房的四层。赫托涅米是坐落在赫尔辛基东边的一个多山且树木繁茂的郊区。这间公寓还没有怎么布置：浴缸和橱柜还是原封不动地放在那里，其十分需要被翻新改造。我的一位从事室内装饰的朋友从奥斯托波斯尼亚来到这里，为我们铺了新的地板并且刷了涂料。我们舍弃了浴缸，重新安装了淋浴器。我的父母来这里停留了三天，他们用砂纸磨光了窗框和橱柜。我花了六个星期和各种不同的工匠一起工作。我喜欢木匠活儿以及用自己的双手制造东西，我在学校时做的木工作品总能拿到最高分。我在朋友的指导下为厨房铺了新的花砖地板。他向我解释地砖应如何铺放以及应当使用哪种黏合剂。我将我父母已经磨光的橱柜刷了漆。

我在前一年年底结束了担任SYL主席的时光。但是从某种程度上而言，我算是参加过1975年在赫尔辛基举行的欧洲安全和合作会议（CSCE）的。这是吉科宁最显著的外交政策成就，并且对世界媒体而言这也是一个重要的场合。当我在为我们新公寓的橱柜刷漆时，我从广播上收听了演讲。报告的声音在这间空荡而有回音的房间中回响着，直到会议结束好长时间以后，欧安会中的抑扬顿挫之音仍然在我的脑海中回荡着，因为在我布置公寓的过程中已经听完了每篇演说。

买下这间公寓并非是毫无阻碍的。丽萨已经获得了护士从业资格，但是还在赫尔辛基大学继续她的学习，主修社会政策。那时也并没有迹象表示我将会有一份事业。我们根据当时的这些情况去见了银行经理，他恰巧是我们认识的人。我们曾承诺攒下一笔存款，剩余的部分将从银行借贷。我父亲借给了我3000马克，这是我父母唯一一次借钱给我。我们也同意利用我们的学生贷款来增加我们的支付比例。住房市场在敛聚财富，房价开始呈上升趋势。我们毫无疑问想要有自己的家。丽萨和我像许多人一样开始轻率行事，我们相信这会是明智之举。石油危机的爆发助了我们一臂之力，芬兰经济跌入了泥沼并且深陷其中，以致恶性的通货膨胀似乎能帮我们很快地付清贷款。这一次宏观经济理论似乎在我们生活中起到了实际作用，我们在恰当的时机承担了贷款。

我回到学校继续学习宏观经济学。我的硕士论文主要是在学院图书馆中完成的，我经常会在自己的旁边见到另一个"学生政治家"，他已经将他的学业搁置一旁。这个人就是埃尔基·利卡宁，他和我同龄，但是从1972年起就已经担任议员了。在他成为芬兰史上最年轻的议员的同时，埃尔基还是一名政治学者和青少年协会（Teiniliitto）的主席。我们过去经常会在喝咖啡休息时碰到对方，那时我们会聊些和我们的职权相关的问题。

我在1976年完成了我的论文，论文题目是《在不确定性中的国际贸易理论》，我获得了那年宏观经济学的最佳硕士论文奖。我本来无法了解到这些，直到几十年之后，我再次以非常实际的方式来研究与之完全相同的主题时，才了解到。或许公平地讲，鉴于埃尔基·利卡宁是芬兰银行行长并且是欧洲中央银行的董事会成员，他当前的工作也应会涉及宏观经济学主题。

然而，比我的毕业更有意义的是我们第一个孩子的出生，那便是我们的儿子杰克（Jaakko）。丽萨和我知道我们已经做好了当父母的准备，虽然按照如今的标准，我们还很年轻，成为一名父亲是一项艰巨的工作。儿子出生时我也在场，并且在我们的儿子回到家里的最初十天中，我每天都给他洗澡。孩子的出生也意味着某种分水岭，生活似乎变得条理化了：我有了自己的公寓，完成了学业，又是一位丈夫和一名父亲。

学生贷款和住房贷款不足以维系这个家庭，于是我在经济系担任了几个月的助教。我希望可以继续待在大学里，但是学校没有空缺职位。因此我接受了更短期的工作。中间党派和青年组织需要一个人来负责国际事务，我便去作为国际事务秘书在赫尔辛基的党政办公室里工作，为期半年左右。

我负责国际通信，组织代表团进行参观并且撰写演讲稿。党主席常常会叫我解释一些事情。我必须要留心尊重党的外交政策立场，这相当容易，因为该立场和吉科宁总统以及芬兰的立场是完全相同的。我的工作至少让我有了薪水以及继续学习的安静环境。当办公室晚上关门时，我便去图书馆学习数学。我已经下定决心要从理工大学毕业，虽然我直到1981年才实现了这个愿望。

我对自己将要做什么仍然一无所知，有时会灵光一闪地认为自己应该去奥斯托波斯尼亚参加我家那片区域的国会竞选。我根本没有满腔热忱，虽然我满腹政治学说，但是在任何情况中我都不确定自己能够通过投票而被选举。我不曾是一个受大众喜爱的人物，并且我讨厌拉选票和握手。外交部长或许是个有趣的选择，但是政府官员的生活步调对我这种不知疲倦的性格来说似乎有些缓慢。但是我已经有了主意。我在家里是一名26岁的父亲，接受过大量的教育，在社会中有一定的经历并且对世界有一定程度的了解，然而却对希望从事的专业毫无头绪。毫无疑问我的父母对我的一切活动也是感到困惑的，他们告诉我这可不是他们将我送去学习所希望的结果。

逃离是非之地

直到1977年3月我才作出决定，我已经和丽萨进行了充分的交谈，我们决定要离开芬兰。

芬兰的学术氛围使这个决定变得更加容易了。吉科宁那时仍然是国家的领导人，他审视了当时的时代趋势，并据此裁制了他那精湛的修辞。最近，他在电视摄影机前为国家强加了一层"政府危急"的阴影，这个处于危急境况的政府是以左翼为领导核心的。然而，他们并不想承担这个责任，因此政府迅速解体为少数联盟的形式。经济处于一片混乱之中，几年之间，通货膨胀的速率飙增了约15%。作为一个有着抵押贷款的人，我从债务的消融中获益，但是高通胀也确实是经济政策难以持续下去的征兆。在1977年4月，芬兰货币被迫再度贬值。文化生活、大学和学术氛围大多掌握在左派分子的手中。发生了一些对苏联、古巴和德意志民主共和国表示支持的游行活动，他们反对资本主义的阴谋，反对与西方和北约组织进行和解。1977年春季，就有75万以上雇佣劳动者参与了罢工，大概三个人中就会有一个人参加。

在70年代，苏联的芬兰评论家并没有在他们的事业中有所前进。与此同时，芬兰公司与苏联在进行着有利可图的业务。芬兰产品的质量在苏联赢得了广为人知的良好名声。芬兰的建筑公司通过在东部边界的出口开始逐渐壮大，从而芬兰纺织品和制鞋公司的销售量也得到了保证。依靠与苏联进行贸易往来的公司领导与政治家组成了联盟，以此形成一个不会以棘手问题去烦扰苏联政治家的支配性联盟。否则贸易往来或许会经受阻碍。

我尊敬吉科宁的成就并且支持他的政策。然而，20世纪70年代末的芬兰氛围还是会让我感到忧虑。我因学术造假、对改变的固执抵抗以及政治家的办事拖沓而感到担心。和许多其他的芬兰人一样，我为国家的未来感到担忧。我认为芬兰必须要探索出一条更接近于西欧的路线，芬兰经济若想要繁荣，除此之外是别无出路的。我希望更多地了解经济，去学习，以使我的思想能够更加坚定并且更加令人信服。

赫尔辛基只是个沉闷而阴郁的城镇。在外就餐会令人闷闷不乐，除了中国菜之外便再没有其他具有民族特色的菜肴，或者我应该被称为中国人。在酒品销售的垄断企业Alko中很难找到一瓶像样的葡萄酒，就像要在托斯卡纳中寻找一间真正的桑拿房那样。百货公司中的衣服品种相当有限，并且面料和款式都是老式的。最好的旅馆或许只能给它评三星。这里没有丝毫乐观主义的迹象，一切都是受管制的，仿佛国家或当地政府为你做好了所有的决定。

在1976年，我开始考虑新的选择。1977年初，我在报纸上看到英国文化协会为在英国学习的人提供薪水。这确实令我想起了十年前导致我进入大西洋学院的那些事。丽萨和我坐在我们小公寓里的餐桌前，进行了充分的交谈。留在芬兰并不是明智之举，我们开始对丽萨在英国将如何继续学业进行计划。在经过几秒慎重的考虑之后，我决定将伦敦经济学院作为我的新学校。那是一所享有盛名且备受尊崇的大学，其培养经济学家、社会科学家和哲学家，还有米克·贾格尔（Mick Jagger）这样的摇滚巨星也是这所学校的毕业生。我认为这很适合我。我向伦敦经济学院申请研究生奖学金，并且将攻读博士学位。我被邀请去进行面试并得到了奖学金。到了四月份，我已经为我新一次的"逃离"准备好了资金。

我的决定引起了一片吃惊，甚至是令人诧异不已。那时有许多人中途放弃了学业而成为了记者、政治家或政治积极分子。我已经毕业，并且我还决定继续学习，很多人认为这是荒谬的。而之后在国外学习也并没有什么特别之处。那些继续学习的人大多去了瑞典周边的邻国或美国，并且许多左派分子希望通过去墨西哥、德意志民主共和国甚至华沙学习，来增强他们对科学共产主义成就的信念。

我告诉中间党派办公室中的那些同事我将要离开芬兰。我受两个同事邀请来到了附近的咖啡厅，我们点了豌豆汤作为午餐。"像我们早些时候所谈到的，如今这对我而言仅仅是一个暂时性的工作。"我开始讲道，"夏天一结束，我就将去伦敦学习。我已经申请到了奖学金来完成博士的学业。"我那两个同事的汤仍然未喝过。他们中的一个可能碰掉了勺子。"这么说来你确实要离开很长一段时间了？放弃大好的从政机会了吗？""是的，的确如此。从长远来看，我真不知道自己将要做什么，但就当下而言，我想专注于学术事业。"我回答道。

我们在1977年8月来到了伦敦。选择伦敦部分是出于机遇，部分则是仔细考虑的结果。作为大西洋学院的前校友，我热爱伦敦的文化以及伦敦人的思考和生活方式。我已经逐渐了解了伦敦学校的运作方式，并且认为我将能够很好地适应英国的大学。原本也可以选择美国，因为英语是我除了芬兰语之外唯一懂得的语言。但是选择美国花费会更高，并且对我而言，伦敦经济学院似乎更加符合我完美主义的性格特征。我希望去一所声望很高的大学。最后但并不是最重要的一点是，伦敦在各方面都很适合我的家庭生活。我一想到我们如今已经一岁的儿子杰克不久将成为伦敦人便会感到高兴。

在伦敦，我将从一个广阔而有利的视角重新关注国际政治和经济，我们会与外交官和导师进行交流。我们的小男孩儿进入了伦敦经济学院幼儿园，而丽萨则学习社会学。几年以后，她将会成为在伦敦经济学院得到学位的第一位芬兰女士。我支持丽萨的学业，并且相信等我们重返芬兰时这会为她打开新的大门。或者也许我们不会回国，而是留下来创建国际学术事业。

在1977年，伦敦还没有发展到最佳状态，但是却远远要比赫尔辛基更有活力且更加生气勃勃。坦白地讲，经济还处于混乱之中，工党政府发现难以控制工会的需求。当我在花时间学习约翰·凯恩斯（John Keynes）和弥尔顿·弗里德曼（Milton Friedman）之间的理论差异时，英国却正在经受着现实的冲击。玛格丽特·撒切尔（Margaret Thatcher）将在1979年5月被选为英国首相，反对怀疑主义和敌对的立场。不久之后，她将成为西方世界中出类拔萃的政治家。这位首相相当知名，以至英国的精神病医生不得不完全放弃那个过去用来检测病人是否有现实意识时而一贯使用的问题，而改为"你能说出英国首相的名字吗？"，没有人不知道她是谁。

伦敦经济学院确实是对校园生活的一种回归。我早上八点离开家，在学校最晚待到晚上九点。我连续地听课，课间我们会以小组形式来进行计算练习。当然我也会在图书馆进行某些独立的研究，教学只是为继续学术研究作准备，那是相当高水平的智力挑战。我那时正在完成我的硕士课程，如果一切顺利的话，我将能够继续攻读博士学位。我将自己的专业领域选择为国际货币经济理论。对于芬兰将在20世纪80年代实施的那些理念，诸如货币市场的自由化以及对浮动汇率的介绍，可以在这里的学术界中找到强有力的支持理论。甚至在1977年，我们前往英国时，我还得填写表格并将其寄到芬兰银行，以便将芬兰马克兑换成英镑。

伦敦也是新古典经济学中芝加哥学派的一个最重要的国外分支机构，该学派最有名的代表人是弥尔顿·弗里德曼。他是当时盛行的凯恩斯主义的一名严厉的评论家。弗里德曼和他的追随者相信货币供应量的增长将会在短期内使经济复苏，但是在长期将会加速通胀。财政政策——即公众权利所产生的需求——和长期的经济成就没有关系。政府在经济政策中的权力应当被严格限制。相反，中央银行对货币供应量的决定起着至关重要的作用。这些观点与芬兰当下盛行的学说截然相反。我对芝加哥学派的研究发现很感兴趣，尽管主要作为学术思考的方式。在我看来，经济成就与实际的经济政策几乎毫无关联是出乎意料的。

在伦敦的生活是国际化的，具有启发性并且充满了学术乐趣。我们住在伦敦西南部地区的阿克赫斯特街，我们租了独立式住宅上层的一间家具齐全的公寓。我们从芬兰带来的只有津贴和住房贷款。我们的生活十分拮据，通常我们都是在学生餐厅吃午饭。有时我们会和十年前在大西洋学院认识的朋友聚一聚。

当我在60年代去英国上学时，披头士乐队已经相当具有影响力了，那绝非是仅仅对我而言。如今到了70年代时，则成了重金属摇滚的时代，诸如齐柏林飞艇（Led Zeppelin）和深紫（Deep Purple）乐队，而我对这种音乐却没有什么兴趣。丽萨和我开始改为去听古典音乐会，伦敦在这方面着实提供了一种身心感受极佳的氛围。

我学习勤勉并且怀有雄心壮志。我在一年内便递交了我的结业论文。1978年8月，我收到了来自大学的一封信。信上说我的论文非常出色，继续进修博士课程毫无问题，我可以在两年内完成博士课程的学习。我的学术事业之梦正在逐步实现。我开始想象着自己是赫尔辛基大学的教授或者进入了某个备受尊崇的国际学院，就像我那些来自大西洋学院的朋友那样。但是，我还缺少一篇博士论文，而伦敦经济学院则为我实现梦想提供了特别的机会。

人生中最艰难的抉择

1978年8月，我已经28岁。我手中拿着伦敦经济学院寄来的一封信，这封信使我获得经济学博士学位的愿望指日可待，而这将会引领我走上国际学术事业的康庄大道。然而正是在这样的时刻，命运或机遇却介入其中并且改变了我的整个人生。

在一次由芬兰和英国贸易工会提供的午餐中，我结识了来自花旗银行的总裁们。花旗银行当时正在全欧洲迅速地扩张，不断地设立新的办公场所。我当然了解花旗银行在伦敦的运营情况，我知道该银行是一家经营良好的全球性机构。在伦敦经济学院，我已经对国际资本市场的发展过程进行了了解，我认识到相对于任何其他可以预见的和平事件，资本市场的自由化将会产生更大的全球影响，而国际银行在其中则起了主导作用。花旗银行正在践行我从理论知识中学到的东西。

花旗银行为我提供了一份工作。我首先要在伦敦工作，在这里学习国际货币市场的工作内容以及银行是如何运营的。在这之后，我将要去花旗银行在赫尔辛基的新办公场所。花旗银行会提供薪水、实实在在的工作以及在国际环境中学习新知识的机会。这个银行正在招募来自各个国家优秀大学的年轻人。就在一场新竞技的第一场比赛结果揭晓时，我便被这个团队选中了。花旗银行认为，我们这些年轻的专业型人才不出十年便能够赚回银行曾对他们进行的投资，尽管一种积极有效的培训系统在五或六年内还尚无法看到其成果。因此，从银行的角度而言，从长远以及新市场的发展来看，培训系统是一种可盈利的投资。另外，这也会为在其他国家所开设的花旗银行带来信誉，例如芬兰。要是没有当地的专业评估意见，这个美国银行巨头就几乎无法与当地设立的国家银行相竞争。

来自花旗银行的录用函迫使我做出了人生中最艰难的决定。和我同龄的许多人已经找到了他们适合的职业。他们有效地学习并毕业，之后便能够供养家庭并偿还贷款。我并非那种放荡的人，远远不是，但是在我努力生活的28年中却从未考虑过我应当从事何种职业。当我来到伦敦时，我唯一清楚的是自己要在学术领域中做些什么。这与我十年前进入大西洋学院时的梦想并无两样。

根据一种广受欢迎的分析理论，人类可以被分为四种：成就型、探索型、社交型和杀手型。这些名称的含义几乎是不言而喻的。例如，社交型的人喜欢与他人一起做事，对这种人而言，公司本身要比业绩更为重要。公共利益和良好的感受是最重要的事情。毫无冒犯地说，某些人可能会认为地中海地区的许多人就属于这种类型。我属于成就型，成就型的人从完成事物中得到享受。我们总是希望承担新的项目，顺利完成并得到预期的结果，之后再继续进行下一个项目。我们从工作、行事和学习中得到享受。我们和其他人的关系是通过我们的工作建立起来的。我们将能够共事的人聚在一起，朝着共同的目标进行努力。成就型的人总在着眼于更大更好的目标，并且总在向新的目标前进。我们希望每次都成功，但我们的思想却早已开始关注其他事情了。

回溯至1978年，那时在伦敦的我并没有按照这种方式来剖析自己。仅仅是在后来，我才了解到这种分类方式，并且丽萨也认为我属于成就型。

当然，我们各自也都具有其他人格类型中的一些元素，没有什么是绝对纯粹的。幸运的是，人类有能力吸纳新的品质。

虽然我只有28岁，但是却已经经历过许多权力游戏。我曾领导过学生组织，曾与俄国人进行过协商，我已经对党派政治相当熟悉。然而，我并不喜欢这些，并且我的交际能力还不足以让我走到陌生人中间赢得选票。另外，权力架构或权力本身使我产生的兴趣也不足以让我渴望在国会中谋求一席之地或在外交部谋得一职。我仅仅希望有所作为，我希望发生好事。当全国学生联合会为其成员争取到了更好的财政条件或生活条件时，我总是会感到高兴。如果我能够对自己所做的事情问心无愧，对我而言就足够了。

成就型的人必须总得有事去做。成就型的人通常对事物怀有好奇心，因为新知识使新成就的实现成为可能。成就型的人不需要过多的社交生活或外界认可，成就仅仅在于其自身的价值。但是，如果成就型人的成就价值根本无法得到认可或被轻视，那么这种人便会感到深受伤害。成就型的人会对他人信守承诺，这也是这类人对自己的要求。正是那些对自己作出的承诺才是最困难的。1978年，我对自己许诺要完成理工大学的毕业论文，之后去英国经济学院攻读博士学位。我与英国文化协会的约定在我心中有一定的分量，但是还不及我对自己许下的诺言。如今想来，在我60岁时我意识到自己对母亲一直有一种潜在的亏欠感，她未能如愿以偿地接受足够的教育。我想向她表明自己能够成为一名经济学博士。

在收到花旗银行的录用函之前，我在商业领域中是毫无经验的。我曾目睹自己的父亲在工厂中那种永无止境的繁重工作，这对我并没有什么吸引力。我从理论中学到了商业在经济体中应如何运营，我非常坚信资本主义体制，尽管我也认识到了它的缺陷。芬兰是由大型银行、大型林业公司以及少量冶金行业公司来掌控的。这些企业的权利是通过几次私人性的会餐而被确定的，由银行和保险公司的领导人对工业的未来作出了决定，但那些决定本应由企业家作出。

芬兰银行掌管着资本市场，公司办理外汇信贷或其他金融业务须向该银行提出申请。芬兰的经济是一个俱乐部，其由少数主要公司来经营并且拒绝新成员的加入。然而芬兰是靠出口为生的，包括与有利可图的苏联贸易往来以及将纸张、木质产品和机械出口至西方国家的传统出口方式。某些芬兰公司也开启了新的领域，一家名为诺基亚的公司已经决定在20世纪70年代初开始制造电话交换机，并且这家公司也会向银行出售某些大型计算机。然而我在伦敦时并不了解这些。

无论是在普遍意义上还是在芬兰，我对公司实际运营方式的理解是模糊不清的。我从未建立过自己的公司，也从来没有购买或出售过公司。我未曾在市场上出售过任何东西，也没有开发过新的商业产品。但是从原则上来说，我对企业如何运营确实持有某种看法。我有充分的理由去怀疑自己的职业生涯能否进展顺利。但我毕竟学习过演讲，并且具有超强的分析能力。我喜爱学习各种事物，特别是你将能够从中推衍出更多的东西。我十分害怕加入仅以股东盈利为目的的组织，我不确定在其中我还能否继续思考。我看着这些重量级的芬兰商业领导，问题似乎更加不容忽视了。我希望以后成为这种在某间私人餐厅吞下五杯白兰地后便做出决策的权威领导人吗？我希望停止思考而成为一名日复一日地与苏联政党人员进行讨论的油腔滑调的商人吗？我十分确定我的回答。

难道商业界就不存在一些太过容易的事情吗？难道只要我选择了"实际的生活"就必须要放弃我的理论沉思吗？我将要对那些在学术事业上大展宏图的朋友们说些什么呢？如果最终证明商业界正如我所担心的那样，乏味麻木甚至机械性地盲从、调和着投机主义权力游戏的盈利性质，那么我将对自己如何交代？

花旗银行的录用函迫使我开始仔细审视自己的学术梦。在我们已经有了第一个孩子并且以后无疑还会有更多的情况下，我是否希望继续靠着微薄的薪水进行研究工作？我是否能够忍受用十年来等待我的首个职业任命？以及在我心里是否由衷地对学术事业感兴趣？难道我不是一个想要用整个人生来做些有用之事的实干家吗？当我总是享受着和其他人一起工作的喧闹时，学术生活中的孤军奋战真的适合我吗？当我在现实中渴望某些不同的东西时，我的学术事业是否仅仅是空中楼阁？

这些问题令我精疲力竭。要是我当时就知道这个决定对我的未来而言如此具有决定性，我毫无疑问会去用更长的时间进行深思熟虑。而那个时候，我用了整个秋意萧索的八月来考虑我的选择。我夜夜失眠，当我和丽萨详尽地谈论这一切时，她说在她的印象中从未见过我被艰难的抉择拖得如此疲惫不堪。

我也从未作过一个如此重要的决定，这个决定将会对我的人生产生如此巨大的作用。在1978年8月20日，即我28岁生日后五天，又过了一个无眠之夜之后，我作出了决定。我将接受花旗银行的录用聘请。

直到很久以后我才意识到这个决定对我的意义多么重大。一切重大决定的作出都需要有所牺牲。在作这个决定期间，我牺牲了自己的梦想，但是我却未曾后悔过，之后的几年证明了我所作的决定是正确的，但是伦敦八月的那些日子中所充满的只有不确定。而这些却也总是作出重大决定的必经过程。你根本无法规划你的人生，即使你希望如此。我是个天生的理性主义者，但是我必须承认的是，如果没有一系列的随机事件，我是绝不可能成为一名总裁的。如果我在伦敦本会作出不同的选择，那我现在则会确信无疑地成为一位经济学教授，或许会在一所世界级的大学中任教。我的人生也将因此而变得不同。

尽管我需要考虑许多基本因素，但是还有一个实际因素使我更容易作出我的决定。我还没有服过兵役，但是如今已经不能再拖延了。我必须在30岁生日之前参军，这无论如何都将会中断我毕业论文的写作。花旗银行则向我表示他们能够使我在服役期间告假缺席将近一年。接下来的一天我便告诉花旗银行北欧地区的负责人约翰·奎特（John Quitter），我将在一周之后的九月初在伦敦开始接受培训。我将英国经济学院关于攻读博士学位的录取通知装进了一个塑料文件夹中，之后又将文件夹放入了信封。如果商业生涯完全粉碎了我的期望使我噩梦成真，我还有学术生涯的保障。伦敦经济学院的来信仍然在我个人的归档文件中安然无恙地被保存着，但是我至今也未能用上它。

国际银行家

就我的商业生涯而言，花旗银行就是我的大学，它也是我的首个正式工作场所。对一个年轻的经济学家来说，花旗银行是一个要求严格的环境。我研究了该银行的历史，它于1812年作为纽约城市银行而建立，其初始资本为200万美元。到1894年，花旗银行已经是美国最大的银行。到了世纪之交，该银行就已经开始在国际进行扩张。在亚洲和欧洲都有花旗银行的营业所，其分支机构的分布范围从上海一直延伸到马尼拉。

花旗银行进行外国货币交易要比世界的其他任何银行都早，并且业务范围也更加广泛。1929年发生了大崩盘，这一年花旗银行成为了世界最大的商业银行。到第二次世界大战时，该银行已经在23个国家拥有了100个办公场所。花旗银行是一家庞大的国际金融机构，或许这正是最吸引我的地方。我认为自己能够从花旗银行所具备的一切资源中进行学习，以了解国际银行业。这也是一家原型化的全球性企业，具有专为有效的国际化经营而设计的结构。或许只有IBM，一家领先于其他公司很多年就开始国际化经营的公司，才能在效率的层面上与花旗银行相匹敌。实际上，IBM确实是一家最先设计其公司架构的公司，而不是让公司自由成长。其理念后来被广泛地重复使用。

在我刚加入花旗银行时，其领导人是具有传奇色彩的沃尔特·B.瑞斯顿（Walter B. Wriston）。他经营这家银行已有17年，先是在1967年到1970年之间担任总裁，之后于1970年到1984年之间担任董事长。瑞斯顿重振了银行业，他有力而具有远见的视角围绕着国际主义以及对提供给顾客的新科技和新服务的强烈信念。有些人会认为他过于激进，比如他预见了自动柜员机的使用和我们每天都在进行的电子交易，而彼时这些想法却仿佛无疑只属于科幻世界。回到20世纪70年代，并非人人都能看出瑞斯顿那具有先见之明的视角。

假如我未曾参与过国际政治与经济，我是绝不可能被邀请加入花旗银行的。花旗银行那时正希望在芬兰建立营业所，在那以前花旗银行的所有北欧区业务一直由伦敦办事处管理。现在该办事处正在物色有潜力的年轻人才，他们仅仅有一个要求：花旗银行承诺不会试图从芬兰的商业银行抢夺人才，即这个美国企业巨头不会以高薪去诱惑年轻的银行家。花旗银行礼仪性地遵守着这个承诺。

我不知道花旗银行为什么会对我感兴趣，我想或许是芬兰大使馆有人举荐了我。我由一个经验丰富的银行家约翰·奎特来面试，面试进行得很顺利，我很确定只要我希望的话，自己就能加入培训项目。花旗银行是一家享负盛名的美国银行机构，那里对工作人员的得体形象和优雅举止都高度重视，即使它要比欧洲银行更具能动性和进取心。

决定成为花旗银行的一员改变了我人生的方向，但是这种改变也有着更直接的影响，丽萨和我终于有了一些积蓄。相比于学生贷款，花旗银行则提供了一份公爵般丰厚的薪酬。我们很快就离开了位于阿克赫斯特街的学生公寓，并搬到了大约半英里之外的拉本德大街，凭着我丰厚的薪水我们有了空间宽敞的专属房屋。房子里有很多房间，因此我们能够进行娱乐活动。这里从1978年起就成了我们在伦敦的家，我们从不认为能再找到如此优质的房子，甚至当我们回到芬兰时也是这么认为。

我对每月的固定收入没什么意见，我在担任全国学生联合会主席时已经拿到了微薄的薪水，而当我为中间党工作时，我也被支付了足以度日的薪酬。我不是一个花钱大手大脚的人，但是我自然会希望确保我们这个小家庭有足够的钱用于开销。我们开始把要在伦敦进行的各种奢侈活动考虑在内——聚会、听音乐会、远足探险。新环境比较宜人，但我进入花旗银行之前，除了拥有一间负债累累的赫尔辛基公寓和一些助学贷款之外，几乎什么也没有。我没有股份，对投资也是一无所知，因为我从没有投资经历。我也没有任何可以继承的财产。当我进入花旗银行时，才开始赚取了合适的薪水。这是我第一次感到自己的收入和能力是相匹配的。我很高兴自己的付出得到了应有的回报，这是一种前所未有的感受。

用自己的双手和劳动筑建未来是我从长辈那里沿袭下来的精神：我的父亲创造了自己的生活，建造了自己的房屋。我祖父创建了自己的企业，而我外祖父则自己除草耕田、种植庄稼，来养活他的大家庭。一直追溯至几百年前，我的家族都是些辛勤劳作、从不懈怠的人。

我对花旗银行的工作存在许多先入之见。我一直很好奇银行业是否能够启发智性思维，我也因花旗银行在芬兰的地位而担忧。如果问芬兰的商业银行行长花旗银行如何，他可能会说为这家银行工作是个奇怪的选择，甚至可能是一种不爱国的表现。那时候，还不允许国外银行扰乱芬兰银行业的和谐景象。

直到20世纪80年代初，屏障才开始瓦解。那时有三家外国银行被准许在芬兰运营：法国东方汇理银行、大通银行和花旗银行，它们在1981年11月27日被准许进入芬兰。在那以前，芬兰只允许国外银行以代表机构的形式在芬兰进行业务往来。真正的交易则是在其他地方进行，通常是伦敦。

花旗银行是我的"商业学校"。在伦敦，我专注于学习两方面知识：个体企业的分析以及国际银行是如何运作的。能再次学习使我的志向得到了满足，我充分汲取了国际银行业、会计学、分析论的知识以及我设想在以后工作中需要用到的所有其他知识。如同正式的培训那样，我还学习了银行中的工作是如何完成的。每个人最晚可以学到八点,我们通常在晚上七点或八点回家。这里的办公室文化与芬兰差异很大,我们坐在一间开放式的办公室内,同事之间通过电话联系。这也是一段新颖且有教育意义的经历。

在芬兰,大型银行常常是等待客户来访,客户谦恭地恳请为自己的项目申请贷款,银行家们则留意着这些公司是否选对了申请贷款的银行。这些银行占据了大量的行业,所有公司的生存都必须遵循信贷规则。在花旗银行中,我们根据公司分析来冷静地审视企业。我学会了如何分析一家公司的各个独立元素、该公司相对于竞争对手的地位以及公司未来的现金流量和综合前景。如果我们从自己的基本分析中推断出这个项目是安全的,我们就开始考虑能够向客户销售哪些产品。在芬兰市场上,通过销售银行业产品来与客户合作的理念还很新奇。芬兰的大型银行不需要将时间浪费在市场营销上,因为他们的顾客都是不请自来的。

花旗银行将我培养成了一名销售人员,最初这对我而言并不容易。我善于理性分析,根据我的教育和人生经历,我本打算成为一名无需因客户而烦心的专业人士,我的芬兰和北欧血统都没能为我担当一名圆滑的销售员提供优势。但是花旗银行这个全球化机构确实是一位优秀的教师。我学会了如何接近客户,以及如何提出一些让人难以拒绝的建议。我也学会了在不同的阶段应当如何关心客户,你必须令客户相信你确实在关心他们,并且乐于帮助他们将事情处理得当。我也学到了一个颠覆性的事实:企业甚至是国际银行的生死都取决于对客户的取悦。假如我没有在花旗银行学习过客户服务,我在诺基亚是绝不可能成功的。在诺基亚,我总是将自己看作公司级别最高的营销员。

对我而言,花旗银行也成了全球化机构的模型。它具备一种运作有效且良好的矩阵式结构。矩阵式组织结构是通过功能和业务团队来实现管理的一种组织规划方式,每个人具有一种以上的汇报线路。矩阵式结构被视为国际化公司在多个区域运营时所使用的一种普遍且目前唯一着实可行的组织模型。

我理解一个强大的公司必须要有完善有力的企业文化，当时我对企业文化则毫无概念。但是我却在实践中看到强大的企业文化如何影响花旗银行料理业务和客户的方式，这绝非一蹴而就。另外，银行的企业文化和领导模型也是相互关联的。总部和前线企业应当相互理解，这就需要持续不断的努力。一种完备的双向沟通体制是十分必要的。花旗银行想要成为各种新科技和通信的领跑者。因此，1982年我已经在使用为企业内部而研发出的电子邮件系统。我在1985年加入诺基亚，但是这家公司直到80年代末才开始使用电子邮件。花旗银行还努力发展其内部的技术能力，率先向客户推销货币电子化的系统。

我在花旗银行接受的培训彻底颠覆了我的想法。直到后来我才意识到这些银行里学到的知识竟能应用得如此广泛。80年代末90年代初，我在诺基亚工作时也会有意无意地运用所学的这些知识。当我进入花旗银行时，我只是个纯粹的经济学家，我甚至完全不知道什么是资产负债表。关于如何分析一家公司的所有理论，我都是从花旗银行学到的。

我也学了很多关于如何在大型组织中进行人员管理的知识。早些时候，我以为组织无非意味着由细线彼此相连的多个区块构成的图表，我认为领导人的工作就是去带领这个"组织"。而在花旗银行，我学到了一种革新性真理：领导人所领导的并非是不同的区块或整个组织，而是人。即使在一个大型组织中，领导人也必须要关心在其中创造价值的人。优秀的领导人一定要了解他们的下属。另外，一个好的领导人也必须乐于对组织内部的某些卓越人才进行提拔，而无须考虑办公区块的划分。在花旗银行，你所须理解的是，组织必须要规划明确，但灵活性同样必不可少。对此而言，良好的内部沟通和相互尊重则是不可或缺的。

我的楷模是约翰·奎特，一位知识渊博、涵养有加、能力出色且具有职业精神的美国银行家。他经常旅行，对北欧地区及该区的主要负责人相当了解。他善于和数字打交道，并且极其善于通过提问来引领培训生去优化他们自己的算法。约翰在社交方面也非常具有天赋：他能像和董事长交谈那样轻易自如地与车间的某个人攀谈起来。他经验丰富、具有远见而且很有教养。自此之后，我遇到过数不胜数的企业领导者，而约翰则不亚于他们任何一个人，尽管他从未能位居银行业界之首。约翰成了我的榜样、指导者和咨询导师。即使在我进入诺基亚之后，我也会经常向他询问意见。

1978年秋季到1979年秋季，我在伦敦度过了相当充实的一年，这一年过得很快，甚至可以说是飞速流逝。我作了人生中最大的决定，进入了花旗银行并学到了很多知识，我成为了一名商人，或至少是一名银行家。丽萨已经在赫尔辛基大学完成了她的学位论文，并且也从伦敦经济学院顺利毕业。我们各自都完成了大量的工作，甚至连我们的儿子杰克在伦敦也已经小有成果了。当我们前往伦敦时，他已经能讲芬兰语了，后来他曾完全停止讲芬兰语。如今，已经三岁的他再次回到芬兰时已经能够讲芬兰语和英语两种语言了。

兵役

我在伦敦的时光即将结束，有两个原因使我必须返回芬兰。第一个原因是，我不得不开始服兵役。另外，在兵役期满后我还要在花旗银行的赫尔辛基办事处工作，该办事处仍然在等待芬兰财政部的官方许可。

在芬兰，所有男人在30岁之前都必须入伍或开始执行他们的公民服务。这种惯例一直延续至今。在20世纪70年代末，军队是非常受欢迎的，甚至很多想要进入政界的人都怀着满腔热情参了军——显然是想去学习领导技能，好为革命及其后续事件做准备。我对军队没什么强烈的支持或是反对的情感。我对国防需求表示尊重，并且我希望履行自己的公民义务。在前往伦敦期间，我当然将参军纳入了我的计划之内，这将会使我的论文完成变得更加复杂，但无论如何我都得返回芬兰。我毕竟不能在伦敦通过函授课程来服兵役，我必须得花时间在丛林中爬行，并且我需要开始学习掌握一些基本的芬兰国防战略。

丽萨在社会事务和卫生部找到了一份工作，她要比我早几个星期抵达芬兰以便开始工作。因此她带着我们三岁的儿子先回国了。我们已经在英国买了我们的第一辆汽车，并且想要将它带回芬兰。因此，离开伦敦时，我便开着这辆奥迪100开始穿越欧洲。我首先从伦敦开往多佛，之后乘渡轮到比利时的奥斯坦德并继续驾车驶向德国的特拉沃明德，在那里我乘坐芬兰船运公司的渡轮前往赫尔辛基。在我的旅途中，我穿越了比利时、荷兰和德国的边境。每到一个边境，边防人员都对我很感兴趣。他们明白了我的护照为何再过几天就要失效：我正要回国参军。每当我穿过一个边界我都得忍受嘲讽："哈，你正在赶着回国，对吧？你可绝不能回去迟了呀。"我于10月14日抵达芬兰，我的护照也在当天过期。因此，我确实把事情拖到了最后一刻。

第二天，列兵奥利拉便去赫尔辛基北部的希瑞拉（Hyrylä）兵营报了到。由于我学过物理学和数学，因此显然善于处理数据，于是我被分派到了防空兵团。就在一个月前，我还身穿条纹西装坐在办公室里消化数据，而现在我已经身处兵营中，穿着芬兰军队的日常灰色制服，学习如何拆卸和重新组装突击步枪。我们的临时营房里有12个人，其中的大多数人年龄在18岁到20岁之间。这组人均来自赫尔辛基并且似乎是明智的一帮人。兵营大楼是一栋60年代的方形建筑，外形已经残破不堪。内部最显著的特征是油毡、灰色混凝土和被写得密密麻麻的布告板。门的旁边有执勤官坐在桌旁，管控人流进入兵营，以及更重要的是外出。

晚上，身穿蓝白衣服的人来检查床单是否已经被整洁地叠成方形并摆放在床脚的小凳上。假如床单叠得不够规整，空军下士便会发出警告，然后床单必须要重新叠整齐。我的个人日记已经被钉在布告板上的时间表取代，上面写明了我们应当何时去集合训练、何时去射击场以及何时吃饭。我生活中的时间规划如此紧凑，编排上的感觉就像……嗯……诺基亚总裁那样。（但我在军队中毕竟有更多的空闲时间。）

我们会用很多时间进行户外实践演习。我们为自己挖散兵坑，练习投掷手榴弹，以及尝试以最快的速度支起我们的帐篷。幸运的是冬天的地面还没有被冻住。

我没想到这与我过去的生活如此不同，但是我实在无法抱怨。我已经尽量推后了参军的时间，因此我必须忍耐并克服。一旦我挺过了这段时间，我便能够重拾往日的真实生活。由于参军服役在所难免，我因此将其视为人生经历的一段插曲和运动上的成就。

丽萨住在我们在赫托涅米的旧房子，当我们在英国时，我们的各种物品被封存了两年。如今我们又将各种物品归置到原位。丽萨很喜欢自己在社会事务和卫生部所担任的高级督察员一职，她仍然是国际事务的负责人，并且仍旧担任着她1979年开始工作时所在部门的主管。我们以全新的积极心态适应了芬兰的生活，我们此时的感受与两年前飞离这个城市时截然不同。我们在伦敦享受了亲密的家庭生活，但我的参军服役强制性地中断了这美好的生活，任何人都会为此感到不快的。尽管如此，我每隔几周便会回到赫托涅米，只要我有假期。

在参军的第一个月中，我申请成为一名军官。毕竟我已经毕业，而且我希望在军营里利用我的能力。几周之后，我被告知申请已被批准。因此，在希瑞拉兵营待了两个月后，我直接去了哈米纳（Hamina）的预备役军官学校，哈米纳位于俄国边境附近的南海岸上。我离开了60年代的兵营楼，住进了哈米纳19世纪的主建筑。这里的环境完全不同于希瑞拉，军官学员都是满怀抱负且积极进取的。

我被选为了我们学员军团的主席，竞选对手是劳里·康特罗（Lauri Kontro）。我是在学习的时候认识劳里的，后来又在中央党派办公室结识，那时他在该党的青年组织中工作。劳里后来成为了一名记者、外交家以及报刊编辑。军队和预备役军官学校是我重新开始芬兰生活的起点，尤其是开始普通芬兰男士的生活。赢得同胞们的选票让我产生了极大的自信。

后来，康特罗被选为我们的秘书，一切进行得都很顺利。学员关注课程中的许多实际方面，而社交活动也很重要。实际上对许多人而言，这是最有意思的。在前几年，有时会花钱邀请明星演员。我们决定将这笔昂贵的花销用于夜晚的娱乐放松。军官学员亲自出演，某些学员着实是天赋非凡的演员。我们为此开了先例。

在哈米纳，我了解到芬兰军队的专业军官对防御和社会更普遍的看法。我见到了一些将军和一些高级军官，出于冷战的缘故，他们的言辞十分谨慎，但他们对未来通常会开诚布公地表明自己的观点。预备役军官学校确实是一段很有意义的经历。

现实的世界要变得比长久以来更加混乱。原教旨主义者已经在伊朗掌权，德黑兰的美国大使馆员工成了人质，整个世界都在密切地关注着他们的命运。吉米·卡特（Jimmy Carter）总统下令尝试援救，但以失败告终。美国囚犯直到1981年才被释放。芬兰那时仍依赖着苏联的贸易关系，吉科宁总统身患重病的迹象已无从否认，人民开始讨论着谁将会接任下一届总统。不安开始逐渐扩散，许多受过良好教育的服务人员不得不做好失业的准备。这在芬兰是一种前所未有的现象。

我在军队中的最后几个月里，在赫尔辛基的国防经济管理局从事着一份办公室类的工作。我准备在那段危机时期内学习芬兰的国防经济。晚上，我坐在图书馆里继续写理工大学的论文，主题是“经济增长是一种监管的理论问题”。论文将系统理论应用于经济增长，而我则得到了预期范围内的最佳分数。我认为这在以后也会派上用场，比如当我需要了解大型企业中的工作流程时。至少这篇论文帮我拓展了有用的思维方式。

我的两篇论文曾被认为是实验性的设想，却都在以后的生活中得到验证。但是，我在理工大学的最大收获则是在实践方面：我了解到芬兰工程师是如何思考的。与此同时，我也在芬兰工程师中赢得了信誉。他们将我视为他们中的一员，虽然我离该职位的实际资格要求还差很远。后来，我在诺基亚曾强烈地渴望获取这种资格认证，但是我只能通过在实践中学习的途径来实现这个愿望。

多亏了军队，我才能通过这个速成班了解到芬兰那时的一切情况。在那以前，我一直过着高人一等的优越生活，与我的芬兰同胞们完全隔绝。作为一名学生领袖，我也一直和其他的学生领袖处在一种优渥融洽的环境中。

在那之前，则是大西洋学院将我从芬兰现实的日常生活中带走，并将我安放在英国的寄宿学校里。学生联合会的那段时光过后，我已经简略地涉猎了政治领域。之后我们去了伦敦，再次脱离了芬兰的日常生活。我的雇主是一家美国的国际银行，毫无疑问其无法使我了解到芬兰的各个方面。假如没有参军，我绝对无法如此充分地获知芬兰当时的形势和芬兰人的想法。

金融许可执照

进入20世纪80年代之后又过了半年多，我在秋天那会儿离开了军队，并重新回到了花旗银行和真实的世界中。如今的大环境已经远不再像是70年代的那种过度政治化，新的生活方式和挑战正在等着我，这是个令人愉快的挑战——我成为了一名公司金融方面的专家。我在赫尔辛基办事处还是个新手，因此自然而然地要去处理最棘手的客户。

这些难以对付的客户都是芬兰的一些大公司，它们和芬兰的大银行之间走得很近。其中有林木业的恩索-古莱得（Enso-Gutzeit）公司，并且我也会尝试向劳马-雷浦拉（Rauma-Repola）、瓦锡兰（Wärtsilä）和诺基亚推销我们的服务。芬兰那时仍是一个以林木业为主导的国家，但是在实际上，花旗银行的投资中几乎没有能够增值的。国有企业是美国的银行无法接触到的，诺基亚也从未选择过我们作为合作银行。就劳马-雷浦拉而言，它曾经是美国银行的客户。尽管如此，我仍然卷起了我的袖子开始着手工作。

现在，我得将自己在伦敦学到的一切关于客户关怀和客户洽谈的知识付诸实践。和我打交道的大多是一些与我同龄或比我略大的财务经理，他们毫无疑问都很清楚世界正在经历的变化，并且希望了解应如何适应这种改变。

通常，他们的问题在于，一个55岁的财务经理陷入了困境，无法有效地管理他那些抱负远大的下属们。

我不厌其烦地参加鸡尾酒会，与经济业界的编辑们努力建立关系，这将在日后对我有益。花旗银行经常会收到奇怪的好名声，这似乎意味着其在芬兰的金融界有自己的专业经验，规模虽小但却具挑战性。花旗银行能够为刚刚对外开放的芬兰银行业带来一缕新的气息和国际化的思维方式。三家小型的国外银行恰恰为芬兰银行的未来发展方向做了导航标。

芬兰最大的银行尽其所能地保护着自己的国内市场，防止被竞争对手排挤。苏联对美国银行在芬兰设立营业所也很感兴趣。苏联有自己的银行，其在别的国家也设立了办事处。苏联当然会希望自己的银行能够被准许在赫尔辛基开设，以使他们感到"平衡"。但是，政府部门也有许多好的理由去支持芬兰对外开放，迎接国际银行业的竞争。在国际资本市场中，芬兰仍然只是一个模糊不清的幻影。我们芬兰人为苏联的友好亲邻关系付出了高昂的代价，从字面上理解，这得归因于苏联对芬兰政策的影响力。我们必须为实际并不存在的政治风险支付一笔可观的费用。但是，自那以后市场却从未能令那些不安因素消失。除此之外，苏联在芬兰的国外贸易中占据着相当大的比重，以致对芬兰经济构成了整体威胁。芬兰也属于那些心存怀疑的北欧社会民主国家之一，其对恪守资本主义似乎犹疑不定，至少在美国投资者看来的确如此。正如芬兰的政治家和政府部门所做的那样，他们一定是希望通过在赫尔辛基开设美国银行办事处来向本国民众传达出某种正确的信息，来引导芬兰和芬兰公司的投资方向。

政府部门还希望对外开放竞争，迫使芬兰银行与国际接轨。国外银行的运营费用要比大型芬兰银行少，并且能够为公司提供更加廉价的服务。芬兰银行的资产负债表对于国际信贷系统而言微不足道，并且在外汇兑换和证券市场方面，国外银行比芬兰银行更有效率。

花旗银行是于1981年被准许在芬兰设立的，并且在下一年开始了营业。

发放许可执照的条件相当严格：银行不得建立任何分支机构，其股份资本被限制在较小的数额内，禁止进行利率竞争。花旗银行和其他国外银行不得牵涉苏联贸易的盈利性融资。

虽然国外银行在芬兰的规模无法达到很大，但是它们却在潜移默化地改变着芬兰的银行系统。大型芬兰银行过去为芬兰的主要公司提供资金，占有并掌控这些公司。这些银行兴奋地大肆宣扬着它们的"社会责任"。这意味着这些银行和与之相关的保险公司掌管着公司在顺境和逆境中的命运。银行会借钱给它们所钟爱的客户，哪怕是这些客户根本不将借款用于商业目的。

公司的投资政策是在银行高管们举行的董事会会议上决定的，林木业是各个银行尤其偏爱的落脚之处：对公司的收购、出售以及主要投资项目的批准权在于银行董事们。大型芬兰银行的年轻高管们很快就学会了如何在管理和财政事务上应对自如。

国外银行降临芬兰就像房间墙壁上的一条裂缝，这是远方地震的预警。但是，那些着眼于未来的人已经完全明白，芬兰的银行和其他企业之间的关系是无法再像从前那样了。明智的银行经理还预见了国际竞争将会削减芬兰银行的收益和盈利，因为其主要依赖于同客户之间的关系紧密度。

我自己对芬兰的银行体系毫无经验，取而代之的则是我在花旗银行接受的美式教育。我认为银行的工作在于提供有效的金融和资本服务，经常要进行残酷的业界竞争，而不是占有、管理或出售客户的企业。这应当是客户自己能力所及之事。如果企业运营良好，我们的客户无疑也会为花旗银行带来收益。在花旗银行，我们坚信的是银行之间的竞争，因为我们过去常常在世界最具竞争性的市场中运营。对于每个芬兰客户而言，我们是众多芬兰银行的竞争者、挑战者和选择之一。在花旗银行的赫尔辛基办事处，我建立了我自己的团队，负责着花旗银行在芬兰的一半公司融资。我为此感到高兴。我最优秀的员工之一是个来自芬兰东部的年轻经济学家，卡瑞·乔丹（Kari Jordan）。卡瑞如今是麦特沙集团（Metsä Group）的总裁，这是欧洲最大的林业集团之一。

我在那时认识了很多高层人士，并且在后来开始渐渐熟稔。比如说，在80年代早期，我通过一次午餐结识了通力集团（Kone）的培卡·赫林（Pekka Herlin）。赫林是一个沉默寡言且性情暴躁的人，但他散发着一股权威而庄严的气质。令他的言辞颇具分量的并非在于他是一家大型公司的负责人，而在于他的视野以及对问题的把握。他那冷淡严肃的个性增添了他的神秘色彩。午餐时人们通常会围绕着国际经济形势、金融体系的高利率和可持续性展开生动的讨论，而赫林总能使自己的言论成为讨论的中心。

我和丽萨已经在赫尔辛基西边几英里处的海岸上安顿下来，住进了一栋宜人的现代式平房中。我们现在又多了两个孩子，1981年出生的安娜（Anna）和比她小两岁的弟弟马缇（Matti）。这三个孩子出生时我都在场，尽管我很遗憾的是在马缇出生时晚到了五分钟。家务大多数由丽萨负责，虽然她也正在为自己的公务员事业而努力着。到了90年代初，我就得开始自己熨平衬衫，最终，我们决定雇人来做清洁和衣物熨烫工作。我们的生活已被工作、家庭和孩子填满。大约与此同时，我们购买了一幢位于奥里维西（Orivesi）的夏季别墅，奥里维西是距赫尔辛基大约两小时车程的一个美丽的城镇，离当时的诺基亚不远。夏季，我们在那里做些零工、钓鱼以及和我们的朋友聚聚，简而言之过着普通芬兰人的生活。

耐心从来都不是我的强项，特别是在80年代早期。即使我再也不能回头去成为一名学术人士，我也必须得继续向前。或许是因为我想要面对接下来的挑战，从而将我的学术梦抛诸脑后了。我那时34岁，当我环视整个花旗银行时，可以看到很多热情洋溢的专业人士，他们中有很多人要比我年轻十岁。这种情况使我想要加快自己的事业进程，我想乘上一条更快的轨道，能够为我带来比花旗银行的赫尔辛基办公室更宽广的视野。我确实很喜欢伦敦，城市很大，工作具有国际化并且我能够感受到自己时刻都在朝前发展。而我在赫尔辛基是没有这种感受的。一旦我已经坐在了办公桌前，并组建了我的团队，那么着眼于下一个目标则是自然而然的事。

花旗银行一直是我学习领导才能的学校。我从加入花旗银行后才注意到，领导者都是在25岁到30岁之间学习领导能力的。这是一个至关重要的阶段，如果你希望成为一名领导者，那么在这个阶段中，一个优秀的领导模式便是必不可少的。这种模式会嵌入你的思维里，并帮助你创建自己的工作风格以及构建出你自己对其他人的期望。如果领导者很糟糕、懒惰或缺乏诚信，那么他们便会将错误的领导模式传递给下一代人，这些人会表现为多疑、愤世嫉俗或完全无法胜任。他们或许会成为那种总在注意阴谋诡计或无端地忙于腐败的办公室政治的人。如果一个不诚实的领导欺骗了他的下属，那么这些下属的灵魂里便留下了他的烙印。这些人将会难以恢复，或者很难再相信任何领导者。因此，优秀的领导模式对于每个企业而言是事关生死的事情。实际上，我相信在最坏的情况中，一旦领导模式失败，公司便会灭亡。

花旗银行并没有提供一种独特的领导模式，但是却给出了一种极其出色的企业文化范例。花旗银行是国际化的，并且在一些混乱的问题上有一些自己的价值观。但是，它在那种动态问题上确实有一个庞大的评估体系，这是我所推崇却又缺乏的一方面，并且这也是我在此想要强烈分享的。花旗银行的高层管理者都是银行的市场营销人员，这些人会四处推销他们的产品并约见客户。为了取悦某个地位显赫的重要客户，甚至连沃尔特·瑞斯顿都不能对其避而不见。美国文化的要求是，为了实现银行的目标，人人都要全力以赴地投身工作。

我在花旗银行学到了这种思维方式，并且将其带到了诺基亚。我迫使自己和我的高层团队到世界各地旅行，去接见客户、学习新事物并销售我们的产品。或许没有花旗银行我也能完全理解这些，但这样我就无法看到企业文化如何影响一个人的工作方式。毫无疑问的是，花旗银行也会犯错，但我也会尝试从错误中学习教训。

对任何人而言，我都并非是一个容易对付的下属。当约翰·奎特从伦敦来访赫尔辛基办事处时，我安排了一次和他共享的私人早餐。我像平时那样用手指轻轻敲着桌面，告诉他我对自己的事业发展方式并不满意，因为我缺少发展的机遇。丽萨当时正在社会事务和卫生部工作，她曾有一个到日内瓦从事国际工作的机会，但是花旗银行却从未给我提供过任何机会。这令我们两人都很失望。

约翰·奎特关切地听了我的倾诉，但是并未作过多的回答。因为他确信我在花旗银行不会再留太久，毕竟过去我常常是在离开银行之后才和他充分交谈。我明白，如果我继续留在这里，我会得到去更大的市场积累经验的机会，或许在另一个北约国家、美国或拉丁美洲。但是在赫尔辛基的这个花旗银行机构中，我的级别还在三级以下。即使我得以出国并返回芬兰，最好的期望不过是成为二把手。这是无法令我满意的。我了解自己的价值，并且急于求成。我已经三十多岁，实在没有时间经得起浪费了。

但是我又收到了其他的邀请。担任着芬兰最大银行之一的权威董事长以及负责国际事务的副董事长邀请我到他们的银行总部。他们以自己的隆重方式宣布，我被选为他们新加坡子银行的领导人。我们就这个问题进行了讨论，并且我承诺会考虑这个职位。几周之后，我告诉他们自己不愿接任此职。他们中的一个后来告诉我，我的回复曾引起了一片错愕，在20世纪80年代早期的芬兰，没有人会轻易拒绝这种职位。

我还接到了另一个聘请。这个聘请来自EVA（芬兰工商联合会），这是一个为市场经济出谋划策并且反对我先前提到的那种头脑简单的左派分子而建立的专家小组。EVA在政治上具有很大的影响力，该组织进行研究工作，并且也致力于让企业更加认同公众舆论。那时，EVA的领导人是马克斯·雅格布森（Max Jakobson），他是前任高级大使，并且在外交政策中是个举足轻重的人物。他曾有望成为联合国秘书长，但是库尔特·瓦尔德海姆（Kurt Waldheim）最终赢得了这个职位。我们曾就去EVA工作的可能性进行了几次讨论，我因此收到了他们的工作聘请，但是我还是再次拒绝了。

回想起来，这个决定对我对EVA而言都是幸运的，我正要将自己的商业航线扭转至"正轨"。那是我未来的归宿，尽管我从未停止过关注政治或尝试影响社会发展，而这些也正是我作为一名商业领袖所做的事。我的道路最终还是将我带到了EVA，从2005年开始，我一直担任着EVA的董事长。

根据我自己的评估，我在花旗银行已经有了很大的成就。这家公司的金融资产累积已经增长，有越来越多的大型芬兰公司来到我们这里。我们受到了信任，我的团队理解我们的客户。我从自己身上又认识到了重要的东西，商业确实是个适合我的地方。

虽然我在花旗银行并非是全然快乐的，但我也绝不会否认我在伦敦作出那个决定的正确性。我至今仍然保存着那张黄色的纸，那是使我有机会重返学术事业并完成学位论文的担保。我却已经将它深深地埋进了我的文档袋中。

我来到了诺基亚

你可以将人生看作是一种关乎机遇或命运的事，或者你甚至可以去质疑上帝的存在，而这些完全取决于你的世界观。我的世界观是：事物之间是相互影响着的，即使我也相信人类可以在一定程度上主宰自己的命运。我成为一名商人、银行家以及花旗银行的主管纯属机缘巧合，如果我坚持自己最初的计划，这些事是不可能发生的。

在1984年秋天，我决定在花旗银行再留一年。我希望以副总裁的头衔离开花旗银行，这意味着我需要接受更多艰苦的培训以及实现一系列更高的目标。那时我便会离开花旗银行，找其他事去做。我认为那应该会和公司金融方面有关。甚至在那时，芬兰银行的任何职位空缺也都没能让我动心。我很容易就看透了一切，为大型芬兰银行工作的生活不久后便会出现更加严重的问题。

1984年9月，我的电话铃响了，在电话线的另一端是诺基亚总裁卡利·凯拉莫（Kari Kairamo）的私人助理。她此次来电是邀请我和总裁以及诺基亚的总经理西莫·沃里莱赫托（Simo Vuorilehto）见面。

几天以后，我和诺基亚的两位高层领导人在一家赫尔辛基餐厅中的私人包间里见了面。他们都是芬兰工业领域中大名鼎鼎的人物，即使这两个比我大二十岁左右的人我都未曾亲自见过。等到交谈结束时，卡利·凯拉莫明确地表示了我们相见恨晚的遗憾。当凯拉莫在滔滔不绝地谈论时，沃里莱赫托几乎没讲一句话。他是一位出色的销售人员，现在正向我推销着诺基亚的工作。他说，他对我的许多优秀事迹都有所耳闻。诺基亚希望雇用某些有前途的年轻人，以此为公司引入新鲜的血液和全新的观念。以后，我们将会看到公司是如何在实际中运用这些人的。

卡利·凯拉莫全身处处散发着领导者的魅力。他的目光具有穿透力，灵活而敏锐。他佩戴着一副大框眼镜，头发从鬓角起开始逐渐稀疏，虽然颜色还未转为灰白。他的穿着讲究品位且样式新颖，但出于匆忙他忘记去藏好衬衫的边角。他以简洁干练的行事风格经营着诺基亚，并且厌恶一切繁文缛节。凯拉莫无须强调他自己的地位，他来自于一个知名的芬兰企业家家庭，这确保他具有十足的自信。

我对他提供的职位很感兴趣，因为花旗银行的赫尔辛基办事处已经无法再让我学到什么了。在收到诺基亚的聘请之前，我所面临的选择无非是出国或者可能是在芬兰发展投资银行。芬兰的资本市场才刚刚开放，银行提供的服务正在迅速地发生变化，与此同时个人财富也在增长。但其发展趋势也仅仅不过是我几年来已经实现了的这些。

我很有抱负，想要去一个能够获得更多成就的地方，而诺基亚正是这样的一家企业。虽然它是个由少量不同产业构成的混合体，一个联合大公司，但却是一家正在走上国际舞台的芬兰公司。卡利·凯拉莫将这家企业经营得有声有色，但诺基亚内部仍存在着需要更新的方面，而这也意味着一种进行企业改革的机遇。

当然，我是通过诺基亚成为我们的客户才了解到这家公司的。我过去曾研究过这家公司，向其销售过一些金融服务，并且曾频繁地与这家公司的财务人员进行交流讨论。我了解诺基亚的优势和劣势。一位朋友使我回想起，为什么在诸如移动电话和厕纸等如此众多不同领域中有着产业分区的诺基亚是绝对无法奢求兴旺发达的。我明白的是诺基亚必须要决定它的侧重点，但是从根本上来说这种见解只是一名银行家的理论思考，因为我对诺基亚内部所发生的以及其高管人员的想法实际上是一无所知的。

在20世纪80年代早期，诺基亚已经发展成为芬兰最重要的电子公司。它生产电视机、电话交换机、移动电话和计算机。我在直觉上认为，诺基亚的将来绝不会是造纸业、橡胶靴或电缆行业。我由衷地认为，凭借着新产品芬兰人也能够征服世界。对我自身而言，虽然起初不会是重要的角色，但是我很乐意加入这场大冒险。当时，我还没有预见到诺基亚后来将会面临的风险，也没有想到卡利·凯拉莫自己将会成为这家公司的风险。恰恰相反的是，卡利·凯拉莫是芬兰商业届中精力充沛的佼佼者，他的公司是一种国际化视野的产物。他在试图抵御那些处于能源渴求状态中的芬兰商业银行。实际上，我和他在主要问题上都持有相同的看法。他被视为一位与众不同而具有感召力的领导者，在我们第一次会面后，我便自然而然地认同了这种评价。

我对诺基亚考虑得越多，这家公司似乎就越吸引我。我在圣诞节之后，新年之前签订了合同，在这之前我已经将自己的想法告知了花旗银行的老板。我还给伦敦的约翰·奎特打了电话。约翰冷静地听着我所说的，之后礼貌而坚决地试图说服我改变想法。但是，他却没能提供什么来挽留我。我不希望出卖自己的未来，约翰为此感到遗憾，但祝我好运。我则许诺会保持联系。

我从花旗银行到诺基亚的跳槽促使诺基亚成了我终生的职业。这次跳槽部分缘于机遇，部分则归因于一种有计划的行动。诺基亚通过和我联系而为我提供了这个机遇，如果是一家林业公司、冶金公司或另一家联合大公司的话，这可能也会是轻而易举的事。但这是诺基亚，正是因为我在花旗银行接手了他们的财务业务，自己才得以被这家企业了解。这或许和我的朋友潘提·库里（Pentti Kouri）既是花旗银行的董事又是诺基亚的董事也有着某种关系，但我并不真正了解其中的因由。我于1985年2月初开始在诺基亚工作，开始了一场将要持续25年的旅程。

第二章

总裁的教育之旅

生疏而充满热情

我在诺基亚的第一间办公室位于赫尔辛基火车站对面的一栋相当破旧的办公楼内，我当时是一名年轻而富有激情的诺基亚新人。我的办公室在15层，能够俯瞰火车站的广场，该广场是赫尔辛基市中心最大的开放空间之一。当时我的首要任务是去找来一张桌子和一把椅子。像所有初来乍到的新人一样，我的到来似乎令人出乎意料。"这个年轻人究竟是谁以及我们究竟要和他一起做些什么？"似乎是种不约而同的反应。

诺基亚的某些员工向我明确表示，这里不会对我进行隆重的迎接。我一定看上去是个十足的新人，充满热情、以自我为中心并且浑身散发着一个花旗银行人的气质。作为一名新人，我必须要证明自己的价值，只有这样我才能够被接纳。此外我的简历中还存在着另一些劣势，即我来自一家银行企业，而诺基亚对银行并没有特殊的偏爱。卡利·凯拉莫人生的主要目标之一是赢得诺基亚的独立自主权，从而彻底脱离那些作为公司的主要股东并在董事会中显示权威的银行。

在20世纪80年代，芬兰还是一个由银行掌控的国家，诺基亚曾对这种体制表明过自己的抗议态度。至少我并非是来自那两家作为诺基亚主要股东的大型芬兰银行。这两家银行在诺基亚密切关注着彼此的一举一动，而只有经过这两家银行的同意才能够最终作出决定。这使得决策作出的过程艰难而复杂，并且充满了各种猜疑。那些经营芬兰银行的企业家们根本不理解经营一家国际化的科技公司意味着什么，因为他们成长在一种秩序井然的市场环境中，在那里他们能够对自己的权力足够自信。对这些企业家而言，客户只是雇工仆役，而非上帝。

大多数芬兰公司都属于大型银行和保险公司组成的团体，不是这家就是那家。这和英国或美国的情况截然不同。在英国或美国，不同的金融机构彼此之间的联系并不是很紧密。或许这更像是日本，那里的公司也是由金融集团有效地占有和运营的。重要的是，这些团体的组合并非仅仅依靠所有制。芬兰的那些主要公司都是负债者，这些金融财团会引导它们处理自己的债务。银行和保险公司的经理成为了公司董事会的成员，并且常常在缺少必要的专业人员的情况下作出决策。在20世纪80年代末，这两家集中掌权的银行彼此间展开了一场血腥的斗争。

到了20世纪90年代整个体制发生了改变，这些银行自然地便进入了困难时期。历史的讽刺性在于，这两家主要银行之一倒闭了，并且被迫与另一家银行兼并。而这两个企业巨头的合并在80年代则是完全难以想象的。

诺基亚的董事长卡利·凯拉莫不愿屈从于芬兰银行体系对工业生产的权力，他认为企业家应当自己经营管理企业，他作了公众演讲，呼吁通过立法来限制银行的所有权。凯拉莫无疑是正确的。在盎格鲁-撒克逊世界中，使世界运转起来的是企业本身。银行的工作仅仅是提供财政服务，而非在公司内部行使权力。然而，诺基亚中的许多人也会认为凯拉莫是在进行一场赌博。银行的权势是相当庞大的，以致诺基亚的某些董事担心这些主宰者们会予以还击。

我个人简历中的另一个缺陷是缺少在诺基亚生产区的工作经历。自从我在学生时代的第一年结束时曾于瓦萨从事的那份暑期工作以后，我便再也没有踏入过工厂。我确实是一位工程师，但是我并不设计电话网络、移动电话或新型电缆。

曾在学生政治领域积极活动的经历成了最后一个污点。在芬兰，这种经历通常是通往从政生涯的一块跳板，而我的新同事们也无疑会认为政治领域才是我未来的所在。但是我从不会过多担心其他人对我的看法，我所相信的仅仅是完成任务，取得成绩和结果。除此之外，人们可以尽情按照他们自己的想法来看待我。

我曾学习过如何分析一家公司。在我的前一份工作中，我需要评估借给某家芬兰林业公司100万美元是否值得。这家公司是否有能力偿还贷款？这家公司真正的可盈利性体现在哪里？管理者是否了解它们的职责？在花旗银行，对公司的评估并非仅仅取决于数据，公司的管理和文化也是所要考虑的因素。诺基亚似乎雇用了很多优秀的人，但是这家公司的管理却仍是墨守成规且刻板守旧的。

1985年我加入诺基亚时，这家公司宣称其是一家国际化的公司。这毫无疑问是缘于它在芬兰所享有的名声，它可以吹嘘自己在世界的24个地方都拥有着运营场所。

卡利·凯拉莫的国际主义者立场当然会吸引很多年轻而有才能的人来到诺基亚，因为这家公司至少是希望走向国际舞台的。在那些接下来的几年将成为我最亲密的共事者当中，有1983年加入这家公司的萨里·巴尔德奥夫（Sari Baldauf）、1984年进入公司的佩卡·阿拉-佩蒂拉（Pekka Ala-Pietilä）以及离开诺基亚多年后又在这一年回到公司的马蒂·阿拉胡赫塔（Matti Alahuhta）、1986年进入公司的佩蒂·科恩（Pertti Korhonen）以及从1980年就开始担任律师的康培凯（Olli-Pekka Kallasvuo）。

和许多其他的芬兰公司一样，这家公司在当时仍然依赖于和苏联之间的贸易。在欧洲联合企业之间已经达成了一致协定：芬兰和苏联之间的电缆贸易归属于诺基亚。这确保了诺基亚和苏联之间可盈利性的贸易关系，只要这个国家继续存在。

诺基亚并不缺乏国际化的野心，在公司墙壁上悬挂的世界地图中，用小针标记了各种不同的地方。公司的领导者们通过对大小型企业的收购而彼此互相竞争，但是还没有人能够将所有这些整合为一个有序的整体。其中一部分是些无足轻重的销售公司，规模略大于街角小店，其他则是一些规规矩矩的大公司。

我在诺基亚的首要任务便是使这种混乱的现状具有某种秩序。我坐在办公室里，收集着那些关于诺基亚国际子公司的文件。我试图弄清楚它们真正的业务范围和经营动机，以及它们是如何被兼并到这个更大的图景之中的。其中有些企业是个十足的灾难。例如，诺基亚并购了一家英格兰的IT公司，其亏损额已经超过了营业额。我曾请求查阅那些促使诺基亚作出决策的文件，而阅读这些文件则令人感到难过，这是十分可笑的。

这些文件和资料堆满了我的整张桌子，我试着尽可能快速而有效地将其中的一些清理掉。我没有专门能为自己效劳的人，但我却处于权力的核心，因为我直接效劳于公司的总裁和董事长。我是一名参谋官，主要的职责是规划公司的国际项目方案。公司也希望我去对公司领导结构的发展方式进行考虑。对我而言，发展诺基亚在国际方面的运营是我进一步的规划目标。在我与卡利·凯拉莫和西莫·沃里莱赫托的讨论中，我许诺之后将会在公司的生产前线工作，这在诺基亚中是十分重要的。那些能够真正管理业务区并为公司盈利的人要比那些仅仅待在总部的人更受到重视。这种风气在诺基亚以及其他的许多公司中都十分盛行，并且一直延续至今。我缺少在前线的工作经历，并且我十分乐于重新积累。而我也清楚，如果没有这种经历，我在诺基亚将不会走得太远。

最后的困倦

命运又一次对我的职业生涯进行了干涉。当诺基亚的灯泡子公司艾拉姆（Airam）成为了管理收购的一部分时，产生了一个财务总监的空缺职位。西莫·沃里莱赫托希望由我来接任此职。通过在花旗银行工作，我对财务有了深入的了解，从而称得上一位专业人士。而诺基亚那野心勃勃的欧洲计划需要一种全新的财政方案，并且诺基亚为了兼顾其收购企业，还需要在股市和众多投资者中占据更具优势的地位。于是我欣然接受了这个新的职位。

1986年，卡利·凯拉莫从彻底重建管理体系开始着手，董事会主席和副主席之类的权威人物也都得听命于凯拉莫的安排。曾代表股东的董事会变成了监事会，实际上这意味着公司的真正所有者已经不再参与日常事务。据说当作出这个改革时，监事会仍将保留前董事会的主要职责。而新的董事会将由公司的高管人员组成，卡利·凯拉莫是该团体的领导人，即主席兼首席执行官。

凯拉莫还成立了执行委员会，用于监督诺基亚的日常运营工作。我以自己财务总监的新头衔加入了该执行委员会，其由西莫·沃里莱赫托负责管理，他因此被赋予了更强大的监管职责。凯拉莫利用自己的职权去更多地致力于使诺基亚在芬兰具有影响力，并在欧洲产生更广泛的影响。促使他实现这一目标的最主要的途径是芬兰工业联合会，凯拉莫曾在1985年至1987年之间担任该联合会的主席。

事实证明，诺基亚复杂的管理模式在80年代末对其是一个沉重的负担。公司无法快速而果断地处理其所面临的众多问题。这种混合式管理模式所存在的困境也是诺基亚在90年代精简其管理体系的原因之一。

在财政方面，芬兰有着高度集中的监管体系，并且直到20世纪80年代，芬兰财政还几乎是一个封闭式的经济体系。第二次世界大战之后，一切均处于短缺状态。货物进口受到了控制，就如同战后几十年来对外汇市场的控制一样。若没有芬兰银行的允许，企业便无法进行长期的对外贷款。国外的投资商仅能在严格受限的范围内对芬兰公司进行投资，资本无法自由地进出芬兰，而芬兰马克的汇率则是由行政部门决定的。

芬兰银行也支配着另一种借贷方式，中央银行设定了商业银行的借贷限额。如果银行超出了其被允许的限额，它们就得为其贷款资本向中央银行支付一笔额外的费用。芬兰的金融界并非受制于市场条件，而是要服从芬兰银行的掌控。政治家们控制着芬兰银行，芬兰银行的管理者才是芬兰最具权威的人。

汇率波动是经济政策的晴雨表。当芬兰的工业尤其是林木业在国外遭遇困境并需要帮助时，请芬兰政府贬值马克的呼声便会不断增强。之后，工业将会得以喘歇，而其他人则需承受货币贬值带来的负面结果。

货币贬值帮助了芬兰的出口商，主要指的是林木业的出口商。这些芬兰出口商在国际市场上变得更具有竞争力，这是因为他们的货品价格已经按芬兰马克的贬值比例得到了削减。而货币贬值的损失则是由那些依赖进口原材料的人来支付，当然也包括那些购买进口货品的普通民众。

芬兰曾在1949年、1957年、1967年、1977年、1978年、1982年以及1991年对货币进行过贬值。然而，货币市场直到20世纪80年代中期才开始对其监管体制挥手拒绝，此时所有的游戏规则已经发生了改变。主要的公司开始通过彼此借贷来避开芬兰银行的监督，货币控制已被废止。公司已经能够向芬兰引入资本。1984年，芬兰银行打开了闸门，货币开始源源流入这个已连续几十年被剥夺资本的国家。忽然之间，国外货币的源源涌入，一再创出历史新高。公司在投资，而个人则在消费：芬兰的财富就像是正在与日俱增。赫尔辛基的商店里在一夜之间涌现出了大量昂贵的品牌商品，街上出现了许多高性能的汽车，一周之内几乎每天都有新开张的美食餐厅。媒体开始谈论着那些以厚颜无耻的消费为生活重心的"雅皮士"们。

一个芬兰公司的财务总监只需通过一个简单的方法便能取得杰出的成果，你所要做的一切不过是借来国外货币并将其兑换成芬兰马克进行投资。国外的利率要比芬兰利率低很多，因此即使是毫无头脑的财务经理也能够大赚一笔。对这种自动化程序唯一构成威胁的是下一次的货币贬值，但这是你在某种程度上能够预测到的。

货币贬值的建议是在1986年提出的，但是其并未实施，恰恰相反，芬兰的货币政策最终开始了自由化。公司如今能够以国外货币进行长期的对外借贷，并且对商业银行利率的控制也已经被废止。芬兰终于迎来了真正的国际货币市场，而这将会使芬兰公司从中受益。随着国际货币市场的到来，货币贬值政策也彻底地销声匿迹。如今，芬兰公司不得不学习以其他方式来相互竞争。

芬兰公司已经营了许多年的海外业务，国家已经在依靠出口为生，林木业几个世纪以来一直在向国外出口其产品。而在20世纪50年代，强大的冶金行业也已频频涌现。芬兰的轮船和造纸机器在全世界也都是享誉盛名的。随后，诺基亚和许多其他公司一起，开始发展电子产业。国外贸易已经培养出了芬兰公司照管其外汇市场的娴熟技巧，对频频发生的货币贬值所进行的预见和预测已使那些财务经理们学会了时时保持警惕。但是在许多其他的事情上，芬兰公司对国际金融的运作方式确实还是知之甚少。这些公司并没有在国外的证券交易所中上市，他们借出的贷款大多是来自各个芬兰银行，而这些银行却占有并经营着这些公司。这对于真正的竞争关系和金融效率的建立而言不过是一片贫瘠的土壤。

诺基亚希望成为另一种类型的公司，能够彻底摆脱银行的支配。我们需要的是来自世界各地的投资者，来自欧洲、芬兰以及我们营业机构所在的每个地方。以这样的所有制为基础，我们希望将诺基亚打造成一家国际性的公司。这是我们在20世纪80年代末的理想，其一直到20世纪90年代才得以实现，此时诺基亚90%以上的股份由芬兰以外的投资者所有。但是我们必须得找到一个切入点才行，这便是我们的首个国外投资商，一位名为乔治·索罗斯（George Soros）的人。

在1985年时我还不太了解乔治·索罗斯，我所了解的不过是他在第二次世界大战期间逃离了纳粹统治的匈牙利，并且在我求学时期也曾待过的伦敦经济学院学习哲学。后来他写了一本名为《金融炼金术》的书，并在随后的一年发表，在这本书中他将许多物理学理论应用到了金融投资中。他的"量子基金"早已因其在外汇市场、股票市场以及原材料市场中的自如运用而赫赫有名。

乔治·索罗斯和芬兰之间的联系缘于我在大西洋学院的一位老朋友，即那个名为彭帝·库里的经济学家兼投资专家。彭帝·库里受卡利·凯拉莫的邀请而加入了诺基亚的董事会，这是因为凯拉莫深深地被彭帝·库里的过人才智以及他和美国市场的关系网所吸引。彭帝·库里在芬兰是一颗正在冉冉升起的明星。他四处造访主要大公司的领导者们，告诉他们世界的发展趋势。作为一名年轻的经济学家，他早已做出了理论性的贡献。他通过国际货币基金组织而一跃成为了一名美国一流大学的教授。他来自芬兰的拉普兰，大约两米高，并且一向懒得去掩饰自己的杰出才华。

彭帝·库里向索罗斯推荐了一些有可能进行投资的芬兰公司，其中之一便是诺基亚。卡利·凯拉莫很快就有了这样的想法：如果索罗斯确定会投资，这无疑会帮助诺基亚减少对那些作为所有权人和理财家的银行所具有的依赖性。凯拉莫也很可能期望着，如果一个知名的投资者已经对诺基亚感兴趣，那么说服其他人对诺基亚进行投资便会容易很多。

1985年12月，我到纽约向索罗斯销售诺基亚的股份，并与美国的投资银行家们会面。索罗斯在他那位于纽约哥伦布圆环的办公室接见了我，从这里能够俯瞰中央公园北部的美景。市区街道上的商店里已经开始播放曼哈顿的圣诞颂歌，几码长的队伍已经把著名的施瓦茨玩具店围了起来。庆幸的是，在索罗斯的量子基金办公室听不见这些颂歌的声音。索罗斯和他的咨询顾问坐在桌子的一侧，我和彭帝·库里则在他们的对面坐着。

我已经仔细地进行了准备工作。索罗斯透过那副大眼镜仔细地观察着我，并用带着强烈匈牙利口音的英语向我提出一连串的问题，而他的助理甚至提出了更加尖锐的问题：

"你提出这次交易的原因是什么？你们的移动电话业务有过盈利吗？你为什么不推销你们的电缆分区业务？"

这些都是索罗斯需要了解的。我清楚地回答了他们提出的每一个问题。我完全熟知每个数据，这对我而言一向是轻而易举的事情。当时我并不感到焦虑或紧张，至少没有十分强烈的感受。我为此次介绍做了充分的准备，这种介绍活动在今天被称为是路演。然而，只不过在当时的情况下，所谓的路演仅有一位投资者听众。会面结束后，彭帝·库里欣喜若狂地对我说，我的表现要比标准的芬兰财务主管出色得多。

对我而言，索罗斯给我的印象并非是一个难以相处、个性鲜明或魅力超凡的人。我在花旗银行时所了解到的许多银行家要比他具有更加敏捷而睿智的思维。在1986年那个时候，我不会猜到自己将会在20世纪90年代如此频繁地碰见索罗斯这个名字的，那时这位伟大的投资者将会挫败整个欧洲的汇率机制，拯救东欧文化并且试图进一步扩张至美国社会。

在曼哈顿，我们就索罗斯将要支付给诺基亚的股份份额初步达成了一致意见。这个初步的协议在1986年1月初签订完成，一切都没有什么问题，乔治·索罗斯将会投入一笔可观的资金，而诺基亚将会因此收到总额为2.38亿马克的资本。但几个月之后，各个方面都出现了问题。诺基亚的股价已经开始快速攀升，我们怀疑市场中可能有人在故意抬高诺基亚的股票价格。我们和索罗斯达成了协议，即他所购买的两类诺基亚股价应当分别被定价为380马克和350马克。但是，考虑到诺基亚攀升的股票价格，这两种股票的准确价格应当分别为473马克和468马克。索罗斯这位伟大的投资者进行了一笔超乎我们想象的极其可观的交易。

诺基亚董事会的那些芬兰银行董事们十分愤怒，他们发出声明希望认购和索罗斯价值相当的股份。诺基亚的董事会主席米卡·提沃拉（Mika Tiivola）说我和索罗斯的初步协议随时都可以被取消。最终，我在去科罗拉多参加研讨会的途中，到了乔治·索罗斯在曼哈顿的住所和他见面。我和他一起吃了早餐，并尝试向他解释诺基亚的芬兰业主们的观点。当我向索罗斯建议重新考虑定价时，他似乎被严重地激怒了。

"如果是这样的话，那我将会重新考虑我在芬兰的所有投资。"索罗斯宣布道。他已经进行过一些投资，并且当时正在投资五家别的公司。他的获利已经促使许多其他的国际投资商开始对赫尔辛基的股市产生兴趣，芬兰企业在当时是承受不起失去索罗斯的代价的。

当我回到芬兰时，卡利·凯拉莫告知索罗斯股票必须要重新定价。他将诺基亚在1986年春季时的股价削减8%后，作为向索罗斯建议的新价格。索罗斯接受了他的建议，对量子基金的股票发行计划则发生在1986年5月。为了庆祝他的投资，索罗斯来访了芬兰，他被当作一名政治家接待。他和芬兰总理进行了会见，接受了芬兰最大报社的一个长时间的采访，并且参加了一场为迎接他的到来而举行的宴会，这场宴会是在诺基亚所拥有的一栋具有历史意义的海边别墅中举行的。他还参观了诺基亚在萨罗的工厂，目睹了移动电话是如何生产制造的。

对我而言，索罗斯的经营权是十分重要的，我自始至终都在为处理这方面的事物投入精力。我使诺基亚向国际投资者团队迈进了一大步。如果索罗斯相信诺基亚，那么许多其他的投资者也一定会纷至沓来。我已开始逐渐了解这些伟大投资商们的微笑面庞，但是我也曾看到过愤怒的索罗斯，他坚信芬兰欺骗了他。

但是，事情最终还是令索罗斯满意了。诺基亚的股价在1986年一直保持着不断上升。到1986年9月，索罗斯在那年春季的投资已经有了71.4%的盈利。假如我是他，我那时一定会开香槟庆祝，并怀着欣然的满足感俯瞰着中央公园。乔治·索罗斯在后来也概括了他自己的哲学："把最后的10%留给下一个家伙。"他已经用这个诀窍赚取了上亿元，他赫赫有名的原因便在于知道在何时抛售。使交易双方均能从中获利是他坚信的准则，在我们的谈判中，他无疑仍然是遵循这一原则的。

黑色星期一

我是来自芬兰西部的奥斯托波斯尼亚人，来自那里的人都表现出一种简单直接但沉默寡言的性格，甚至会有些许鲁莽。然而，我们一定会信守承诺。我们不善于流露自己真实的感受，这些感受被隐藏在灵魂深处，并且会通过行动而非言辞来体现。

许多年以来，诺基亚都是一家由芬兰西部人经营的国际化公司，仅仅容纳了少量来自其他省份的人。我们的乡村式背景引起了芬兰新闻媒体的极大兴趣，而这在世界上许多更大的国家中根本不足为奇，虽然在每个比卢森堡大的国家里都存在着地域差异，但是大城市中的人总是认为自己见过更多的世面。这些都是有着显著意义的。我强烈地认同自己的根源，对我而言，来自芬兰西部的人通常是最容易相处的。

当我在诺基亚开始起步时，其管理体系被划分成多个区块，它们彼此之间会互相争斗，我则尝试避免被卷入这些斗争中。无论如何，我都不属于以卡利·凯拉莫为核心而运转的任何内部组织。我略微偏向于一方，但我所做的工作则全凭良心，这从我大约六十年前上小学时学到的第一课起，便一直如此了。

我很快就了解到了诺基亚法务部的律师。他名叫康培凯，他总是能够在人群中脱颖而出，这源自他的观点总是充满着理性分析，并且这些观点大多都是他自己思考的结果。在1986年春天，我请求将他从法务部调至由我负责管理的财务部。由于他对诺基亚的收购和财务已经有了一定程度的涉及，因此我得以和他探讨作为诺基亚更广战略中的一部分财务问题。

康培凯同样是来自于芬兰西部。

我的职业背景是银行家，并且我十分了解国际金融。但是在20世纪80年代中叶，诺基亚中还没有人对金融感兴趣。康培凯曾学习过法律，并且已经在诺基亚积累了经济金融方面的实践经验。他是一位十足的金融专家，我对他的专业技能评价极高。

1987年10月的一个星期一，康培凯和我坐在我那间位于诺基亚旧总部的办公室里，我们盯着电脑屏幕，那在今天看来就像一台20世纪60年代的黑白电视机那样笨重。终端机上显示着绿色的数字，这表明纽约证券交易所正呈现着一种难以说明的快速跌势。金融恐慌自纽约波及了整个世界，这便是我们那代人在1987年所经历的股票交易灾难。我们注视着这些数字，但是完全不理解发生了什么。因为当时很难与纽约取得联系，于是我们便给我们认识的人打了电话，去了解所发生的第一手信息。

诺基亚并非是纽约证券交易所的上市股，但我们了解这将会对公司在其已经上市的伦敦和赫尔辛基的股价产生积极的影响。那年春天，在卡利·凯拉莫的支持下，我们已经让诺基亚在伦敦证券交易所上市，这对芬兰公司来说确实是向前迈了勇敢的一步。如果诺基亚希望将自己转型为能吸引国际投资商的那类公司，那么这一步便至关重要。这将确保公司获取新的融资，并且使公司更大程度地独立于芬兰银行的微观管理。

现在，我们盯着这些屏幕中的绿色数字，想要弄清楚我们的梦想是否已经破灭。世界的股票交易难道正进入持续的萧条期？公司的资本正在从股本中流向信贷市场吗？难道我们已经回到了国际金融的石器时代？小型投资商还能在股市中重拾信心吗？

后来，事实证明，1987年的股市大崩溃要比我们当时所想象的冲击范围小很多。股票在随后的一年便恢复到了之前的水平。尽管如此，1987年10月的那个"黑色星期一"还是在历史中占据着一席之地。当对这场股灾的发生原因进行调查时，其结果表明应当为此负责的罪魁祸首是程序化交易。股价的变化自动诱发了如此大规模的销售，以致市场无力应对，从而产生了崩溃。这是在经济和股票交易均处于较高水平时发生的，而有起必有落，如今则轮到了股票市场。

1987年10月也是金融市场真正走向国际化的开端，纽约发生的灾难也影响了伦敦、巴黎、法兰克福、斯德哥尔摩以及赫尔辛基的股票交易。后来，这种连锁反应则会变得更加强烈，而我们在1987年已经预先体验到了十年后将要发生的事。到那时，小型投资者将会使用早先仅供专业交易方使用的系统。

我们坐在办公室里一直待到深夜，那是个难熬的夜晚。对我们年轻人而言这是紧张的一天。我当时37岁，而康培凯是34岁。这一天给我们留下了持久的不确定感，但我们同时也确信股价决不会无休止地只跌不涨。几十年的辛劳、主要的投资以及公司的全部价值在顷刻间被一扫而光。后来，我们两人都不愿再将诺基亚的现金储备投入股票市场，甚至是在很多人都认为我们太保守的时候，我们仍然在设法抵抗这种诱惑。

后来，我们也常常会目睹股票交易财富因股市崩溃而荡然无存的惨剧，有些要比1987年的损失程度严重得多。随着深夜时光的流逝，我们开始为未来堪忧。诺基亚的将来会遭遇什么？其主要的收购仍在进行中，世界仍然会为诺基亚的产品提供市场吗？抑或这个市场将不复存在？我们在诺基亚将会面临怎样的事情？这些都是我在那个星期一夜晚开着沃尔沃回家的途中萦绕在脑海中的问题。接下来的一天，证券交易所的股票再次下跌。外面黑暗、潮湿且危机四伏，坠落的雨滴令路面泥泞不堪。后来，1987年10月的那天便被称为"黑色星期一"，而我在赫尔辛基度过的那个夜晚无疑正是我所描述的那样。

财务总监开始着手工作

　　20世纪80年代末，诺基亚还是个由多种不同行业构成的混合体。软纸巾和电缆之间没什么联系。虽然诺基亚在传统上制造橡胶靴，但这对移动电话业务并没什么帮助。

　　决定诺基亚在未来的业务主轴将是我的职责，我的首要工作便是决定如何处理诺基亚的造纸分区业务。造纸业当时是诺基亚的核心业务，即诺基亚的主心骨，我将以此作为我所有工作的着手点。

　　诺基亚的名称取自一所庄园住宅，其位于芬兰第二大城市坦佩雷西边的两条河流交汇处，这所庄园自从1270年左右起就已经在那里了。然而，这座诺基亚庄园的黄金时期则是在19世纪。后来在这座庄园和其附近工厂的周围发展成为了一个名为"诺基亚"的城镇。

　　"诺基亚"这个名字的根源要追溯至古老芬兰语中的黑貂一词，这是一种有着黑色皮毛的小体形动物，其栖息于诺基亚河岸上，这种动物便由此得名。自此以后，这个名字被传给了庄园的住宅，之后又被公司沿用，直至最终被整个企业集团使用。关于诺基亚这个名称还有着一些稀奇古怪的类比，带皮毛的小身材野兽是一种敏捷的生物，其要适应环境的变化就像企业后来要适应生存那样。如今这种动物已经获得了永生，它出现在了诺基亚城镇的纹章上。

造纸厂是由弗雷德里克·伊德斯坦姆（Fredrik Idestam）建立的，他是一名芬兰政府官员，同时也是一名企业家。他在国外旅行时听说了纸张可以通过木材制得。而在那以前，纸张一直都是由亚麻布制造而成的，但是，在德国曾有发现表明通过将木材添入纸浆中可以更廉价地造纸。芬兰是一片由森林、湖泊和河流覆盖的土地，木材可以作为造纸等原材料，而水则是将木材转变成纸张的必要能源。

伊德斯坦姆在1865年建立了其第一家造纸厂。当时的境况十分艰难，作物歉收导致了灾难性的饥荒。芬兰当时是俄国的一个大公国，须听命于圣彼得堡作出的政治决策。总而言之，当时的经济极其萧条。尽管如此，纸张消费似乎仍在快速增长，而弗雷德里克·伊德斯坦姆则选择了正确的领域。

诺基亚有限公司于1871年合并而成，与此同时这家公司在赫尔辛基召开了首次股东大会。该公司在诺基亚发展其造纸业，而其他的合伙公司则在别处设立工厂。它们为整个芬兰经济奠定了基础，而芬兰则是于1917年实现独立的。

直到20世纪80年代末，诺基亚的造纸业务一直都在蓬勃发展。国内竞争者也已随着诺基亚共同发展起来，在激烈的国际竞争面前，不同的企业已经集资入股合伙经营。造纸业对芬兰的意义重大，以致许多政治决策的作出都有赖于此。当其遭遇困境时，则可以寄希望于政府帮助解决。这便导致了芬兰马克的经常性贬值，以此确保纸张贸易的平稳进行。

诺基亚并非一家仅专注于造纸业的公司，实际上，在20世纪80年代，诺基亚还是一家不具有任何业务侧重的公司。那时这家公司的规模还没有大到足以作为软纸巾行业的领军者，它必须要寻找新的领域不然则会被吞并收购。这是造纸业的巩固时期，北欧企业那时正在以一种新的方式形成联盟，欧洲公司在进行着彼此收购，而美国公司则在收购那些欧洲公司。

在我还是一名花旗银行的年轻分析师时，就已经对诺基亚进行过早期评估。这家公司太过于多样化了。比如，在1983年的改组之后，诺基亚已经拥有了九个独立的业务分区。除此之外，该公司还拥有一些子公司，其生产领域从电池到狩猎武器各不相同。诺基亚必须要尽快地有所侧重，我认为它应当放弃造纸业务、减少电缆业务，而将其业务重心集中至电子设备。但是问题又来了，为什么不是电缆业务，毕竟，其产生了良性的现金流。毫无疑问，在当时我自己是绝无权力绝定诺基亚的未来方向的。

　　彻底放弃造纸业务花费了一年时间，这需要去美国、伦敦和意大利进行一些焦灼的谈判和辛劳的走访，这是我出售部分诺基亚的首个方案。由于造纸业务区在某种程度上是备受尊重的，因此我不能直接开诚布公地谈论对该业务的出售。取而代之的是，我们会谈论着结盟、合作以及作为部分国际化实体的运营转型。诺基亚的高管层在放弃造纸产业这一问题上确实存在着分歧，董事长卡利·凯拉莫表示他并不愿意出售诺基亚的任何部分。他的事业是从诺基亚的造纸业务部起步的，他的祖父曾是诺基亚在1877年的最初股份订购方之一。尽管凯拉莫是一位高瞻远瞩的诺基亚董事长，但是他也不愿因出售其造纸业务区而被铭记。总裁西莫·沃里莱赫托也有着造纸产业的背景，但是他很清楚诺基亚不可能和更大的公司相匹及。因此他支持割舍造纸产业这一举措。在另一方面，造纸业务部的领导者珍妮·西麦里尔丝（Janne Simelius）则希望扩充该业务分区。而芬兰银行业界的两位领军人物之一亚可·莱斯拉（Jaakko Lassila）作为诺基亚的董事会成员也反对出售造纸业务。

　　对于关键性决策问题的这些不同观点足以说明了诺基亚当时所面临的难题。在这些分歧意见之中，我被赋予的任务是使诺基亚脱离造纸业，并且我将其视为自己的职责。诺基亚必须要找到一个国际合作者，但是它究竟在哪儿？我们要怎样安排事务才得以使这次销售看起来是种真正的合作范例。购买方是谁，将以什么作为偿付，以及向谁支付，我们将使用股份还是货币作为支付方式，我们真正想要的是什么，对芬兰而言什么才是有益的。如果诺基亚作了错误的决策，那么芬兰媒体和芬兰政治家必将会利用这次机会来对我们达成的交易进行抨击。

诺基亚的高管层相当缺乏国际化的专业知识，事实是诺基亚的整代老一辈人已经不复当年。公司董事长卡利·凯拉莫和总裁西莫·沃里莱赫托均已年过五十，而四十多岁的董事会成员们不是已经麻木就是在准备着退出，还有的则是在冷眼旁观。是否终结造纸产业则是我们这代人在诺基亚所面临的首个重大挑战，这当然并非仅是我个人的计划项目。我逐渐结识了一些将会在日后进行亲密合作的人，其中之一便是瑞典的咨询顾问佩尔·卡尔森（Per Karlsson），他后来成为了一名举足轻重的咨询师。后来佩尔也成了诺基亚的董事会成员。

佩尔·卡尔森曾是瑞典北欧斯安银行的一名投资银行家以及德国宜家的前任主管。他体形瘦小，戴一副眼镜，性格开朗而谦恭有礼。他讲话语气柔和，但头脑却远非如此普通平凡。对于其他人屡经尝试而以失败告终的战略性难题，他却能够找出极具创新性的解决方案。他对许多不同的产业门类都有着充分的了解，而其专攻领域之一便是软纸巾产业。我于1986年在伦敦与他初次结识，那时诺基亚刚在伦敦证券交易所上市。他的同事罗杰·吉福德（Roger Gifford）当时邀请我们去温布尔登观看网球赛，我记得自己因打赌谁会获得冠军而赢了五英镑。而帕特·卡什（Pat Cash）当时本来有足够的把握取胜。

佩尔·卡尔森很早就已经与我就诺基亚软纸巾业务部进行过探讨，我们曾就与瑞典公司霍尔曼卫生（Holmen Hygiene）的合并进行过交谈。我们也曾提出过一个关于组建欧洲销售公司的建议，尽管其具体的组建条款不太明确，而这些条款也只有在我们确定除了出售便别无选择的情况下才可能趋于明确化。假如这听上去令人费解，或许是因为事件本身就是如此。

在1988年春天的某个时候，佩尔·卡尔森和罗杰·吉福德来到了我位于赫尔辛基市中心的诺基亚总部办公室。他们坦率地向我表明诺基亚在欧洲的软纸巾市场上不可能通过孤军奋战而盈利，因此建议诺基亚最好还是直接出售这部分业务。佩尔·卡尔森在造纸行业中有着广泛的人脉圈，他已经有了想法。他认为一家名为詹姆斯河（James River）的美国公司或许会有兴趣收购我们的软纸巾业务部。在那个瑞典春天夜晚的十点钟，他在斯德哥尔摩给詹姆斯河的布伦顿·哈尔西（Brenton Halsey）打了电话。总机处的转接员问道："你希望与哪位布伦顿·哈尔西通话？"佩尔惊讶地愣了一阵子，因为他忘记这家公司是由一个父子团队来经营的。随后他指明希望和老布伦顿·哈尔西通话，而他也恰巧选对了。

在这次通话期间，詹姆斯河决定委派佩尔·卡尔森来收购诺基亚的造纸业务部，他去了詹姆斯河公司的所在地，弗吉尼亚州的里士满。这家公司因其历史和名声而引以为豪，在公司的总部展示着一座从美国内战时期遗留下来的大炮。对布伦顿·哈西尔而言，他向我们保证了詹姆斯河对所有事情的坦诚态度，这也是我在后来进行的不断谈判中而逐渐感受到的。然而，这些谈判并非是一帆风顺的。造纸业务部的出售对我而言成了一个不断考验耐心的过程。当谈判开始时，钱并不是我脑海中最重要的问题。但是随着谈判的继续进行，诺基亚能够留有的资金也逐渐减少。而目前我们是非常需要造纸业务部的这笔出售资金的。出售一家公司常常都是困难的，在任何诸如此类的出售中，总会存在成千上万个不应这么做的理由。总会有人认为这样的代价过高或不确定性太大，不然则会认为这么做是件愚蠢的事情。更重要的是，这些人常常是正确的。为了实现出售，必须得有人推动这一销售过程并使之发生。除此之外，实际因素也往往会成为交易的破坏者。在一些主要的交易中，总是不乏一支由投资银行家、咨询顾问、律师、公关人员以及其他咨询师所组成的战队。在我们出售自己的造纸业务部期间，我第一次指挥这支小型战队，而为了使交易成功，每个成员都需要尽己之力。即便如此，也还是不够，因为这一切仍需经过诺基亚分部董事会的认同。对我而言，这些都是全新且富有指导意义的事。

与詹姆斯河的谈判过程始于一次同佩尔·卡尔森和罗杰·吉福德举行的春季会议，康培凯随我一起致力于实践方面，他如今已经转到了财务部。所谓的实践方面是指，每个月我们会飞往伦敦就交易的详细内容进行为期数日的谈判。

佩尔·卡尔森常常会点燃我的怒火，因为我在做任何事时均无法忍受迟到、拖延或人为障碍。对我们造纸业务部的销售是我担任财务总监期间的一个最大项目，而在1988年夏季，这项销售似乎已经到了瓶颈期。而我希望使谈判的进程加快步伐，但却不知道要怎么做。我在办公室一直待到深夜，这期间我都在盯着那些文件资料并不断地通着电话。多数情况下，电话线的另一端是佩尔·卡尔森。"佩尔，我们必须要解决这个问题"，我总是这样简单地讲着。佩尔后来告诉我，我手指敲击桌面的声响很大，以至伦敦那边都能清楚地听到。他在电话线的另一端安静地听着我的倾诉，并说他将尽力而为。

1988年9月，谈判似乎有了明确的进展，但那却仅仅是种不切实际的妄想。事情已经发展到了我建议老布伦顿·哈尔西来诺基亚参观的地步。他离开里士满后首先来到了赫尔辛基，我们在诺基亚总部接待了他。董事长卡利·凯拉莫和其他一些董事也在那里。会议结束后，哈尔西便乘诺基亚的私人飞机飞往诺基亚的创始地，那里是整个企业和"神圣"造纸工厂的诞生地。弗雷德里克·伊德斯坦姆的庄园住宅已经消失，在原来的位置上用白色石块建起了诺基亚公司的别墅。在布伦顿·哈尔西来访之前已经有许多工业领袖参观过这里。那些美国主管同他们的芬兰款待方一起度过了一个漫长的夜晚。

哈尔西在第二天便得出了相当精明的结论，他给出了三种选择：出售公司、限期合作或者无限度合作。

美国方面希望达成出售交易，不仅是我希望如此，诺基亚的总裁也是这样希望的。但是谈判还是陷入了停滞状态，诺基亚的董事长卡利·凯拉莫不希望进行出售。

谈判的僵局状态维持了几个月，直到1988年12月才再次重新启动。那时，卡利·凯拉莫的态度已不再坚决，于是我们在伦敦签订了初步协议。董事会成员哈里·迈尔德赫（Harry Mildh）在签署该协议时谈了很多关于诺基亚企业文化的内容。尽管哈里·迈尔德赫在整个谈判过程中并没有起到丝毫作用，只因他恰巧在董事会中担任着重要的职位，他便显得不可或缺。

康培凯和我对造纸业了解很少，或者更确切地讲，是对于普通的造纸业。我们都是技术专家，我们的职责便在于使整个工作流程贯穿始终，因为我们相信这对诺基亚是必要的。当我们向董事会呈递我们的交易时，我对造纸业务部的背景进行了解释。我们表示软纸巾业务部当时正处于盈利状态，但是发展前景比较渺茫。另外，诺基亚在该业务领域中要比其竞争对手获利更少。作此解释的目的无疑在于为出售交易提供支持论据。

这种交易从不会按时间表有序地进行，在这个项目计划中总还是会有意料不到的问题突然出现。而对所有权的分配安排则变得更为复杂。康培凯主要关注着法律方面，我们还请了来自赫尔辛基顶尖律师之一的托马斯·林霍尔姆（Tomas Lindholm）来为我们提供服务。他将这次交易描述为他职业生涯中最复杂的一个案子，他成了我们信任的律师。后来当我处于困境中时，也曾再次寻求过他的帮助。

1989年，诺基亚董事会同意了对造纸业务部的出售。在最后的阶段中，费鲁兹财团旗下的意大利公司蒙特爱迪生作为诺基亚的合作方加入了詹姆斯河，它们共同构成了一家新的合资公司。在董事会举行的这次决策会议上，一位董事怀着不满的语气进行了一段发言，他说这次出售是个错误。如果取而代之出售诺基亚的消费电子业务部，则将会好得多。他的一部分看法确实是正确的。消费电子业务分支无论如何都是得出售的，出售该业务部将会是我们所要经历的下一个漫长而艰苦的过程。但是就造纸业务部的出售而言，我们也是正确的。由于了解到诺基亚的资金已大量流失，因此出售造纸业务部似乎变得更加势在必行。公司的临时结果显示，那年春季，公司的利润比预算少了1亿马克。前一年的利润则缩减了1.3亿马克。不过，诺基亚才刚开始跌入深渊。

意大利人的到来为谈判桌上的交易增色不少。后来我成为了这家由诺基亚、詹姆斯河和蒙特爱迪生所建立的合资公司的董事会成员。尽管那场以意大利人为主的初步讨论会是在伦敦举行的，我还是将米兰列入了我项目计划中的常去地点。投资银行家和咨询顾问们喜欢这样。瑞典投资银行家班特·哈马尔（Bengt Hammar）曾一度傲慢地宣称他的客户是费鲁兹的董事长劳尔·扎尔迪尼亚（Raoul Gardinia），他将亲自代表劳尔本人。"但后来证明其并非是劳尔尼本人。"我向坐在我身边的康培凯耳语道。他强忍着没有大笑，假如当时他没能忍住，则必将会大大地有损他那一向冷峻沉着的名声。

这家新的合资企业成为了欧洲最大的软纸巾公司，诺基亚在自己的新闻发布会上声称诺基亚正在向新公司移交其全部的造纸业领域业务，以及诺基亚在125年前就开始设立的那部分公司。后来，在1991年1月，诺基亚将其相应的股份在这家公司中进行了出售。以此，诺基亚向着运营的新时代和新前景迈出了第一大步。这场交易确保了诺基亚的财务安全，根据我的计算，诺基亚从其造纸业务部的销售中主要获取了约1.43亿美元的利润。该交易包含了某些对诺基亚十分有益的汇率条款，价格可以依诺基亚的利益一直上涨至交易协定产生约束力的那一天。

我不清楚弗雷德里克·伊德斯坦姆将会如何看待我们的交易。他的脑力成果已经有效地盈利了125年。而在那时，诺基亚有幸获取了新的想法并转入了新的领域。或许他将会感到欣慰，毕竟我们还是将造纸业务部卖出了一个好价格。他是一位真正的博学多才者，为了将欧洲思想引入芬兰，他做了很多努力。我们的国际经营已经创造出了一个更加强大且更有活力的企业，这毫无疑问会令他感到欣慰。或许弗雷德里克·伊德斯坦姆会希望我们在走向新世纪的途中能够一路平安，那时诺基亚也将会再次成为一个全新的公司。除此之外伊德斯坦姆还留下了什么？庄园住宅一直为诺基亚所有，并且一直矗立在诺基亚城镇中。岛上的厂房仍在运转着，尽管如今这些厂房属于爱生雅集团（Svenska Cellulosa Aktiebolaget）。

我如今已经是一个更具经验的商业领袖，我更清楚地理解了大型组织是如何运营的。我不久前刚达成的交易并未令自己对并购或收购产生强烈的爱好，与此同时，我则认为我们仍须处理掉我们的橡胶靴业务和电缆业务。为此，我们在接下来的日子里便有了新的任务。

当我在后来成为诺基亚的总裁时，我则不太会做那样的事情。诺基亚将要关注其在不断发展的市场中的有机增长，而在企业并购中总是会存在着很多风险。购买一家亏损的企业并不值得，但一家成功的企业却也绝无可能在我们的收购能力范围之内。另外，收购也会危及企业文化。根据某种评估显示，收购企业中有70%在收购完成后不再设立目标。我对此并不感到惊讶。交易的纸上谈兵总是要比其真实的情况更加容易，在真实的交易中，会存在着人、机构、情感和历史等因素。因此，我尝试抵御收购的企图，并且因此获得了巨大的成功。

巨大的开销

在20世纪80年代，惠灵顿橡胶靴还仍然是诺基亚最有名的产品，它们的使用范围相当广泛。在芬兰那种复杂的气候中，一双像样的橡胶靴是整年生活的必备用品，用于工作或在森林、田野和沼泽中行走，甚至可以用来在冬季冰封的湖面或海面上行走。诺基亚在1898年制造了其首双胶鞋，此后便开始制造橡胶套鞋。之后，诺基亚又进入了自行车胎、汽车轮胎和工业橡胶领域。其在1934年开始制造的经典惠灵顿橡胶靴，芬兰军队将其作为日常装备，并且会在关键性的战役中穿上它们。而我曾在服兵役期间穿过这种橡胶靴。

1988年，诺基亚仍然是欧洲最大的橡胶靴制造商。但是几年之后，公司摒弃了该业务，诺基亚的这项传统业务被执行了管理层收购。在20世纪90年代初期，诺基亚放弃了其所有传统的基础性产业业务，而正是从此时起诺基亚才开始像一家电子公司。公司寻找着具有发展潜力的区域，同时去争取诺基亚长期策略核心中所涵盖的那些新市场。公司在电话网络和交换机领域的能力已经有所发展，如今则尝试通过向消费者的直接销售而获得成长。诺基亚已经开始了一场探险之旅，将公司的整个未来作为赌注。

在20世纪80年代，诺基亚开始卷入了欧洲的消费热潮，这对诺基亚的财政总监而言意味着其将会有大量要做的事。我工作内容中最重要的部分便在于确保我们能够负担得起董事长的"购物账单"。

卡利·凯拉莫相信企业成长的秘诀在于消费电子、计算机和移动电话三者在某种程度上的结合。他认为公司需要积极地活跃在这三个领域中,这样便一定会成功。我的观点与凯拉莫的并无差异,但是我以及其他许多人也都清楚,诺基亚正在承担着某种令人毛骨悚然的风险。

1987年,诺基亚决定同时去冒多重风险。整个氛围充满了竞争性:谁能为董事会带来最具吸引力的国际方案?公司曾在春季从瑞典公司伊莱克斯买下了法国电视机制造企业欧申尼克(Oceanic),这促使诺基亚成为了欧洲的第三大电视机制造商。而这仅仅是个开始。诺基亚主要凯舰的是条真正的大鱼:德国公司的洛伦兹标准电子公司(Standard Elektrik Lorenz)。

安提·拉杰罗斯(Antti Lagerroos)是这家公司的负责人。他是诺基亚董事会中的一名抱负远大、自信且果断坚决的成员,他的梦想是有一天能够接任卡利·凯拉莫而成为公司的董事长。他的助手是天资非凡且备受爱戴的提莫·考斯基(Timo Koski),考斯基在1983年从西门子来到诺基亚的。他已经成为了诺基亚电子业务的主管和董事会的成员,他是诺基亚内部谈得上具有真正的国际化经验和视野的少数人之一。那时,考斯基在诺基亚剩余的时间其实已不到一年,但当时我们都毫无所知。

这两个人引领诺基亚进行了一系列的收购活动,并因此使诺基亚成为了欧洲电视产业之王。在这些收购中,SEL是可能收购的最后一家欧洲公司。在计划这些交易的过程中,诺基亚总部的五楼走廊上曾争吵不断,那里是高管们的办公室分布区。当时无论是进行计算还是作决策我都没有参与,因为我一直保持着这样的看法,即电视机市场对诺基亚而言是相当陌生的,其中充满着各种陷阱。

收购SEL的决定在1987年12月被宣布。这是一项主要的交易,但是随后还会有更多其他的交易。整个秋季,诺基亚都在和其主要竞争对手瑞典公司爱立信就收购该公司的计算机业务部进行着谈判。在SEL交易达成的同时，这些商讨也得出了最终结论。诺基亚正在成为欧洲电视机市场上一个实力强大的竞争者，以及北欧区最大的计算机公司。

我们在赫尔辛基的马斯基酒店举行了新闻发布会，宣布我们对爱立信数据的收购。当我们为其进行准备时，我和我诺基亚的同事们进行了交谈。我十分确定那些记者会抨击我们这个雄心勃勃的策略。我确信有人会问："你怎么能确信这些交易将会成功？"但是，这个问题始终未曾出现过。

然而也并没有什么不同，因为诺基亚的董事们在达成交易之前也甚至未曾向彼此提出过这个问题。沉默占据着主导地位，自始至终没有出现对这些交易的批评，虽然据说卡利·凯拉莫曾在交易签订的前一夜还对SEL的收购心有余悸。他曾请某些管理负责人来到他的办公室，并询问他们："诺基亚会因此没落吗？"没有人能够给出一个答案，房间里一片沉默。

当诺基亚在1988年购得电视机制造工厂时，荷兰电视机公司飞利浦的领导詹·蒂莫尔（Jan Timmer）对诺基亚进行了一次深具影响的访问。蒂莫尔在参观赫尔辛基之后便了解到了他的新竞争对手，在返回机场的途中，蒂莫尔陷入了沉思。他明确地告诉了陪同他的诺基亚董事他在这天讨论结束后的想法："当我们发现新来的对手对电视制造一无所知时，这是十分危险的。"荷兰人的这种坦率是一针见血的，那些错误的决策和管理者们的沉默态度使诺基亚付出了高昂的代价。直到1996年，卡利·凯拉莫也仅仅问过一次诺基亚是否有能力支付这项拓展业务。而他本应每天反复地提出这个问题。SEL和爱立信数据使诺基亚总共花费了3.75亿马克。而在20世纪80年代末，这一数据则意味着一种严重的危机。

我对凯拉莫的回答十分清楚，"由于这些交易，诺基亚的资产负债表已经承载了重大的压力。如果诺基亚要保有偿付能力，电视机和计算机均必须得运营良好。"这便是我告诉他的。凯拉莫听着我的解释，透过他那副大眼镜的透明镜片看着我，并继续进行着下一件事。他是个身材矮小的人，干劲十足且难以捉摸，人们都对他心怀信任。他有着卓越的才智和开阔的视野。他能够凭借良好的直觉和能力去激励人们，他是一位魅力非凡的领袖。但是，他并非总能接受确凿的事实，如果这些事实挑战了他的认知的话。或许他仅仅认为诺基亚需要发展，而任何问题总是可以相继解决的。又或者是公司在未来的发展中将会对种种财务问题充分考虑。我至今仍不确定他的想法究竟如何，也不清楚他对自己计划的成功抱有多大的把握。

尽管凯拉莫已经让我负责工资支出的管理，但我还算不上他的团队成员。根据公司规定，我是向总裁西莫·沃里莱赫托汇报，而非凯拉莫。另外，我们也是完全不同的人。凯拉莫希望每件事都能够充满乐趣，他十分善于将他的秘书和任何恰巧在场的人召集起来去附近的球场进行一场快速的冰球游戏。他喜爱从夜晚一直延续至深夜的那段漫长时光，即使他邀请的客人已经离开很久之后。有一次，在前往诺基亚名下一座小岛的途中，凯拉莫为了使他那些正在乘船的朋友们高兴，甚至表演了悬荡在直升机舱门上的特技。

凯拉莫永远都像个学生那样生机无限，哪怕是在事情并不有趣的时候。他在日日夜夜的忙碌中也仍然保留着这份天性，他每周几次在芬兰和国外举行的那些演讲可绝不是出自于我的手笔。后来担任诺基亚信息部主管的马提·萨瑞农（Matti Saarinen）曾在比凯拉莫办公室高两层的楼层工作，他在一天之中会被董事长召唤五到十次，而最后萨瑞农终于为自己装了一部新电话，这是专供凯拉莫使用的专线。

卡利·凯拉莫的袖子总是处于被卷起的状态，并且总在匆忙地准备着去别的地方。他的直升机一直在角落待命。或者因为一些项目在昨天已经做好准备，今天必须开始。凯拉莫实在不善于做长期的计划，他凭直觉迅速地进行着各种各样的事，甚至凯拉莫的私人财物也并非总是保持得井井有条。他总会在各种场合中忘带钱包、公文包甚至衣服。他那种在办公室里堆积文件和新闻剪报的习惯令他的秘书和下属们近乎绝望。

除了他的员工之外，凯拉莫偶尔也会惹恼一些别的人。当诺基亚成功地制造了其第一部可使用的移动电话时，凯拉莫成了该移动电话最具潜力的销售人员。该电话雏形被称为Mobira Cityman，重量大约相当于一块砖，但是凯拉莫却将其随身携带。他会在餐桌前隆重而意味深长地将这部移动电话摆在面前，等着它响起来，一旦电话真的响了，他便无比热情地接起电话。但赫尔辛基最高级餐厅中的那些人并非都欣赏这个时代的新型产物。

1988年的某个时候，我曾和凯拉莫去美国参加一场招商会，他带着一个公文包和三个塑料手提袋登上了飞机，里面装满了几星期之前的外国报纸。当飞机起飞时，他翻出了剪刀和笔，以此来标注那些令他感兴趣的条目，并在飞机抵达目的地时分发给他的下属。他希望自己的团队能够关心时事，并跟随新的发展趋势。他希望诺基亚能够继续前进并对知识保持着警惕性。凯拉莫就像一台永远不会缺乏能源的发电机，一台永动机。但是对任何一个曾学过物理的人来说，这种设备也是绝不可能存在的。

卡利·凯拉莫可以算是世界上最令人恼怒的管理者了，他会随时改变其计划而不通知任何人。他的工作效率极高，他把自己推向极限并且似乎十分享受这样。他会以为他那些年轻的员工们乐于以相同的速度工作。对我而言，我会尽可能尝试过一种正常的生活，我不太喜欢在夜晚外出，丽萨则更是如此。通常我会在八点后的某个时候到家，但一定是在八点半晚间新闻开播之前。我会在周末的下午打网球，结束之后我通常会开车去工作，为下个星期作准备。

可怕的一年

在1988年春天，一切看上去仍然很好。诺基亚已经成为了一家大型的欧洲公司，但是危险的迹象也已经开始初现端倪。高管们在争夺职位，在公司总部的走廊里，没有人再会关心什么对公司是有益的，这些人唯一关心的是在诺基亚故事的新篇章中什么才是对他们自己有利的。

随着夏天的临近，诺基亚历史中最糟糕的一年也开始了，其开端便是场悲剧。我们的高管成员之一提莫·考斯基当时正从伦敦的度假中返回芬兰，当飞机在希思罗机场的跑道上滑行时，他突发了中风。他设法在失去意识之前将自己的情况告诉了机组人员，于是他被迅速送往了温布尔登的医院抢救，这家医院对此类紧急事件的处理很有经验。芬兰和英国的医生彼此之间进行了商讨，可是却无能为力。提莫·考斯基最终因中风而去世，年仅40岁。

考斯基的去世对我们所有人而言无疑是种巨大的打击，但是一位重要管理者的死亡并不会使公司脱轨。然而，这却是一种严肃的提醒，即过劳可能会导致精疲力竭甚至更糟。可诺基亚早在那之前就已经开始减慢速度了。

疾病和癌症已经攫住了诺基亚，并正在吞噬着那些本应经营公司的管理者们的有生之年。总部里日日充满着阴谋和权力斗争，甚至在资金流正在趋于枯竭的情况下也依然如此。诺基亚已经在电视和计算机制造领域内进行了许多大型收购，如今是时候将这些收购企业尽可能有效地吸纳至一个整体中了。我们将会面临某些艰难的决定，包括裁员以及将资源重新分配至生产成本较低的国家。计算机比电视机具有更好的市场反映，这是因为在那年年初诺基亚已经对计算机产业进行过有效的结构调整，而其效果也开始逐渐体现出来。

而在电视机业务部，惨淡的经营事实则开始揭露出该项产业的境况。欧洲电视机制造商当时正处于每况愈下的困境中，彩电的销量并没有像期望的那样好。汤姆森和飞利浦，那些主要的欧洲公司正在削减产量，或将生产转移至成本更低的远东地区。欧洲为已经饱和的市场生产了过多的电视机，该饱和市场则正在随着经济范围的拓广而逐渐衰落。

1988年，诺基亚的总营业额已超过22亿马克。其中消费电子业务占了约6亿马克，而其雇用的员工则超过了13,000人。这是个相当大的数量，这是因为改组开始得太迟。八月初，诺基亚的所有高管们都认识到我们确实是自不量力。安提·拉杰罗斯已经失去了卡利·凯拉莫对他的信任，并从消费电子部的主管一职卸任。凯拉莫任命了一位法国人杰克斯·诺尔斯（Jacques Noels）来接任此职，而必要的改组调整已经停止。诺尔斯将其办公室设在了远离公司的芬兰领导基地的日内瓦。

诺尔斯远远达不到做事应有的必要效率，他的业务部确实需要优秀而有决断性的领导力来简化其技术基础。我们制造的电视机种类过于繁多，如果我们希望具有竞争性，那么就必须得进行一些精简工作。另外，我们在产品开发方面的工作人员也太多，分布得也太过分散。我们本应从德国工厂裁去些员工，但未能实现，因为凯拉莫曾许诺过杜绝进行裁员。由于那些痛苦却势在必行的决定并没有被付诸实践，这便意味着我们必将在后来作出这些决定，而那时则会更加艰难且代价更高。

诺基亚的领头人卡利·凯拉莫董事长似乎把时间都花在了经营他自己的公

司之外的事情上了。他曾被邀请参加欧洲的圆桌会议，该会议聚集了欧洲大陆的不同地区中最重要的商业领袖们来此共同探讨当今时事。除了公司当时正处于濒临倒闭的危机中之外，对诺基亚而言这无疑是件相当有声望的事。

八月份，卡利·凯拉莫举办了一场鳌虾派对来为欧供体委员会的主席雅克·德洛尔（Jacques Delors）庆祝。诺基亚的这场鳌虾派对是闻名遐迩的，该派对的举行地点是基尔科努米的那座具有历史意义的巴特维克庄园，其位于赫尔辛基以西约20英里处。这片被称为波卡拉半岛的土地，芬兰政府曾被迫在二战后将其租给苏联，并且直到1956年这片土地才得以满目疮痍地重回芬兰的怀抱。波卡拉半岛是对芬兰和苏联之战的一个鲜活的提醒，那时芬兰为国家的独立而英勇抗敌，最终虽然独立性得以保全，却赔上了巨大的人力和财力。因此，在20世纪70年代和80年代的那些漫长而暗流涌动的夜晚，当巴特维克见证了苏联的政治家们，被鼓励去增加对诺基亚产品的购买量时，这或许又成了一个恰当的讽刺。

领导离世

我记得自己曾试图让卡利·凯拉莫对公司的财务产生兴趣。在秋季的一天，我在凯拉莫办公室外和他见了面。我对公司的未来感到沮丧和担忧，此时其前景似乎显得更加暗淡。我尝试告诉他我们最近的业绩或某些财务方面的详细内容，我记不清到底讲的是哪种，但是他都没有很乐意地倾听。凯拉莫停了一分钟，之后便继续做他的事去了，因为有一群吵闹的记者正在某处等着他，而这些人可以提升他的公众形象。

在1988年，由于诺基亚的业绩已经变差，诺基亚与芬兰银行之间的关系因此变得紧张。虽然诺基亚在暗地里已经开始使用现金储备回购了银行所持有的股份，但这也无济于事。这种做法符合凯拉莫使诺基亚赢得独立的目的，但是公司逐渐衰落的境况也正在将事态推向相反的方向。这两家主要的芬兰银行被迫开始更频繁地干涉诺基亚的事务，凯拉莫甚至担心自己的职位将会难保。后来，我听到有传言说银行已经计划强迫他卸任，但那时我并未了解到任何迹象预示着他任职的时日已经不多。

对投资者而言，诺基亚恶化的业绩就像是给他们泼了冷水。一年之间，公司的股价已经下跌了约40%。董事长凯拉莫收到了世界各个领域的不同投资者寄来的攻击性信件，随后便是新闻媒体，他们开始抨击诺基亚希望征服世界的计划。在那之前，凯拉莫一直被视为芬兰最优秀的商业领袖，他的名声已经开始传到了芬兰以外。在1988年期间，他还未曾拒绝过任何一家欧洲报社的采访邀请。当时的采访邀请可是相当多的。董事长凯拉莫越来越耽溺于媒体的世界，而媒体总能创造出它自己的现实。一个人越多地出现在媒体中，这种虚构的现实便会使他越远地脱离真实生活和现实世界。媒体就像一个奸诈的妖魔，当一切良好时会许予你成千上万美丽的愿景，但是一旦你运气用尽，所有的美好便会变为惩戒。

1988年12月8日，我在家中为财务部的员工举办了一场圣诞节酒会，大约有25位客人来到了我们的别墅，我们玩得相当尽兴。我们唱了圣诞颂歌，享用了圣诞节美食并畅饮了热葡萄酒。我邀请了卡利·凯拉莫前来，但我并不太确信他会来，他的计划直到最后一刻都有可能发生变化。因此，当他像平常那样愉快而活跃地出现在我们门前时，我便愈发地高兴起来。他没有待很久，因为他要去赴一场大银行董事会的餐宴。由于在接下来的一天将要举行诺基亚董事会执行委员会的会议，因此凯拉莫那几天似乎都在以全速奔跑，或者甚至要更快。

1988年12月11日，像往常那样，我先去了网球场，并且在运动结束后又去了我的办公室。我喜欢以一段平静的时间来过渡，好专注于下一星期的工作。我坐在办公室里，研究着我的文件，并考虑着将要来临的下个星期，那时诺基亚董事会将会对公司的现状进行处理。我给自己的秘书打了电话，虽然他不太乐意在周末接到我的电话，但也丝毫不会怠慢我交代给他的事情。在我已经完成了所有要做的事之后，我便整理好自己的文件和网球包，乘电梯前往车库准备回家。当时我看见董事会会议室的灯还亮着，便好奇那里可能会发生着什么。我给康培凯打了电话，他是我最亲密的同事，也是财务部的二把手，但他并没有因此而感到什么异常。

我启动了我的沃尔沃，在这个黑暗的十二月深夜向我在埃斯波的家驶去。当我开了几百码左右的时候，我的电话响了起来，是通信部的主管马提·萨瑞农打来的。从他的声音里，我能听出一定是出事了。

"听着，卡利·凯拉莫死了。他自杀了。"萨瑞农说道。

我沉默了很长一段时间。"好的，我知道了。"我终于开口说道。

我继续朝家驶去，可是却无法专心驾驶。道路的两边都是一片漆黑，赫尔辛基海岸周围海面上的冰层似乎也无比黑暗。我感到浑身无力和些许的被背叛之感。凯拉莫要把这个烂摊子留给我们吗？这对我们公平吗？

我立刻就意识到自杀是凯拉莫的个人选择，诺基亚已经没有任何支柱了，作为财务总监的我当然晓得这些。但无论如何，第二天一切都将会改变。然而，生活还必须要继续，我们得竭尽全力挽救诺基亚。在凯拉莫自杀之后，这将会比从前更加艰难。

我最后一次见到凯拉莫，是在家中举办的那次圣诞酒会上，那是个星期四的夜晚。周六他独自一人动身回家，周日便在家中自杀了。过去，他曾一度遭受过抑郁症和双向型精神障碍的折磨。如今他在一张便条上留下了遗言，上面写着"疾病"。然而诺基亚的境况无疑也对他的决定产生了一定程度的影响，他所承受的压力是由方方面面叠加起来的。他那崩溃的精神想必是凭空唤起了其他类似的压力。

我与凯拉莫那代人不同，并且对他总是过于一本正经。我缺少凯拉莫那种风趣诙谐的天赋，因此当马提·萨瑞农告知我凯拉莫死亡的消息时，我的头脑中除了一片空白便再也没有其他的感受。另外，我会试图避免自己受到情绪的干扰，因为我们可能会因此在日后得不偿失。

第二天，法国杂志社Dynasteur按照曾经的约定来到诺基亚总部拍摄照片。故事的采访是在不久之前进行的，如今摄影师希望让卡利·凯拉莫、另一位高层人士和我名垂青史。当摄影师在我们总部设置好他的灯光和相机时，我们的新闻办公室则正在试图撰写一篇新闻报道，并将通过世界主要语种分别发表。新闻将会宣布我们董事长已经死亡的消息，但是任何人都不能将这个消息告诉摄影师，因为当时这仍然属于内部消息。直到中午那会儿，诺基亚的新闻发言人才告诉摄影师他的拍摄对象之一已经离世。

"我们的董事长卡利·凯拉莫是于周日清晨在家中因'中风'而突然离世的。虽然他的去世令人悲痛，但是我们仍然要继续正常工作。"这则令人不快的消息在经过总裁西莫·沃里莱赫托的批准之后，便被发布给了所有诺基亚员工。然而，芬兰的权威报刊《赫尔辛基日报》却决定发布卡利·凯拉莫自杀身亡的新闻。如今这幕私人悲剧已经开始广为人知。

我坐在摄影师的镜头前，身穿一件深色西装，配戴着一条暗色系领带。我看上去要比往常更加严肃，皮肤呈灰白色，然而这确实是在拍摄我的半身照，因为拍摄是已经被定好了的。这是我又一次尽力完成被交付给我的任务。然而，在我深色的西装和灰白色的皮肤之下，我却仅仅在尝试让自己保持平静。照片后来被刊登在了该法国杂志上，照片中的我看上去是在微笑。我至今仍不明白当时自己是怎么挤出一个笑容来的。

我和卡利·凯拉莫一起共事了不到四年时间，他的能量和活力使诺基亚成为了一家特别的公司，其吸引来了许多有才华的人。从长远看来，也正是由凯拉莫领入公司的那些人将这家公司变成了它后来成为的那样。

然而在任何意义上，凯拉莫都无法称得上一位商业领袖或工业领袖。他是那种能够自如地领导政治团体的领导者，或者是那种会成为芬兰总统或某个国际组织领袖的人。他懂得如何团结群众，以及如何激励和鼓舞他们。卡利·凯拉莫是一位伟大的领导者，他将自己全身心地投入在重要的事务中，并且有始有终。他对诺基亚在欧洲的发展有一个设想，虽然其并未能被真正地付诸实践，但他的这种设想确实是明确无误的。凯拉莫相信高科技的全球化与专业化的发展趋势，这在20世纪80年代的芬兰是十分罕见的。

凯拉莫的这种传承对诺基亚在20世纪90年代成为全球化公司起到了很大的作用。当他过世时，我们这代人就必须要肩负起公司的巨大责任。我们的展望要比老一辈人更具有国际性，但是我们却仍然缺乏相关经验。我几乎完全不会允许那些毫无经验的人去对重大问题进行决策，但当时我们必须如此。

一位优秀的领导者至少需要具有三种品质：胜任力、意志力和努力工作的意愿，这些卡利·凯拉莫统统具备。我没有参加他的葬礼，因为那是个私人场合，但是我听说那天发生了一场暴风雪，为那些哀悼者们的汽车覆上了厚厚的雪层，大风会将人们的帽子刮跑，而人们几乎无法行走。由于暴风雪的威力，整个教堂变得无比昏暗。而卡利·凯拉莫则引发了芬兰商界的一场暴风雪。

准备领导公司

在卡利莫去世后，西莫·沃里莱赫托接任了董事长一职。于是，带领诺基亚走过其史上最艰难时期的这一重任便落在了他的肩膀上。经济衰退仅仅是个开始，而诺基亚那好高骛远的收购项目已经威胁到了公司的存亡。沃里莱赫托对诺基亚进行了一次残忍的改组，这仅仅是为了确保公司能够存活。

诺基亚最高领导人的突然离世给这个公司的员工留下了深刻的印记。在沃里莱赫托掌权的三年中，这件事从未被遗忘过。凯拉莫的自杀决定就像压在会议室里的一头大象，每个人都对这一残酷的事实心照不宣。沃里莱赫托的职位本身更时时在提醒着这件事的发生。

自杀归根结底是一种个人悲剧，董事长或总裁的工作可谓是世界上最孤独的工作之一，直到我也有了这种经历时，我才得以感同身受。当然，凯拉莫在诺基亚的日常工作确实与我们相距甚远，但是这并不会阻止我们扪心自问：我们曾发现过什么迹象吗？我们是否能做些什么？

我如今常常会与我的同事讨论这件事，他们中的许多人认为公司的氛围在1992年或1993年左右的某个时候已经开始好转。从那以后，诺基亚便拥有了一个全新的管理团队，其与凯拉莫的时期已不再有什么关联。或许，诺基亚的更新换代也体现了公司强大的内部文化。因为对一个弱小的公司而言，在一位魅力非凡的董事长自杀后公司很可能会迷失方向。

20世纪80年代末，我在诺基亚财务部执行日常议程的时光里，目睹了一些公司被收购后又被出售，而我在管理和组织流程中仍有大量要做的事。20世纪80年代，那些抱负远大的人会通过管理利润的核心部门和工厂来确保他们作出正确的选择。财务部是必不可少的，但并不有趣。那些不进行制造、销售或投资的部门或许会发展兴旺，但是这并不会让人感到兴奋。

当我成为财务总监时，我就决定做出些改变。我希望自己部门的员工能够重视他们的工作，我希望那些最有潜力的人来此工作。后来，我曾尝试在诺基亚内部以及诺基亚以外更好的地方帮助这些人推动他们的事业。在花旗银行时，我曾管理着几个金融专家团队。而在那之前，我则毫无领导经验可言。对我而言，财务部的工作是我所从事第一个真正的管理职位，有25个人要听命于我。当我在诺基亚财务部的任职结束之后，我则负责管理着2000个人。再过六年，我所管理的人数将达到50,000。

领导力在很大程度上而言意味着交流沟通，而一个人所使用的方法和渠道又在很大程度上取决于其所管理的人员数量。如果你有着很多下属，那么你就得考虑如何才能确保将你的信息传达给组织中的每个人。在财务部，我能够直接告诉每个人我自己的想法，他们也能够直接向我进行反馈。但是如果是50,000个人，这种方法就行不通了。因此交流必须要明确清楚并且得经过仔细计划。这便是总裁最重要的任务：不断地沟通再沟通。第二重要的任务是人事政策：总裁常常是公司里最高级别的人事管理者。这两样事情绝不能委派给其他人去做。

正是因为这两件事，我才想要开始担任诺基亚的财务总监的。我向员工们说明他们被寄予了很大的期望，同时良好的成绩也将会受到嘉奖。我在新的职位上安排了新人，我的许多任命都令人吃惊，并且在公司内部引发了大量讨论。我开始是在诺基亚财务部激起了一片哗然，后来在诺基亚的移动电话部门则更甚，并且当我担任诺基亚总裁时仍然遵循着相同的政策。

无论他们产生的是惊讶还是讨论，我都会从中得到享受。我深深地相信为了保持生机和活力，一个组织必须要经历定期的动荡。那些优秀的人应当被交付大量的责任和权力，或许要比他们最疯狂的想象还要多三倍。那些尽了最大努力的人不应当因为偶然的错误而受到惩罚，但是他们必须要从中接受教训。每个失败和错误中都包含着大量能够学习的信息，这些都是公司本来很可能因之获利的方面。并非人人都喜欢我这种定期让组织颠来倒去的非常规习惯，然而对我而言，这却是进行领导的一种手段。这能够使得尽可能多的人尽量充分施展他们的技能，并学习到许多新的知识。新的任务应当实实在在是新的，个人的学习过程会使整个公司得以充实，但是受益更多的还是这些人自己。

当我成为财务总监时，我对此还毫不了解，很多事情是我在很久以后才懂得的。我在招聘和任命员工时偶尔也会犯错，但我会尽量从中吸取经验教训。在财务部，我希望尽我所能使员工为诺基亚尽最大的力。出于节省开支的需要，我没办法再招募新人，但是我却策划出了其他方式来提高我们的效率。我决定为部门的每位员工配备一台家用计算机，费用由公司支付。这样一来，我们便不必再受常规工作时间的严格约束，那些希望提前下班去照顾孩子的家长们可以晚些时候再继续工作。在那段时间，远程工作的观念几乎还没有被发明，因此我的部门着实是走在了时代的前面。

我还开始对诺基亚财务管理的其他方面进行转变。我和我的同事卡瑞·哈维斯托（Kari Haavisto）一起说服了诺基亚采用国际会计的IAS准则。那时这还是一个存有疑义的标准，我们同事之间会经常出现对其进行验证的情况。从那时起，我们便一致认为诺基亚将真正成为一家国际化公司。我们必须要遵守国际会计准则，这样国际投资者如果希望查看我们的账目并将其和其他公司进行对比的话便不会有问题。守旧派们对此有些恐惧，但是卡利·凯拉莫对此却抱有着热忱。可能是出于某些难以解释的直觉，他总会拥护那些国际化的选择，只要诺基亚能够如此选择的话。

我从没有支持过保守派，这些人跻身于官僚机构和许多大型企业的董事会中，他们相信每个微小的变动都会威胁到整个公司的物资财产，或许更确切而言是他们自己贪图安逸的生活。实际上，他们常常把一切组织得相当井井有条，以致相比于为公司效力，似乎公司才是他们的服务者。

和这些人开会很容易令我发怒，他们根本无法理解如果公司进行某些革新时，他们自己也是会学到新东西的。每个公司都会有一些不愿妥协的股东，他们会竭尽全力阻止每个改变或革新。通过采用国际会计准则，我希望诺基亚上升为一种联合企业，并且开始学着以新的方式进行思考。

我还发动了一些其他的变革，其迅速带来了可观的财务成果。诺基亚的传统体系是将资金分配给有业务往来的所有银行，作为一名前任银行家，我则决定让银行来竞争我们这个传统体系，因此便可以为诺基亚节省开销。我们创建了一个有着严格金融管控的体系，公司的不同部门需要借此来接收总部的命令。通过这种方式，我们使诺基亚避免了其在20世纪80年代美元崩溃时所遭受的那种重复的外汇损失。

我们在日内瓦建立了金融公司，其作用在于控制诺基亚的所有现金流。这是种新的想法，虽然会削弱诺基亚业务单元的权力，但是同时也会使事情得到简化。这正是在改组公司时值得推崇的那种理念。毫无疑问地，这种观念迎来了强烈的反对之声，业务分部们认为诺基亚总部正在将权力集于一身，他们再也不能自由地用自己的资金进行出借或投资。然而，正是这种自由性才使得诺基亚向其银行企业们付出了高昂的资金。我希望限制这种自由，以便为诺基亚维持稳定的现金流。我们十分仔细地斟酌过自己的计划，而我们又一次赢得了卡利·凯拉莫的支持，于是整个公司的财务管理被转移到了日内瓦。

与此同时，我们开始关注自己和主要银行企业之间的业务关系。我们采取了净额原则，即考虑每笔外汇交易的净效应。由此，只要当天另一个账户有盈余，我们便不再会因为处于财政赤字而需要向银行支付利息。诺基亚所有的现金交易变得简单而集中。我们在财务部建立了一个全新的诺基亚，国际化且运营良好，对国际投资者的报告清楚明了。

新的做事方式需要召集新的人员来进行。我迅速地把财务部的员工想了一遍，因为我希望找到最杰出的人。而我一步一步地实现了我的目标。当康培凯加入我们时，其他的候选人也并没有逊色多少。我希望我的候选人们在我的部门之外继续沿着他们的轨迹运行。当我转到诺基亚的新部门时，康培凯被提升成为了财务总监。这个职位对他而言就像副合适的手套。

我曾频繁地向财务部的员工传授在诺基亚终身学习、迎接新的挑战和机遇的理念。皮伊·考提莱农（Pii Kotilainen）便是一位杰出的典范。她在几年前加入了我们，那时她25岁担任一名公司交易员。我将她安排在了我们交易厅的小隔间里，大概有两三个人和她一起工作。然而，那里却是我们的业务核心区，一个能够使我们学习货币市场业务的地方。我会给公司交易员打电话并向他们咨询问题，而这常常会妨碍到他们的工作以致他们会极不情愿回答我的问题。皮伊也是他们当中的一员，她后来告诉我说，我总是会在她最不希望受打扰的时候打电话给她。

当皮伊在财务部工作的第八个年头结束时，我把她叫到了总裁的办公室。她肯定会以为这是由于诺基亚的外汇头寸已经倾塌，她的交易已经失败，或者出于某些其他的原因致使是时候作出最后的清算了。但是她却大错特错了。当她在那张深棕色的沙发上坐下时，我便问她还打算继续在财务部待多久。我建议她去担任整个诺基亚的培训部门领导人，而她当时那喜出望外的神情实在值得一看。她对人事事务毫无经验可言，但是她却是那种有能力学习新事物的典型。她成为了那些从财务部转到其他工作部门去迎接新挑战的许多人当中的一员，这正是我的目标，而我则为自己的目标得以实现而感到愉快。

财务总监亲临工厂

在1990年以前，我一直都是一名金融家。我管控着公司的资本运营，并且兼顾着投资者、金融业务和公司总部，此外我还负责着战略规划。我在船桥上居高临下地对诺基亚进行着监管，但是我对甲板之下究竟发生着什么则实在不是很了解。关于公司是如何进行发展、生产或销售产品的，我也是知之甚少。新任总裁西莫·沃里莱赫托当时正试图停止诺基亚漂浮不定的状态，希望将其重新引入正轨。他和凯拉莫有着截然不同的领导风格：谨慎、现实且严厉顽固。他试图简化我们的公司管理，例如他废除了被他视为毫无意义的内部委员会。

1990年1月的一个夜晚，沃里莱赫托打电话到我家里，问我是否愿意管理诺基亚的移动电话业务部。他当时绝对不会想到我能当场作出决定，因为当我不断重复着他的问题，以防自己理解错误，我所做的绝不仅仅是对那片混乱理清头绪。然而我却当即告诉他我愿意担任此职。

移动电话业务部先前是由安提·拉杰罗斯管理经营的，这个人曾一度是诺基亚的另一位冉冉升起的明星，并且是公司下一任总裁的强力候选人。然而，拉杰罗斯却和沃里莱赫托产生了激烈的冲突。他在1990年2月离开了诺基亚，那时凯利·伊索卡利欧（Kalle Isokallio）因沃里莱赫托的举荐而被提升为诺基亚的二把手。1990年4月，诺基亚监事会选择了伊索卡利欧作为诺基亚的总裁。该提议是由副主席亚可·莱斯拉作出的，这是由于主席米卡·提沃拉是伊索卡利欧的岳父，他可能会被认为是与利益相关联的人。

虽然我曾在诺基亚的总部待过一阵，但是对移动电话业务部还是不太了解。我曾被安排去主持一个工作小组，任务是对诺基亚的电视机制造和移动电话制造进行合理化的调整。我们大概花了五个月的时间来致力于这项工作，提出了一些改组建议和提高生产力的方法。

诺基亚移动电话的生产区位于芬兰西南部的萨罗和韩国，选择萨罗是有着历史性的原因的。萨罗长久以来一直是芬兰电子业的核心区，萨罗拉是当地一家制造电视机的主导公司。诺基亚曾在1979年与萨罗拉共同成立了合资企业，其名称是摩比拉。我们萨罗工厂的理念与赫尔辛基总部是截然不同的，在赫尔辛基我们在谋求真正控制电视机产业的方法。我们规划着节省开销和新的目标，但是这些似乎却从未实现过。当总部的来访者离开萨罗工厂而返回赫尔辛基时，一切便都恢复到了原来的状态，或者说是总部人来访前的样子。我认为这位新任总裁希望有人来对萨罗进行整顿。

诺基亚从20世纪70年代起就开始生产移动电话了，其业务在20世纪80年代达到了巅峰状态，在世界市场中，诺基亚-摩比拉占据了13%的份额。诺基亚在美国曾一度相当成功，其产品在那里以"坦迪"的品牌进行出售。但是到了20世纪80年代末，摩托罗拉开始控制了市场。在1990年时，摩托罗拉的市场占有率已经达到了22%，而诺基亚却仅仅为10%。因此，我们必须得在移动电话市场上进行一番抗争，这是再清楚不过的事了。

1988年，摩托罗拉提起了一场复杂而耗时的专利侵权案件，其目的似乎在于阻止诺基亚进入美国市场，而他们则使用了一种十分典型的方法。1989年12月，正值我刚开始接管移动电话业务部的时候，我们解决了纠纷，并且需要支付一笔重大的损失赔偿。赔偿总额超过了1000万美元，这在当时着实令人烦忧。相比于在当今牵涉这类纠纷的案件，这笔数额似乎仅仅只是个零头但是在当时这的确是一笔不菲的数目，尤其是相对于移动电话业务部的规模和盈利而言更是如此。这个事件使我们对摩托罗拉开始怀有不友好的情感。

摩托罗拉的妄自尊大是有着相当充足的理由的。他们有着优秀的产品研发实力、良好的品牌以及必要的资金，而诺基亚在当时却还没有形成品牌。诺基亚商标有着深远的历史，一直能够追溯至19世纪90年代初期，但是这和移动电话却没有什么关系。在20世纪80年代末，诺基亚已经拥有了7家电视机制造企业和2家移动电话企业，而在所有的国家商标中，却没有一个是诺基亚。我们必须为此做些什么。

我对移动电话业务部的接管，意味着我开始肩负起了一个从1987至1989三年中连续亏损的小型业务单元。1990年，移动电话业务部的份额仅仅占到公司总营业额的10%。到了21世纪，诺基亚的移动电话业务似乎开始有了起色，因为有了一群充满激情和智慧、专业化以及天资聪慧的人。但是其整体上仍缺乏系统化或者说是缺乏效率。在这个业务单元内，无论是产品研发还是产品制造都存在着连续不断的问题。我的工作便在于确定移动电话是否能成为一个具有盈利性的高生产力的业务。

在芬兰社会的深处一直都潜伏着一种对重工业的信仰，几乎没人会相信移动电话的价值，甚至在诺基亚内部亦是如此。许多人都相信移动电话就如同电视机，只有日本人才有能力从这种产品的生产中获利。

我从赫尔辛基朝着西海岸开了70英里的路程来到萨罗。芬兰乡村的道路蜿蜒曲折，有树林、田野、河流和繁荣的农舍景观。在这段一小时长的旅程中有足够的时间让人思考，但是我也得专注于驾驶，因为在这条狭窄的道路上交通十分拥挤，而这令我感到很不自在。不久后一些艰难的决定将要被作出，那绝不会是工厂的员工们所乐意听到的。即使在那个时候，诺基亚的工厂也仍然是萨罗那个小城镇中最大的工厂之一。盒形的建筑里容纳了迷宫一般的生产线，这绝非最有效的设计方式，甚至就像根本没有设计过一样。

我被任命为移动电话业务部经理的这一消息无疑会使萨罗的员工们担心发生最坏的情况。我是三年以来的第四位经理，假如我要是萨罗的一名员工，我绝对会在一听说财务总监约玛·奥利拉已成为新的负责人时就马上去另谋他职。

对我而言，工厂是奇怪而神秘的，尽管我父亲曾在工业领域工作过。当我还是个男孩时，我已经向全世界许诺自己将来绝对不会进入工厂工作。在我上学以后，我却在工厂度过了一个暑假，但自此之后的二十多年间，我与工业生产则再也未曾产生过任何瓜葛。而如今，我也只是顺势而为。我是一名39岁的特许工程师、经济学家、银行家以及前任财务总监，而如今却必须得学习如何进行产品的研发、制造以及销售。要是我不学的话，我在诺基亚就不会再有什么前途可言了。

人们曾一度对诺基亚高管层关于此次任命的动机持有怀疑态度，而他们并没有直接地表露出来。没有人说三道四，也没有任何抗议的迹象。然而，这种情况却更加危险。因为所有人都采取了深沉而冷冰冰的沉默方式来表达。芬兰人的沉默是相当有名的，甚至是臭名远扬的，但是这却远不及诺基亚人的那种缄默。当我首次在工厂的这群员工面前讲话时，你甚至能听到羽毛坠落的声音。他们全低头盯着地面，既不提出任何问题也没有任何评论。但是这种恐惧感是很容易感知到的，它相当真实、强烈且难以抗拒，以致我感到整个工厂很可能在瞬间化为乌有，就像星星因自身的坠落而形成黑洞那样。

我将他们召集到自己所能找到的一间最大的房间里来开会，我不断地讲话并且越讲越多。我使用了自己能想到的每一个积极乐观的词语，我告诉他们这个群体需被整顿并进行发展，我对诺基亚的失败直言不讳，并且承认这家公司确实将该业务区经营得十分糟糕。"绝对不会有公司需要在三年内四次更换经理。"我说道。但是所有这些并未能使那些员工们——我的员工们得到宽慰。于是我开始继续在这片阴沉的沉默中讲话。

"从今天起，我们便能够展望一个繁荣而迷人的未来了。而现在，我们必须卷起袖子准备干活。"我以此结束了我的演讲。我对员工们所说的那些内容句句发自内心，但是我并不能作出任何承诺。因为一切仍然有可能变糟。摩托罗拉或许会直接接管那些市场的遗留问题。业务的缺失或许会导致我们生产力的坍塌，或者也可以将一切归咎于营销错误。诺基亚还可以决定停止那种毫无指望的耗资补救措施，因为倘若有人能了解诺基亚当时的财务状况，这个人毫无疑问地便是前任财务总监——我。

我从底层工厂区来到了我那位于楼房顶层的办公室，我向外望见了一片芬兰西部的风景地貌以及那些在20世纪70年代建于田野之上的楼宇。春天的太阳散发着意气风发的澄明光线，当我全神贯注地开始对付我的新工作时，我的手指也随之在办公桌上敲了起来。我简单地考虑了一下我离开总部的决定是否是个错误，然后我从心底发出了深深的叹息声，但是我很高兴当时没人在场。

在诺基亚的移动电话业务部里，当然也会包含不同的职能部门。其中最重要的是产品研发部、生产部、营销部以及人力资源部。现在要做的便是让诺基亚的新产品优于其竞争者的产品，并且我们必须要比我们的竞争者更有效地进行生产。整个业务部必须要变得国际化。当我来到萨罗时，其工厂里所使用的主要语言还是芬兰语。

另外，我们还必须要创建一个品牌，一个诺基亚的专属品牌。为了在这方面取得成功，我需要为自己的团队寻求到最优秀的人才。马蒂·阿拉胡赫塔是一位才华卓越且分析能力极强的年轻经理，他将要来此监管产品研发部。在诺基亚所有重要的领导者中，我是最先了解到马蒂的。我们曾在同一个时期于瓦萨高中学习，但是马蒂要比我低几级，并且我对他也仅仅略知一二。

我再次见到马蒂是在1985年，那时我刚刚加入诺基亚。这是一次令人愉快的重逢。他那时在诺基亚的电信组工作，并且在20世纪80年代中期被提拔为专用网络业务部的领导，该业务部是从摩比拉分离出来的。马蒂在诺基亚最初担任的是一名研发工程师，这份工作在他1975年从理工大学毕业以前就已经开始了。他曾进行过事业的横向发展，并在1982年至1984年间担任兰克施乐的销售总监，但是后来又重新回到了诺基亚。

马蒂已经成为了一名极其可靠并且以结果为导向的管理者。你可以将他安排在任何场合中，而他那分析型的理性思维则全然不会令他产生丝毫慌乱。他会将一名研发人员和一位商业领袖最优秀的特质进行结合，并且他的那份沉着也绝不会令你沮丧。马蒂于1993年加入了诺基亚理事会，并且一直持续到了2004年。2005年，他去了通力公司担任总裁。

当我开始在移动电话业务部处理事务时，马蒂正在瑞士洛桑国际管理学院（IMD）完成他的毕业论文，该学院是一所世界一流的商业学校。我们已经达成了原则性协定，即他将会成为我在移动电话业务部的副手。但是，诺基亚的电信部总经理萨卡瑞·萨尔米农（Sakari Salminen）却不情愿让马蒂离开，因为他一直以来都在培训着这位电信部的指定接班人。

在我转到移动电话业务之后，我便注意到从总部得到的支持要比当初协定许诺的少得多。有一天，诺基亚的那位一向幽默感良好的怪人凯利·伊索卡利欧把我叫到了他的办公室，他在那里焦虑不安地踱着步，并且旁敲侧击地东拉西扯了很久才进入正题。他并没有使用任何伊索卡利欧式的俏皮话。"目前的事态已经如此，你不得不靠自己去处理它们。"他最后终于讲出了这句话。他没有表示抱歉，并且对食言避而不谈，也没有提供任何其他支持的意思。我感到了深深的背叛感。然而，我却控制了我的情感。我决定卷起袖子开始干活，并且会尽我最大的努力与那个将我一把推开的伊索卡利欧合作。

我将自己在萨罗所找到那些年轻而具有天赋的人才紧紧抓住，他们将会成为诺基亚在90年代的成功史中的关键角色。卡杰·林登（Kaj Linden）将会负责管理产品研发部。由于GSM——全国移动通信系统（Global System for Mobile Communications）项目已经四分五裂，因此我便委任了雷舟·帕加浓（Reijo Paajanen）负责对该项目进行调整解决。马库·阿拉萨里（Markku

Alasaari）则悄悄地从电信部来到这里负责管理生产制造部。另外，我还为董事会带去了一位沉默寡言的秃顶男人，他戴着一副眼镜，33岁时作为一名商科学生从赫尔辛基经济学院毕业，他在1984年进入诺基亚以前一直都在该学院中担任研究员。如今他负责管理诺基亚的美国生产部，他的名字叫作佩卡·阿拉–佩蒂拉。

佩卡·阿拉–佩蒂拉来自于赫尔辛基北部的一个小城镇，他出生于一个企业者之家，并且见证了早期商业界的欢乐哀愁。他的祖父是芬兰最大湖泊上的一名木材运输工，他的父亲为芬兰进口医疗用品。佩卡生活得动荡起伏，他坚信一个小商人在大企业中的职业生涯要比在小企业中更好，于是他来到了诺基亚并一直留在这里。他起初是销售诺基亚的计算机系统，但是移动电话是一种全新的领域，像其吸引诺基亚里那些具有前瞻性视野的人们那样，这个领域也同样吸引着佩卡。

在移动电话业务部里（其后来被称为摩比拉）佩卡很快就遇到了新的挑战。他会尽可能地去新的市场进行学习参观，并且会远行至后皮诺切特时期的智利以及当时仍暴乱频发的阿根廷。佩卡总是能够在商讨时进行冷静的分析。当我用拳头捶打书桌，极不耐烦地强烈要求立即给出每样结果时，佩卡则表现得像芬兰的湖面那样平静。一块石头或许会打破水面的平静，但是一旦波纹散开，湖面马上就再次恢复了平和与宁静。

佩卡是一位理性的分析型管理者，我们在一起工作得相当融洽，这是因为我们彼此之间虽然有着截然不同的个性，但是我们都十分尊重对方。佩卡的处事方式更具有哲学思维，而我却总是在关注于实际的成果，我需要在短时间内看到效果。我们因渴望取得成就的共同目标和确定的思维观念而团结一致，佩卡的分析并非是最快的，但是却总能一针见血。在会议上，其他人会先于佩卡发表他们的看法，但是事情最终还是依赖佩卡认为的方式实施。

严肃对待生产

在诺基亚，似乎没有人会对生产感兴趣。至少可以确定的是，诺基亚的高层人士似乎对此毫无兴趣。这些人仅仅会在开设新生产线的时候在照相机的镜头前露一会儿脸。生产在某种程度上意味着脏乱，那仅仅是一些无须花费过多精力的体力劳动，其根本没有什么含金量可言。你几乎不可能让新闻媒体对生产线的重新布置或新机器的购买产生兴趣，商务编辑们根本不会在乎你对他们所谈的那些生产细节，他们不想了解这些。消费者们对那些使他们的电话得以工作的制造过程也不会感兴趣，如果电话无法正常工作，也没有人会与厂家进行联系。那么之后，遭殃的便成了董事长或销售总监，而不会是生产部经理。

像我一贯所做的那样，我首先是通过阅读来了解生产的。我会阅读一些书籍、报告以及对生产流程的描述。我阅读的时间通常是在晚上回到家后、早晨抵达办公室以后以及在诺基亚总部的周末夜晚。在萨罗的工厂，我把马库·阿拉萨里叫到了我的办公室，我请他向我解释物资计划在生产中所起的作用以及运营管理的相关知识。我了解到了一台由松下公司制造的特定机器将会对我们的生产线产生怎样的影响，并且我至今仍然能够理解这些。我希望学习生产工人们所使用的那种语言。我优秀的记忆能力此刻便派上了用场，而这在日后也将会相当有用。我发现记忆数字、名称、简称等实际生活中的方方面面对我而言都是轻而易举的事，无论我是否需要它们。

或许对我而言，在我一开始工作时就不得不劳神耗力的一件最重要的事便是三班制。在1990年的萨罗，所有工作仍然是按照单班制来进行的，因此向轮班制的转变便引起了强烈的反对。我是亲自管理着这项体制的。马库·阿拉萨里通过召开会议说明了我们所做的事以及这么做的原因。我们的竞争对手，比如摩托罗拉，就早已在他们最具生产力的工厂中实行了轮班制的工作管理。而我们也必须要提高工作效率。我和工长以及工会代表们不断地开会，这些会议的举行都是非正式的，并且十分频繁。通过耐心的讨论，我们最终在半年之内达成了进行整体变革的决定。

在萨罗，生产是十分重要的，这是因为我们必须得快速地将产品投放市场，最好是遵循一个明确的时间表，并且要比我们的竞争对手行动更快。我们还必须要设计出我们确信能够进行大规模生产的电话样式。我们的产品研发部已经向着摩托罗拉的挑战迎难而上：我们已经开发出一种具有特色的模型，这将会确保我们在那些美国竞争者中脱颖而出。这是一个杰作，但是我们却因无法进行高效的量产而难以获利。因此，我现在最重要的工作便是确保在计划阶段将生产需求的因素加以考虑。

产品研发一向都是诺基亚的优势所在。诺基亚的工程师总是以他们那些新颖的研发点子而自豪，并且能够毫无偏见地应用这些想法。在诺基亚的基因中一直混有着少量疯狂的因子，我们相信别人能做到的事情我们也一定可以。这对诺基亚而言从来就不是什么太大的挑战。出于某种原因，也正是由于这样一种个性才使我们在工厂里完全陷入困境。当摩托罗拉宣布其新研发的模型时，诺基亚的工程师们全都到场了。我们试图在半年内作出回击，但是由于我们的生产线不达标，从而使我们在泥沼里甚至陷得更深。并非所有的摩托罗拉产品都是成功的，但是他们的成就却已经足以将我们驱赶至恐惧的边缘。在一家繁荣发展的企业里，生产工人常常处于最低的级别。而在诺基亚，他们则经常被视为潜在的产品研发人员。因此，当高管层开始严肃对待生产问题时，确实产生了立竿见影的效果。

我每个月会去一次厂区楼层，那时生产线会停工。我将所有的员工召集在一起听我讲话，尝试尽可能坦诚而直接地向他们说明整个公司的运营状况以及其当时在萨罗的行业形势。我倾听着他们的抱怨，并且会认真考虑他们的建议。甚至在我成为了总裁和董事长以后，我仍继续进行着我的工厂访问。其关键在于去发展和当地工厂员工之间的信任关系。萨罗工厂的员工领导丽尔佳·拉科索（Lilja Laakso）为我们提供了很多支持，在工厂不断成长的过程中以及开始进行变革时，她那种严谨但合理的处事方式解决了许多问题。

我在1990年8月迎来了我的40岁。我在埃斯波的家中举办了一场派对。那是个离芬兰不远的城市。我当时感到相当愉快。而我的妻子丽萨却一直在抱怨诺基亚侵占了我太多的时间，但是我们还是举起了盛满香槟的酒杯，相互庆祝这个重要的日子。

我觉得自己似乎在新工作中取得了成功。因为人们已经重拾了信心，公司的管理又处于了良好的状态。产品研发部和生产部门彼此之间已经在保持着一致的步调。我每周会有几天开车前往萨罗，在旅途中，我有时间充分地考虑我如何才能使公司的运营更上一个台阶。我看上去一定是令人嫉妒的，甚至几乎是种荒谬的胜任，我向我的员工们宣传自己在出发前往萨罗之前会在早晨七点打网球，而这些则会令他们惭愧不已。

我们需要在萨罗发展得更快一些，因为摩托罗拉一直还领先于我们。我们在1991年3月对英国公司Technophone的收购给我们带来了极大的推动。Technophone是美国车载电话市场中一家实力强大的公司，因此我们悄悄地将这辆坦克开进了摩托罗拉的前院草坪。在过去的许多年中，消费者所购买的都是Technophone品牌旗下的电话，直到1995年，我们才开始在美国销售诺基亚的电话。

对Technophone的收购是诺基亚所进行的众多重要交易之一。相关的讨论是从1990年开始的。这家公司的注册地在英国，但是其创始人尼尔斯·马泰恩森（Nils Mårtenson）却是一名瑞典人。于是我再次叫来了我的瑞典朋友佩尔·卡尔森，他曾帮我销售过我们的软纸巾业务部。佩尔已经在1990年10月参观过我们的萨罗工厂，此次参观之后，佩尔召集我和卡瑞-佩卡·威尔斯卡（Kari-Pekka Wilska）在斯德歌尔摩与Technophone的业主们召开了一次会议。这次讨论进行得十分艰难而缓慢，到了晚上的某个时候，佩尔以他那种彬彬有礼的方式说道，他本来十分高兴继续这次绅士们的讨论，但是那个晚上他恰好得去意大利参加一场由软纸巾公司J A Mont的新董事会所举行的会议。于是这次讨论被延长了36小时，但是当它再次启动时，我们便迅速达成了协议。

我们还要联系诺基亚的高管以及董事会，通知他们这个收购Technophone的喜讯。佩尔·卡尔森和我去找凯利·伊索卡利欧进行探讨，收购的价格是2.38亿马克。伊索卡利欧盯着计算器看了一会儿，"好吧，"伊索卡利欧说道，"约玛已经尽了最大的努力去为诺基亚争取。因此他完全有权力支付这笔资金。"于是交易被接受了。

通过收购Technophone，诺基亚在美国市场中便赢得了更加有利的地位：更大的市场占有率、上升的营业额以及一个强大的移动电话品牌。我们在后来会发现，除此之外我们还承担了什么。Technophone的生产力是一流的，因为在他们的背后有一个人：弗兰克·麦戈文（Frank McGovern），他曾为Technophone的股东们赚取了数百万美元的利润。这位矮壮而活跃的苏格兰工程师懂得如何组织生产线和工作模式，以便能够以世界级的效率制造移动电话。他并非营销人员也不是产品研发人员，但是他却懂得如何最有效地来经营一个工厂。

我们的另一个飞跃是工作语言转为了英语。当我们完成对英国公司Technophone的收购时，我们的中层管理人员就必须要学习一种新的语言和新的文化。在一个小城镇的工厂里，这是种重大的改变，即使市场一直以来都是国际化的。我们会用英语准备演讲，练习着英语的思维方式，以及会尝试弄明白我们那些讲英语的客户们是怎么想的。

在萨罗，由我那些前辈们所举行的会议总是会进行很长时间。管理者们会花上几天时间对策略进行苦思冥想。而我则需要一个有序高效的管理团队，其中的成员需要勇于为他们各自所经营的区域负责。我希望能够知人善任，从而人尽其才、物尽其用。除了生产之外，我还希望关注于人事。

对于重要的工作，我希望寻找那些能够散发出沉静的领袖魅力的人。我这么说并非意味着莽撞、傲慢或以自我为中心，而是某种能够在不知不觉中赢得人心的无形品质。另外，这类人还需具有强烈的道德感、远大的视野以及很强的思考能力。

很少有欧洲公司会存在这样的情况，即那种年轻而缺乏经验的管理者能够迅速被提升至如同诺基亚在20世纪90年代中的那些要职。我们在芬兰的员工之间都维系着一种健康的相互尊重。我曾使用一台高架式投影仪向我们的管理团队放映过一部将我们和摩托罗拉相互对比的幻灯片，并且宣称我们将会在未来成为活力四射的赢家，我们一定会击败摩托罗拉。于是我们这些人便开始开诚布公地谈论着我们的战略和目标。

我希望我的每一位员工都能够理解真实的情况，我们不会自欺欺人地认为人人都会成为我们目标的虔诚信徒。有时甚至连我自己都会产生怀疑，但幸运的事确实开始发生了。我们正将产品投入市场，而这最终将会促使我们成为一个不可被小看的竞争者。而首先发展起来的便是诺基亚的移动电话。

移动电话的奇迹

在1991年，我们的最大问题是研发出一种能够帮助我们提升全球市场占有率的手机。我们希望生产出一种轻巧实用并且能够随身携带的移动电话。要是它的外形美观并且易于使用的话，那就更好不过了。在这一年年初，我们还没有开发出这种手机。但是如果公司想要存活，那么我们就必须得在来年一月之前研发出一种新型手机。每一位员工此时都相当清楚，公司的成败将会在此一举。

一种新颖而优秀的产品并非是一夜之间就能造就而成的，即使为之花上十二个月的时间也很难说。在产品研发的背后，还需要许多人历经多年来完成设计和测试工作。这些人必须得为产品的研发、科技和创新而倾注心血。为此，他们则需要接受正确的培训，以将未经雕琢的天赋转化为真正的才干。幸运的是，芬兰恰恰具备着这类人才和良好的技术教育基础。

天资当然属于一种个人财富，但是其在一个必须在给定时间内迎接艰巨挑战的团队中则能得到最充分的体现。我们新型手机的故事便是一个实例，虽然这必须得在某种程度上追溯至最初的源头——实际上是大概四十多年以前，以及追溯至位于芬兰拉普兰的北极圈北部的麦尔陶斯（Meltaus）村庄，其与赫尔辛基相距600多英里。这座村庄里有一所学校、一个图书馆、一些商店和一家银行。两条河流贯穿村庄，这很可能是远古时期的人们栖息于此的原因。那里的居民靠农业、渔业和旅游业为生。夏天，阳光会昼夜不停地照耀着。而在冬天，白天则变得相当短——太阳仅仅在地平线上闪着微光。麦尔陶斯寒冷而阴暗，许多人都认为那是个沉闷的地方。

在20世纪70年代，麦尔陶斯的图书馆就是它的文化中心。那时有一个十岁的男孩天天都会跑去那里，贪婪地汲取着他所能拿得下的每本科技图书的知识。他曾反复不断地重读那本《发明家手册》，他不会落下每一期《科技世界》杂志，直到把它们都翻烂。最后，他终于读完了麦尔陶斯图书馆中的所有书籍，至少是所有那些工具书。

这个男孩的父亲在他三岁时就去世了，而他的母亲是一位教师。他最初在麦尔陶斯的小学上学，后来去了罗瓦涅米高级中学，这所学校离拉普兰的首都有将近50英里的距离。他会将电力运行中所使用的每个机器尽可能地进行拆分和重新组装。他创造了自己的蒸汽机和电吉他。在他的手中，每样工具都能充分发挥它的作用，而且他还了解每种设备和机构的机械原理。因此，对他而言，去奥卢大学进行学习是轻而易举的事。奥卢位于罗瓦涅米的南部，但是那里距赫尔辛基还是有将近400英里。在这个男孩看来，赫尔辛基、伦敦和纽约都是外面的世界。

这个年轻人在奥卢大学里很快就掌握了科技知识，他开始对移动电话产生了兴趣，因为这个领域包含了令人兴奋的新科技。奥卢大学的学生都十分热衷于这个范围不大以及可能正在成长的新领域。这个年轻人后来在诺基亚谋得了一个研究助理的职位，而在此之前，他仍然需要完成他的兵役义务。他认为人生总是充满了各种突如其来的事情。几年以前他曾尝试在诺基亚应聘一个暑期职位，但却没能实现。

这个年轻人佩蒂·科恩是诺基亚在奥鲁招纳的第十位员工。他在完成了毕业论文之后，成为了产品研发部的一名专家。他几乎将所有的时间都用在了工作上，有时他的研究团队会一直工作至凌晨两点，因为在芬兰北部，春季和夏季的夜晚一直到很晚才会天黑。他们实在无法忍受在中途中断工作。因此他们继续工作到了凌晨，因为一切都是全新而有趣的，并且其中存在着某些他们认为能够改变世界的东西。当他们停止工作以后，他们去了桑拿房，在那里进行了更多的思考，并且一大早再次开始了工作。

25岁的佩蒂·科恩浑身都透着一种专业性，虽然他是个才刚刚毕业不久的工程师。他被交予了基站的集成电路系统的设计工作，尽管他根本未曾见过移动电话网络基站的集成电路。他对工作的热情就像曾经的那个小男孩制造他自己的电吉他和蒸汽机那样。

佩蒂·科恩并不清楚他正在解决一个不可能的问题，直到后来元器件制造商告诉他，他正在研究的那个难题是根本无法解决时，他才了解到这一点。而佩蒂·科恩提供的解决办法却最终应用在了生产中，并且一直延续了十年之久。缘于佩蒂·科恩设计的这种集成电路，我们得以在世界的各个角落接收到电话，并且信号稳定而可靠。

首个项目的成功对佩蒂·科恩和他的团队而言都是一次重要的经验，并且这也说明了一个简单的真理：一切皆有可能。人类是唯一会自设牢笼的动物。一旦有人宣称某事毫无可能，那么人们很可能就都会这样认为。佩蒂·科恩则体现了诺基亚在20世纪90年代的核心价值观，我们会去做不可能的事情。我们决定改变历史的走向，并且去挑战那些对我们来说看似不可超越的强大对手。

1989年，佩蒂·科恩遇见一个大多数人认为不可战胜的对手。他手里拿着摩托罗拉的新机型，那是当时的首个翻盖手机，其覆盖在键盘上的盖体能够被轻易打开。这部手机小巧、实用而且美观。一次他独自一人在奥卢研究组里他自己的办公室中大喊道："该死！我们会超越他们的！"他那种北方方言为他的言辞中增添了某种东西，其中包含着很大的决心和许多其他的成分。"到了摩托罗拉完成他们的'铱计划（Iridium）'（一种能够覆盖全球的卫星电话计划）时，他们便能够将所有问题一举攻破了……如果我们也想在这方面有所成就的话，我们又究竟还能做些什么？"这对一个北方小伙子来说可是一项相当艰巨的任务。

之后，他将摩托罗拉的这部新奇手机进行了拆解，对其中的所有部件和电路都做了检测。他不得不承认这位强大的美国竞争对手确实制造了一款不可思议的手机。

佩蒂·科恩和他的团队决定制造出一款更佳精良的手机，其品类编号为诺基亚101。产品研发部、生产部、设计和营销部门的所有精英们都开始致力于这个产品，这将会把诺基亚创建为一个品牌。因此我们将诺基亚的整个未来都押在了这款新型手机上。

1989年1月，新型手机101的设计方案得到了一致认同，佩蒂·科恩负责整个系统的设计工作。欧洲足球锦标赛当时正在意大利举行，明星球员有阿根廷的迭戈·马拉多纳、英格兰的加里·莱因克尔以及意大利的萨尔瓦托雷·斯基拉奇。我贪婪地观看着每场比赛，生怕错过任何部分。我趁中场休息时间打电话给当时正在西班牙度假的佩蒂·科恩，我在他的留言机上留下了消息，片刻后他便打了回来。

"你愿意担任产品研发部经理吗？"我问他。

"天啊！你真的认为我能够胜任？能给我一些时间来考虑吗？"佩蒂·科恩答到。

"我当然可以给你时间。你可以一直等到这场比赛结束后再告诉我。"我说完后挂断了电话。在那以前，我只见过佩蒂·科恩一次。但是我确信他会是这项工作的最佳人选。他最终决定接受这个职位。后来，我越来越习惯以这种方式来请他承担艰巨的任务。

然而，事情并非是一帆风顺的。1990到1991年之间财务极其困难，诺基亚的现金储备在不断地流失，我们在方方面面都得节省开支。产品研发部经历了又一次的改组整顿，我们缩减了国外差旅的行程数量，新机型的研发过程在当时可谓是如履薄冰。而佩蒂·科恩似乎轻而易举地解决了这些问题。后来他告诉我，在那次命令中止了他的工作之后，他便用自己的业余时间暗自设计了一款手机。

没有什么能够阻挡佩蒂·科恩，他的目标是尽可能地制造出一款最轻巧的移动电话。他也希望这部手机的使用时间能达到普通手机的两部，而他的工程师们则再次说这是个不可能完成的挑战。他将诺基亚当前手机模型Cityman100的电路图放在显微镜下面，由此而得到了唯一可能的结论：部件的数量必须要减半。为此，工程师们感到极度绝望，并声称佩蒂·科恩一定是疯了。在一个夏季的夜晚，佩蒂·科恩和他的团队得到了灵感的启发。他们忽然意识到，应该怎样去设计手机来达到所有的要求。这就像是种宗教体验：来自天空的一道霹雳，于是问题终于被解决了。

佩蒂·科恩从承包商那里订购了一些元器件，而微电路是由意法半导体公司来制造的。佩蒂·科恩每次都轻率地作出10万或20万的大量订购，承包商则认为他的估计过高。几年以后，佩蒂·科恩收到了该承包商送给他的纪念品，因为诺基亚已经为它的移动电话订购了1000万个微型电路。

诺基亚的新型手机是在市场危机的中期发展起来的。过去我们已经将诺基亚的手机以较贵的价格成功地销售给了北欧区的消费者。车载电话和Cityman100属于我们成功的产品，但是我们还没能在制造价格更优惠的手机方面取得什么进展。我们的手机仅仅旨在面向少量的几个市场分区，我们并非一个全球化的运营商，但是我们现在一定要成为这样的企业。摩托罗拉正在美国降低它的售价，日本企业也已经来到了欧洲。松下、NEC以及其他的一批公司正在争夺本应由诺基亚来支配的市场。市场和常规的商业活动正处于极度危机中，以致诺基亚的未来也变得渺茫起来。诺基亚很可能仅仅是历史进程中的一个注脚，一家在其枯萎灭亡之前曾于短时期内制造移动电话的企业。我们都能下意识地理解这些，这给予了我们继续在危险边缘生存的力量。

微型电路或技术属性并不足以确保我们的手机能够取得成功，其还需要具备良好的外观、杰出的营销策略以及真正需要它们的买主们。这是我们第一次创造那种以世界普通民众为购买者的产品。因此，我们必须要弄明白他们真正需要的是什么。这项任务便落在了朱哈·皮诺玛（Juha Pinomaa）的肩上。他是一名年轻的产品经理，他满怀着一腔热忱去了解人们究竟希望从移动电话中得到哪些功能。

市场是否真正需要这种小型的智能机器？这是个足够恰当的时机吗？消费者们将会对这一系列不同机型的产品如何反应？客户研究调查所呈现出的那些希望和期望，我们的产品研发部门能够快速响应吗？

皮诺玛则尽了他最大的努力。他注意到当我们在设计手机时，竞争对手们已经改变了他们手机的空间结构，他们现在并没有在设备本体内部进行构建，而是将手机整体变为了可伸缩的形式。于是我们也作了快速的调整，这简直让工程师们绞尽了脑汁。但新机型最终还是具备了可伸缩式的结构，因为那正是消费者们所需要的。这么久以来，我们终于首次得以使我们的产品研发进程响应了直接的市场回馈。

我们为新产品的引入设计了六个阶段的研发过程，在每个阶段中，我们都会进行相关的评估，如果结果令人满意，那么我们便会进入下一个阶段。这是我们有史以来首次将产品研发、部件的获取和市场营销作为整体来考虑，也是首次所有人朝着一个共同的目标同心协力。

在20世纪90年代初，这对诺基亚而言是一种革新性的过程。这种逐步攻破的做事方式和思维过程是我们很多年来一直秉持的行事方法。当那些工程师们在萨罗设计我们的新手机时，他们也在使用着相同的方式。这确实是诺基亚能取得成功的最重要的因素。

一旦Technophon的交易十拿九稳，我们就需要强化我们的产品以及巩固我们在英国芬兰和其他欧洲的市场地位。在九月的一个周末，我给佩蒂·科恩打了电话。

"你是否愿意去英格兰？去完成下一个阶段的产品研发？"我问他。

"能给我一些时间考虑吗？"佩蒂·科恩回答道。我告诉他最晚明天给我答复。他接受了我提供的职位，并且自从那个九月起，佩蒂·科恩就开始负责所有与英国和芬兰运营相关的事情。在这以前，佩蒂·科恩还从未在国外工作过，并且也从来没有管理过一家工厂。他开始这些事业时是29岁，他在英格兰待了一年半的时间。之后，他负责管理全欧洲的生产，并且和他的团队一起完成了"2110手机"这个巨大的生产项目。他的工作表现出色，并且开始赢得了"诺基亚最佳问题解决者"的荣誉称号。

诺基亚品牌的诞生

我并非一位有天赋的产品研发工程师。虽然我自己不是特别具有创造性，但我尝试为我的团队引入创造力，为那些真正具有创造性的人提供机遇。我不太擅长市场营销，因此决定将这个问题交给专业人士。销售与市场营销的主管卡瑞–佩卡·威尔斯卡比任何人都能更好地管理全球的市场营销活动，但如果我们想要使诺基亚成为世界品牌，我们就仍然需要新鲜的血液。

1990年秋天，我邀请了三名最重要的员工参与一场会议。我们的团队需要更多动力，我们需要更新自我、与国际接轨，以便能够产生新的理念。我告诉他们三个人，我希望他们雇用比他们自己更具有才智的人。这些新的管理者可以在诺基亚内部产生，但最好是能从外界招募。我望着那些满脸惊诧的管理者们说道："确保他们至少在一个方面比你优秀，当然多多益善。"其中的两个人确实开始寻找"比他们更精明能干的人"。我们因此找到了安西·范乔基（Anssi Vanjoki），他辞去了3M芬兰公司的副执行官职位而来到诺基亚。

身高两米、一头金发、声如洪钟的安西在短短几分钟内便给我留下了深刻的印象。他具有将市场营销的理性方面和感性方面一起调动起来的卓越技能，他有一颗理性的分析型头脑，但也了解那些能够诱使消费者购买我们产品的因素。

出于某种原因，诺基亚中大部分的成功管理者均来自于芬兰的小城镇，且许多来自于芬兰西部。不少人具有企业家的背景，或至少来自于中产阶级家庭。许多人在上学时曾参加童子军或陆海军校。

安西·范乔基仅仅符合这些标准中的某些。他在芬兰唯一的大城市赫尔辛基成长，他父亲的整个工作生涯均是在为大众汽车的芬兰公司效力，在那里，他父亲从一名底层普通职工成为了一名总裁。安西在学校时并非尖子生，他将所有时间花在了参加童子军和打篮球上。在1981年从赫尔辛基的经济系毕业之后，安西收到了四家公司的工作聘请，他选择了3M公司。在十年期间，他已经成长为3M芬兰公司的二把手，并且还负责整个欧洲范围的工作。

1990年，安西·范乔基接到了一个猎头的电话。这个咨询顾问希望他可以见一见诺基亚的卡瑞-佩卡·威尔斯卡，以商谈可能的跳槽问题。之后安西和卡瑞-佩卡·威尔斯卡进行了会面，威尔斯卡问范乔基他怎样能使自己愤怒起来。安西·范乔基一定巧妙地应对了这个问题，因为威尔斯卡当场便决定聘用安西。

我在位于赫尔辛基中央广场上的诺基亚总部见到了安西·范乔基。我向他说明了我们现有的选择：我们要制造出某种能脱颖而出的移动电话，或者我们将自己的已有产品售罄。我自己的建议是，我们应当尝试开发出某种更具影响力的手机。范乔基似乎十分有信心，他决定在1991年初接受这项新工作。

范乔基开发了一种诺基亚生产设施的电路，他职业生涯中的每一天都在给他的团队带来新的震撼。他在我们的萨罗工厂中巡视了一番，将诺基亚的电子设备制造方法和3M公司进行了对比，结果明显令人震惊。我们出现了严重的问题：生产线的组织极为糟糕，工人们嘴里叼着烟头在一片全然的混乱中闲散地来回走动着。在满心不安的范乔基离开工厂后，便马上给他的妻子打了电话。

"我真是犯了个可怕的错误。早知道是这样一片混乱，我是决不会离开3M的。"他对着他那部和砖块再相似不过的Cityman100叹息道。

然而，安西最终决定继续留在诺基亚。他将销售和市场营销部门整顿得有模有样，而他最大的贡献则在于将诺基亚创建成了一个品牌。我请他安排一个"品牌创建之午后讨论"，一场就诺基亚如何才能被建立为一个品牌而进行的探讨会。这立刻激起了他的热情：这可是他最拿手的领域。他对每个人都充满信心，这也是我们在后来的许多年中所一直欣赏的。安西在学生时期就开始对品牌产生兴趣了，他曾研究过梅赛德斯—奔驰、万宝路和耐克这些品牌以及它们的发展史，每个品牌均是其所属领域的佼佼者。可能除了玛丽梅科之外，芬兰在当时便再也没有一个得到国际认证的品牌名称了。然而，玛丽梅科也仅仅被少数特定的消费者团体所熟知。

芬兰工业关注于对资本商品的生产，其产品所针对的群体并非是普通消费者而是企业家们。实际上，一位一流的芬兰实业家曾经说过，在芬兰绝对不值得去生产比一匹马要小的东西，或者那些能够轻易拿起的东西。造纸机器符合这些标准，而移动电话则并不符合。尽管如此，我们仍然确信推动手机的发展是值得的。如果我们无法成功地创建出一个强有力的品牌，那么我们在世界市场中便毫无未来可言了。

在我们就品牌创建进行讨论的那个下午，安西·范乔基解释说，诺基亚最好还是专注于单个的品牌名称，而不是去注册过多商标以供日后使用。有些人认为诺基亚并不具备创建自己品牌的基础，唯一的希望在于，设计并制造出承包商提供给其他制造商的那种手机，这是最容易实现的方式。令人惊讶的是，诺基亚中的很多人竟然希望这么做。若是如此的话，诺基亚最终将会沦为同当今某些国家的制造商一样，他们会匿名地为诺基亚和其他品牌生产产品。

当安西进行他的演讲时，会议上的人们都向前探起了身子。其中有许多人是出于恐惧，他们认为奥利拉和范乔基一定是疯了。诺基亚仅仅是在最近才刚从芬兰林木业中浮出水面，它就开始自以为是地憧憬着人们终将会像提起梅赛德斯–奔驰那样来谈论诺基亚。然而在真实的芬兰作风中，这些持有异议的人只会保持沉默，并且等着看我们这种妄自尊大的想法在实施之后出洋相。

研讨会结束之后，我便请安西·范乔基去规划诺基亚的首个品牌策略。他还与一些国际化的广告公司进行了公开友好的探讨。

我们最终决定，除了我们收购的那家英国移动电话公司Technophone，从此刻起我们的品牌名称就简单地确定为"诺基亚"。安西为这个决定进行了极力的争取。当决定被采纳后，安西便成了诺基亚品牌建筑的主要策略家。这个品牌具有五个层面的意义：高科技、北欧式触感、个性化、自由开放以及品质经久不衰。

然而，这部新型手机究竟该有怎样的外观？形状如何？消费者们最渴望购买的将会是哪种手机？移动电话能否是黑色以外的其他颜色？我们正处于一个事事皆有可能的世界当中，但是我们对什么将会流行还是毫无概念。可幸运的是，我们找到了弗兰克·诺沃（Frank Nuovo）。

设计师弗兰克·诺沃是从1987年起凭着他的设计作品进入诺基亚工作的，最后佩卡·阿拉-佩蒂拉找到了他。我们的新手机是弗兰克·诺沃的首个设计，之后他又设计过许多别的东西。我们十分重视设计，我们相信一部手机的外观和用户的使用体验在消费市场中是至关重要的。芬兰人一向有着良好的设计感，芬兰因建筑、玻璃制品、玛丽梅科纺织品以及其他经典的工业设计而著名。芬兰人乐在设计上下工夫，也将其视为一种自然的专业素质，这是因为设计曾在早些时候为芬兰带来过成功并使我们闻名遐迩。

弗兰克·诺沃的父母都是土生土长的意大利人，但他自己却是个出生在西海岸的美国人。他出生于加利福尼亚的蒙特利，他的到来为我们的项目带来了阳光、海风和温暖，仿佛是诞生在我们的极夜之中，那是芬兰北部的漫长冬夜，太阳会连续几周不再升起。诺沃是从西海岸上太平洋暖流的拍打中吸取灵韵的。芬兰的冰雪、阴暗和寒冷给他带来了一种文化冲击，但是他却仍然恭敬地一如既往。

我们当然并非只是为了设计而设计，我们是要通过制造出标志性的移动电话来与摩托罗拉抗衡的。幸运的是，我们市场营销组的安西·范乔基和市场营销主管杰尔基·萨尔米能（Jyrki Salminen）十分了解这场战斗的本质，他们曾目睹过摩托罗拉所制造的标志性翻盖产品已经取得了怎样的成功。我们不可能从摩托罗拉那里夺走这种产品，因此我们必须想出更新颖的方案。我们希望使消费者形成这样的观念，是诺基亚制造出了标志性的手机，诺基亚手机才是移动电话的代表。

1991年冬天，弗兰克·诺沃从温暖惬意的加利福尼亚来到了萨罗，积雪、融雪和冰层的总厚度已经没到了膝盖。他穿着他的夏季服装艰难地穿过积雪的院子来到会议室。他随身携带着一个巨大而有趣的旅行包，进来后他便把包里的所有东西统统倒在了会议室的桌子上。产品经理朱哈·皮诺玛目瞪口呆地望着他，他请其他人来看看弗兰克都带来了什么。桌上放着一片五颜六色的东西，你几乎能找到每种可能的颜色：紫罗兰色、红色、鲜绿色、白色等。它们都是些彩色的外壳，那是曾用于制造移动电话的首批彩色外壳。

意识到移动电话并非只能是黑色，是我们团队在不久之前的一次会议上萌发的想法，他们曾一起围在桌边，掏出自己的手机放在桌上。突然某个人的手机响了起来，而竟然没人知道那会是谁的手机。自此以后，我们再也不会将这么多的手机一起聚堆放置了。

"要是能够有方法将这些手机进行区分，能够分辨出你的手机是哪一部的话就好了。""啊哈。"佩卡·阿拉-佩蒂拉回应道。每个人都明白，当佩卡说"啊哈"时是在意味着某种东西。通常情况下这还会是个相当不错的想法。现在，他已经想到移动电话可以是彩色的了。

我们的市场营销人员对色彩问题进行了相当激烈的争论，而讨论不久就陷入困境。没有人清楚哪些颜色是可行的。诺沃将这些彩色模型收集起来并重新放回了他的旅行包里，安西·范乔基让朱哈·皮诺玛先选择几个样本，以供下次将于夏季在赫尔辛基举行的会议上使用。这样，讨论便得以继续进行了。很多消费者曾说过他们喜欢白色的手机，但幸运的是，我们仍然保持着警惕性。实际上，商场中早就已经出现过白色手机，但是消费者们却不愿意购买它们。我们想要吸引更多的女性消费者，但是白色手机上侵染着口红实在不属于我们的设计范围。

最后，我们的品牌创建大师安西·范乔基决定我们的新机型将会使用两种颜色：绿色和灰色。手机的背面将统一设计为炭灰色，因此我们所有的手机便可以通过替换彩色外壳的方式来在两种颜色之间进行切换。

于是一个新的纪元开始了。移动电话不再是单一的黑色，消费者是可以对其进行选择的。移动电话不再仅仅是个笨拙的通信工具，而成了一种彰显个性、体现自我的方式。自此以后，移动电话的发展将不再会和以往如出一辙。

安西·范乔基开始致力于一项革新性的市场营销运作。可是我们可用的资金不多，至少不如我们的那些竞争对手们。安西想出的最绝妙的点子之一便是购买那些最枯燥无味的金融报刊上的小广告版面，这样一来，当《华尔街时报》的读者们翻开证券交易报告时便会突然被一个奇怪的新事物所吸引：诺基亚的名称和品牌。美国的读者们对此现象早已准备好了他们的解释：又有一家残忍的日本公司开始尝试侵入美国消费者的思想了。但我们是丝毫不会受到影响的。

一家国际化的公关公司曾建议诺基亚进行一场声势浩大的广告宣传活动，以此来将他们的产品直接地展现给消费者。固执如常的安西·范乔基则是不慌不忙地将精力集中在优质传媒和最受欢迎的商业界领军传媒CNN（美国有线新闻网）上。诺基亚的广告便依赖着这种途径吸引了那些早晨刚睡醒的决策者们的眼球。安西·范乔基喜爱冒险，他已将诺基亚的那笔不算多的市场营销资金全都押在了那个"中奖号码"上。

诺基亚的市场份额开始上升，尤其是在那些高收入消费群体中。通过这些人，我们新手机的相关消息开始扩散到了那些渴望高薪的人群中。而最终的结果则是相当出色的，我们的市场占有额在所有的市场分区中均已上升。后来，这些消息则开始口口相传。自此之后，我们真正需要在市场营销方面的花费就更少了，而我们所做的这一切都是与每个广告和媒体公司的提议相悖的。

早些时候，我们的产品曾被封装在那种令人扫兴的棕色盒子中，其仅有的装饰便是那印在亮黄色衬底上的条形码。而像安西指出的那样，其他任何一个制造商的手机均是被包装得"靓丽夺目"。其他所有制造商们都先于我们明白了什么才会对消费者们行得通。

安西·范乔基对商场中的化妆品货架进行了研究，他发现了一种简单地被称为超级优质的芬兰洗发水。它的包装是一种朴素而简约的蓝色瓶子，可尽管如此它还是近乎售罄了。于是安西·范乔基决定让诺基亚采用蓝色和绿色两种颜色。这两种颜色是诺基亚在过去的十几年中一直使用的包装色彩。

像研究芬兰的化妆品货架那样，安西·范乔基也对日本的照相机进行了研究。许多年以来，它们一直都有着"质量标志"，上面标注着"通过验证"的粘贴小标签。于是我们的市场营销人员便寻思着我们能做些什么。我们曾一度考虑过"Suomi（芬兰）"这个词，但是在那个时候，其所传达出的意义似乎更具有消极性质。因此，我们决定在我们的手机上贴附一个具有"北欧"字样的小标签，因为北欧价值似乎是良好的，它们象征着清晰、自然以及优良的设计品质。然而，我们很快便意识到这个"北欧"的标签对于提升我们的销量和品牌效应并没有多大作用，更别提帮助我们创建个性化的名誉了。于是我们准备完全靠自己来站稳脚跟。

我们对产品的电视广告有一个非常简单的目标：我们想要那些观看的人能够在一提起移动电话就能够想到"诺基亚"。我们进行了一场宣传活动，以此来展示诺基亚"之前"和"之后"的时代。诺基亚"之前"的时代是相当沉闷的，我们放映了一位垂头丧气的人物詹姆斯·迪恩（James Dean）徘徊在幽暗的街道上寻求冒险的往事。在下一个片段中，之前的那位年轻人正对着一部诺基亚手机讲话，他微笑着仿佛整个世界都变得明亮了。我们希望触及地球上的每个人，我们希望人人都能够彼此交流、微笑以待。

我会尽自己最大的努力去激励员工，我会给那些优秀的人才留有许多空间。由于我们的预算相比于我们的那些竞争对手们而言实在太少，因此我不得不鼓舞员工们去冒险以及去运用他们的想象力。我会定期参与项目团队举行的会议，我在会议上强调手机的制造绝非难事，我希望消除在市场营销、产品研发、生产和元器件采购上的那种竖井心理。项目团队中的每个成员都应当乐于去谈论那些困扰他们的问题，我从中将会受益匪浅。我们的团队致力于一个共同的目标，并且遵循着一个相同的时间表。

信封里的电话

移动电话团队的前景此时似乎要比我在1990年刚接管的时候更加明朗，但是诺基亚移动电话仍然还未能在大型企业中占据强有力的位置。

备受尊崇的波士顿咨询集团曾在1991年早秋时进行过一项研究，其在该项研究中试图对诺基亚应当专注于哪些商业领域以及应当从哪些领域撤离进行了分析。这项研究是由计划方案的总负责人塔皮欧·希因提卡（Tapio Hintikka）和总裁凯利·伊索卡利欧委托进行的，咨询顾问们进行了来访，并且与我的那些重要的管理者们进行了面谈，然而我却并非是其中之一。

研究结果是一份有着广泛的依据论证的报告，坦白地讲是一大堆乏味的书面材料。这些咨询顾问们确信移动电话将是一个具有发展前景的商业领域，但是诺基亚并却不具备与摩托罗拉或那些日本制造商们相互抗衡的实力，并且移动电话业务部的领导资源也不够充足。这并不是个会让人特别欣慰的评估，因为所提到的那些资源是由我和我的管理团队组成的。咨询顾问对诺基亚未来的看法普遍是可怕的：这家公司根本不可能在它所活跃的任何领域里取得全球性的成功。

这份报告并没有在诺基亚内部引发后续行动，总部在当时则处于被激怒的情况，那些头大的领导们对此几乎是避而不谈。我对此事的了解也仅限于一些基本的情况。我了解到这份报告已经被埋葬，因为谨慎的董事长西莫·沃里莱赫托并不接受那些咨询顾问的看法。

大约十年之后，我接待了一位来自美国的访客，他是波士顿咨询集团的总裁。我还从来没有与这样一位乐于承认他的公司曾作出错误判定的人交谈过。道歉像洪水般涌来，我想那位致歉的人一定在飞越大西洋的旅程中进行了一段长久的挣扎，来想清楚究竟该如何开口。

这一事例说明了一个人绝不能仅靠盲从地相信咨询顾问来经营一家公司。尽管还可以由此引申出其他的观点，即无论是受到支持还是反对，高层管理者们必须要有他们自己的明确政策。

与此同时，萨罗的产品研发专家们则正在为更加具体的事情而忙碌着。一个信封是否有可能容纳得下这个电话？电话真能够被装在口袋里吗？电话的电池是否能够在无须再充电的情况下持续续航若干个小时？我们必须要为市场带来一种制胜产品。

到1991年末的时候，我们便清楚我们必将会成为赢家。这部新型手机101具有着极其出色的特征。它的体型小巧，要比我们早期的手机小得多。1991年7月1日，前任芬兰总理哈里·霍尔克里（Harri Holkeri）接通了坦佩雷的副市长卡里纳·索尼欧（Kaarina Suonio）的电话，这是世界上的第一通GMS呼叫。101是一部模拟电话，它的工作遵循着三项不同的移动电话标准：NMT（北欧移动电话系统）、AMPS（高级移动电话系统）和TACS（全接入通信系统）。这得以使我们迅速进入了美国和欧洲、亚洲市场，并且TACS标准对英国市场也是开放的。而这部手机的数字版本于1992年秋季上市。

101在1991年底已经完成，我们决定于1月9日在诺基亚的赫尔辛基总部发布这款手机。我们当时邀请了10名左右来自芬兰不同报社的经济学记者，我们的公关部门一直工作到深夜，并最终想出了一个有创意的主意。他们用硬纸板制作了一些新手机的模型，并且将这些模型装入了信封里。在那些困惑不解的记者们面前放着一杯咖啡、一个圆面包和一个信封。当我告诉他们可以打开信封时，这些记者们便将包裹打开，亲眼看到了这个能够被信封容纳的手机。这是世界历史上的先例。我们制造出了我们所期望的效果，记者们都感到非常吃惊，即使他们根本无法用这个硬纸板模型来拨打电话。

最初的101只有两种颜色：石墨灰和绿色。其按键在黑暗中不会像拉斯维加斯的灯光那样闪烁。这部手机没有广播、温度表和照相机功能，但是它确实是一部高效而可靠的移动电话，它在每个地方都相当畅销。其重量仅有275克，这是当时你所能买到的最轻便的手机。其电池性能最佳，待机时间最长，并且它的外形美观。要是没有这款手机，我们就不可能在90年代后期取得如此巨大的成功。101就是我们那个时期的福特T型车，其使得移动电话的生产从车间转到了工厂。这是一种我们能够大量进行生产的移动电话，因此在产量上赢得了优势。这也开始为诺基亚的设计语言提供了先例。

我在新闻发布会上表现得很好，像往常那样，我对所有的事实和细节都了如指掌。庆幸的是，没有记者对诺基亚的未来领导提出攻击性的问题。在那场新闻发布会上，我了解到，自己被任命为总裁的消息将会于六天以后宣布。因此，我的头脑中已经在萦绕着与手机的最新发布相关或无关的各种各样的问题。在新闻发布会之前的几天，我曾在几张纸上草草记下了自己对如何拯救诺基亚的想法。这个计划是冒险而大胆的，非常简短，并且一旦发生了最坏的情况，一切便将会付之一炬。但是我却完全坚信这个计划。

诺基亚在过去的一年中曾在极度混乱的海域中漂浮，银行因考虑到进一步的信誉问题已经将诺基亚拒之门外，并且废除了他们现有的信用额度。财务总监康培凯曾走遍世界，以尽可能地获取更多的资金，但是每次他返回芬兰时，都会变得更加阴郁沮丧。

赫尔辛基的新闻发布会结束之后，我飞往斯德哥尔摩去商谈我们的新机型。瑞典记者一如既往地极具攻击性，他们问我为什么诺基亚希望发布一款老式的NMT手机，而爱立信在此时正在使用新型GSM技术来研发他们的下一代手机。这种盘问令我感到不快，因为我感到了一股芬兰人和瑞典人之间的潜意识竞争。

无论如何我还是顺利地完成了那场新闻发布会，但那却是一种令人难受的经历。事实是，爱立信很早就已经尝试探索新科技了。而诺基亚则将它的"老式"手机至少一直销售至了1994年。101机型帮助我们度过了最黑暗的年月，并且我懂得了，在人们准备好之前，你是绝不能向他们提供新技术的。因为这样做并不值得，你不能向顾客们摆出一副教授的态度，你所要做的仅仅是仔细地倾听他们。但是我也理解，我们必须要尽快发布一款品质优秀的GSM手机。

在诺基亚的移动电话业务部经历了三年的亏损之后，我们已经在如今得以使之重新开始盈利。但是在我们真正取得发展之前，仍然还有一段漫长的旅程。101在其中则起着很大的作用，并且它的成功已经维持了很多年。这款手机已经帮助我们整个业务走了一段相当长的路程。在1992年，其在我们全部移动电话销售量中的份额是28%，下一年是22%。这款产品的不同版本确实已经成为了诺基亚当时的主要收入来源。

在对我的新任命宣布的四天以前，即我当时还负责管理着移动电话业务部的时候，我最后的职责之一便在于组织本地新闻媒体对萨罗工厂进行参观。我们已经计划将要给那些主要的编辑和另一些记者就移动电话的市场进行一次演讲，演讲结束后将会提供饮品、桑拿项目和晚餐。在那个时代，芬兰人总是会在桑拿房中谈论我们的通信业务和市场营销，诺基亚的人也毫不例外。实际上，在早些时候，管理者们会经常在白天光顾桑拿房，但幸运的是，那样的时代已经离我们远去。

在这样的场合中，我根本没有工夫把时间浪费在桑拿上。相反，我得将心思用在一系列移动电话产业的幻灯片上。幻灯片是使用高架式投影仪来放映的，但是，投影仪却没有正常工作，因为我们的通信部主管劳里·基文能（Lauri Kivinen）忘记预先对投影仪进行检测了。"这里到底还有没有能正常工作的东西了？"我朝着满脸惊惧的基文能大喊道。这件事发生之后，他便学会了提前对设备进行检测。当时恰巧在场的当地报刊编辑对我愤怒的反应感到有些震惊。而那时的我则已经开始在承受着新职责的重压了。

诺基亚的董事会问我应当由谁来接任移动电话业务部的经理一职，我告诉他们这是个很难回答的问题，我至少需要两个月的时间进行考虑。在我作出明确的决定以前，我曾慎重地对这个问题进行了漫长的考虑。从1992年3月开始，佩卡·阿拉-佩蒂拉将会负责管理诺基亚的移动电话业务的运营。当时35岁的佩卡还没有关于经营一家大型企业的经验，他并非一个热情高涨或骄傲自负的人，对他的任命是我曾进行过的大冒险之一。但是，我一向都信任自己的直觉，而此刻我的直觉则告诉我佩卡能够胜任这份工作。起初的六个月非常艰难，但是自那之后，事实则令每个人都看到了我的正确性。这样的选择毫无疑问是出乎意料的，因为移动电话业务组中的某些人曾一度认为他们有权去接任那个职位。然而，最感到意外的还是要属佩卡自己了，这是当我找他谈话时从他声音里听出来的。

"你能让我到明天早上再给你答复吗？我需要仔细想想。"佩卡回答道。后来他告诉我他整夜都没有睡觉，一直在和他的妻子缇娜（Tiina）探讨这个问题。到了早上，他便决定接受他人生中的这项挑战。

我负责管理移动电话业务部的那段时光虽然艰难但是却十分值得。我们曾作为一个团队而齐心协力，并且做出了至关重要的突破。我们的经历证明了，在芬兰设计并生产移动电话是能够获利的。我们已经创建了新的工作方式，这也是诺基亚在将来要继续摸索的。如今，总裁的职位正等着我，其将会充满着孤独感、责任感以及那些总是充斥着夸张和偏见的宣传。

工作邀请和答复

我已经41岁，有着幸福的婚姻，已是三个孩子的父亲。我已经了解了自己的优势和劣势，我明白我有能力去经营一家公司。如今我已经得到了诺基亚总裁这个职位，而我在诺基亚决不可能第二次遇到这样的机会。这家公司目前处于一场灾难，只有两种方法能够使其脱离苦海：对公司进行重组整顿或者一点点地将其出售。而后者将会使几百年的芬兰工业史和专业技能走向终结。

一年之前，我接管了诺基亚，那个一度被猜疑将被出售的公司。1991年时就已经开始出现了一些非正式讨论，内容是关于准备将诺基亚出售给爱立信，那些占据着诺基亚大部分股份的银行是其主使者。然而，他们自身也是境况不佳，因为芬兰当时正面临着所有欧洲国家在四十多年来所经历的最严重的一次经济大萧条。

实际上，将诺基亚出售给爱立信的筹备工作是由一小群企业投资者们掌控的。其幕后的真正主使者是卡西米尔·伊赫恩如斯（Casimir Ehrnrooth），他是芬兰最具影响力的企业家之一，也是诺基亚的董事会成员之一。他在爱立信的那些瑞典业主们当中十分有名，并且将会于接下来的几年中在诺基亚内部担任重要的角色。

1991年春天，诺基亚将被出售给爱立信的事实似乎已经确凿无疑，相关的讨论在一种积极的氛围中进行着，其目标是在秋季到来之前作出决定。芬兰的那些银行在当时可谓是忧心忡忡，因此十分乐于卸掉他们肩上的一个负担。

十月份是最后期限，爱立信将对是否收购诺基亚进行回复。我听说他们当时聚集在一家位于赫尔辛基市中心保险公司的办公室里，他们围坐在桌旁，等待着来自斯德哥尔摩的会议电话作出最终的确认。但是，当电话接通时却带来了不好的消息，虽然爱立信一直都对诺基亚感兴趣，可是诺基亚总处于亏损状态的电子业务部实在构成了巨大的风险，而售价又太高，根本不足以为该风险提供保障，因此他们最终决定不会收购诺基亚。而那些银行投资者们首先是错愕不已，之后则是感到深深的失望。

爱立信出于稳妥的原因而作出了这样的决定，但是该公司的那些高管们则明显不清楚，他们的这一决定将会对电信产业或者实际上是对他们自身的地位造成怎样的冲击。这件事本身并没有什么值得称奇之处，其实公司经常出于偶然因素，作出大量这样的决定，并且只有在后来才能够对其合理性进行评判。

我本人并没有参与这些讨论，我当时仍然在萨罗经营管理着移动电话业务部。我的热情最终产生了感染力，员工们如今已开始尝试超越他们之前的业绩和我们的发展目标。然而，相比于摩托罗拉而言，诺基亚的移动电话在市场中仍然只是个小角色，但是我们的奋斗精神却仍然气势高涨，又因为一直以来的优良业绩而得到了极大的增强。

董事会一定是到了十月末左右才开始讨论我是否是诺基亚总裁的合适人选，这些讨论大多都是在联合银行的私人餐厅中进行的，其属于芬兰的两大银行之一。我并不知道具体是谁提出了我的名字，但可以确定的是，卡西米尔·伊赫恩如斯、银行董事长阿赫提·海尔沃能（Ahti Hirvonen）以及其高级银行家比约恩·瓦赫尔如斯（Björn Wahlroos）肯定与此有关。后来我则听说，在这次讨论中我是唯一的候选人。

在十一月的一天，我的上司，诺基亚的董事长西莫·沃里莱赫托，将我叫到了他的办公室。他告诉我，我是体制所遴选出的诺基亚新任总裁，他准备在自己的合约到期之前退休。当时他和公司总裁凯利·伊索卡利欧的关系紧张，沃里莱赫托希望伊索卡利欧从诺基亚的二把手位置辞职。

我将这次谈话的内容告诉了丽萨，她的反应并不是喜悦而是恐惧，然而她还是愿意支持我。接受这个新职位对我而言是一种风险，当我询问丽萨自己是否应该接受这个挑战时，她的回答十分清楚："你当然应该接受它。"但是我们都清楚，一旦事情变糟，我也会跌得很惨。在那个时期，诺基亚总裁的失败将会成为一个污点，以致芬兰的就业市场都会将这样的人拒之门外。

而事情则继续向前发展着。我和银行的董事长举行了一场会议，他问我应当对诺基亚做些什么。我告诉了他我的想法，而他则将这些想法记在了一个大的记事本上。

除了丽萨，我还和佩尔·卡尔森讨论了我的未来。我那时已经十分了解佩尔，并且我信任他的分析能力。我们于十二月中旬在伦敦见了面，并且在国会大厦酒店共进了我最喜爱的英式早餐。我告诉他我被邀请去接管诺基亚，他表现出了一脸的错愕。

"啊，这可是个千载难逢的机会。毫无疑问，你一定要抓住它。但是，你也必须要和丽萨仔细地进行协商。"佩尔严肃地说。

早餐结束之后，我从酒店步行到了我停车的地方。我得开车前往坎伯利，那是我们移动电话工厂的所在地。在途中我思考着，至今为止还从没有人对我说过："拒绝那份工作吧！"因此，我必须要接受这份工作。这毫无疑问符合我自己的想法，但是我也想对其他那些不太有吸引力的选择进行考虑。虽然能够和我讨论这件事的人不是很多，但是我所进行过的那些交谈无疑都坚定了我接受这份新工作的决心。

也有人对此抱有着迟疑态度。我曾和一位老朋友彭帝·库里就这个工作机会进行了讨论，他了解诺基亚当时所处的境况，并且他曾在一年前加入了董事会。库里从各个角度看待了这个问题，并以个人的方式对诺基亚的境况和我成为总裁后的相关风险进行了分析。"这里真有什么是对你有利的吗？"这是他对自己的观点所作的最后总结。

在十一月末，我接到了卡西米尔·伊赫恩如斯的电话。我们曾在几个场合中有过简短的会面，但是我实在不能说我了解他。伊赫恩如斯想知道我是否对成为诺基亚总裁感兴趣，以及我认为应当对诺基亚做些什么。我们于十二月的倒数第二天在一间能够俯瞰赫尔辛基老教堂的办公室里见了面，当时教堂的庭院里还没有积雪。那些灾祸受害者们的墓碑树立在庭院中，看上去就像地面投下的阴影，而那里的树木则似乎更加阴郁恐怖。这样一种印象的蔓延只有芬兰的深冬能够带来。

卡西米尔·伊赫恩如斯当时正和波赫尤拉保险公司的总裁乔治·尼斯坎南（Yrjö Niskanen）在一起，他也是董事会的一名成员。我未来的两个老板正式地问我："你准备好接任诺基亚总裁一职了吗？"当我以同样正式的口气回答他们我已经准备好时，我们的谈话便开始了。在喝咖啡的休息时间里，我们探讨了诺基亚是如何变成今天的这个样子的，以及我们还能够做些什么。我们一致同意，我应当对诺基亚的未来进行慎重的考虑。我承诺将会为他们在新年进行一次演讲。

我确实有一些想法，或者说只有一种想法。随着我对这份新工作的讨论继续进行，我也开始和康培凯为我的见解忙碌起来。我们在新年坐在一起，起草着一个相当简单的短文件。其中的内容十分明确：诺基亚必须将业务重心放在移动电话、电信以及电缆上，并且它必须增加股东的股份发益。而其他所有的事务也都应当以此为出发点。实际上，这意味着诺基亚不得不从许多领域中撤离。这是个彻底而简单的想法，而这类想法通常是最佳的。

当我再次审视这份只有两页的文件时，我仍然由衷地为之感到自豪。我当然不可能毫无差池地预测整个未来，并且其中的某些内容可能会像是在纸上谈兵。但是，我肯定能够问心无愧地以类似的方式推进事务的发展。

我的观点是，公司应当立即考虑是否有可能将整个消费电子业务部售出。如果这样并不可行，那么我将会提出一种合资企业的模型，其将会确保该业务部在后期被售出。

电缆制造业是诺基亚历史最悠久的业务之一，并且在诺基亚的历史中占据着相当大的比重。诺基亚从20世纪20年代起就已经开始制造电缆，并且直到1991年为止，其一直是盈利最多的业务。该项业务在1992年没有盈利，但至少还是带来了比预算更多的资金。我认为电缆业务是值得继续发展的，虽然这在后来被证明是种错误的判断。电缆行业在整个欧洲正逐渐趋于暗淡，而我们是在90年代末期才将电缆业务部出售的。

芬兰当时正在经济大萧条中越陷越深。苏联则处于濒临崩溃的状态，实际上，苏联在我接受总裁任职的四天前就解体了。苏联曾是诺基亚最重要的贸易伙伴，它是个稳定而有利可图的收入之源。苏联的解体尤其对诺基亚的电信和电缆业务部产生了严重的冲击。

在1992年的1月到5月之间，诺基亚的亏损总额已经达到了约2亿马克。当时只有它的移动电话和"基础产业"业务仍明显处于盈利状态。亏损是从1991年开始恶化的，无论是当年的实际营业额还是预算都开始下跌。这种数据无疑表明着整个公司正陷入混乱的漩涡当中。

在我的报告中，我建议将移动电话网络作为未来的投资方向。然而，我并不相信诺基亚能够仅凭自己来实现这个目标，它需要考虑与其他公司进行结盟。在移动电话方面，我写下了下面这个我至今仍引以为豪的句子："移动电话是业务的核心焦点，我们不应该产生放弃它的念头。我们的最低目标是保持该业务在全球市场中的现有地位。"

我自己曾在1990至1992年间负责管理移动电话业务部，我清楚我们有能力取得成就。我了解在我们萨罗的研发中心和工厂中的那些员工们都非常具有积极性，并且对使诺基亚成为全球冠军都怀着满腔的热忱。我当然不会想到，在我写下那份文件的十年之后，诺基亚将会控制着全球移动电话市场中40%的份额，或者实际地说，它的市场规模竟会变得如此之大。这是种毫无可能预计到的结果，并且就连我自己也不敢在1992年就这样的结果投下赌注。

如果诺基亚在1992年还算有核心业务的话，那便是轮胎产业。我们曾在早些时候放弃了造纸业，而我则与这项决定有着息息相关的联系。在我自己拟定的这份报告中，我提议同样放弃我们当时的这个核心业务。我们最终确实这么做了，不过是一直等到了1994年。那时"诺基亚轮胎"被出售，实际上是在赫尔辛基的证券交易所上市。其因此而成为了一家相当成功的公司。

这份报告是在1月3日完成的，那天我再次与卡西米尔·伊赫恩如斯、乔治·尼斯坎南见了面。后来我就被告知自己在总裁这个职位上将会具有多大的权力。除此之外，我们还处理了一些其他的实际事务。我对自己的新老板们提出了一个请求：我希望能够自由选择和任命我自己的员工。伊赫恩如斯和尼斯坎南毫不犹豫地便同意了。我的报告在几天之后完成了定稿，以供诺基亚的董事们在1月16日聚首的会议上进行讨论。

甚至到现在，我仍然不清楚自己当时是如何有自信撰写那两页报告的，我唯一清楚的便是必须得做些什么。资金应当从公司流回拥有者手中，而不是相反的方向。生产线的责任应当简单明了，公司的价值观以及新的领导团队应当建立在这样的基础之上。我们必须要分秒必争。

在举行这场重要会议的前一天，我和投资银行家比约恩·瓦赫尔如斯见了面。他对我讲述了去年对公司所有权进行的那些讨论。当出售给爱立信的提议崩塌时，一家银行的股东团队曾想出了另一个办法。其想法是让股东中的某些人买下其他人的股份来将诺基亚在证券交易所中除名。由此项购买而产生的债务将会由诺基亚来支付，这样一来，诺基亚便会成为一家私有企业。我对此毫无经验可言，我仅在花旗银行工作过，其是证券交易所中上市的大型公司。后来我便来到了诺基亚，这也是一家上市公司，尽管它在20世纪80年代末和90年代初的那段艰难岁月中没能给它的股东们带去多少欢乐。

最终，诺基亚的审计人员拒绝了这项协议。诺基亚如果作为一家由银行团体所有的私企进行运营，是很难确定其能否生存的。而如果诺基亚是一家上市公司的话，那么根据它的目标来评估企业本身便会容易得多。市场是无情的，其每天都在为我们的能力进行定价。

我不确定一位私企业主是否会像我们一样，为了使股价上升而被迫接受如此巨大的变革，这实在是个很难的问题，并且决不会有最终的答案。在1992年初，我们唯一了解的是，诺基亚是一家上市公司并且会保持着这种身份。

董事会是在1月16日正式决定任命我为公司总裁的。如今公司将只有一名领导者，凯利·伊索卡利欧随即离开了公司，而西莫·沃里莱赫托也将会从6月1日起从总裁兼董事长的职位上退下，那时我将会自然而然地成为董事长。董事会主席米卡·提沃拉也递上了他的辞呈，而卡西米尔·伊赫恩如斯将会在4月2日举行的股东大会上接任该职位。

关于诺基亚即将解体的传言一直持续到我的任职以后，实际上，某些媒体甚至强化了这一传言。我的银行从业背景成为了他们故事中大肆抨击的依据。由于我能够很好地消化数字，因此得以计算出公司的价值，而我的工作便随之成了对诺基亚的逐步瓜分，将其一部分一部分地出售给出价最高的收购者。而确实会有那些清楚诺基亚价值并希望购买它的人存在。

然而，的确有人进行了出售。在那段时间，芬兰两大银行之一进行了其史上最糟的交易，它出售了自己在诺基亚的股份。而在十年之后，这些股份的价值会是当时的好几倍。

第三章

宇宙之王

总裁生涯

作为诺基亚的总裁，你必须要有绝对的奉献精神。我一直都使用着诺基亚最新款的移动电话，并且总是让它保持着开机状态，甚至在深夜也是如此。我将自己的事业全都奉献给了产品推广，其目的在于确保包括我自己在内的那些高级商务人员决不能闲着。假如你愿意的话，你或许能从中发现一种讽刺的意味。

无线通信方式也使那些高管人员的生活更加便捷、工作效率更高，并且实现了管理层一向渴求的自由活动。工作惯例的演变始于90年代初并且一直延续至今，整个过程实在是种不可思议的转变。如今，你根本无须去办公室便能够完成你的工作。

当我接受总裁的职位时，便已经清楚自己将会面临着什么。在夏季休假中，我得除去几天或一周的时间，而在圣诞节和新年里，我甚至得减少十天的假期。我会试着将周末留给我的家庭，在这些时间，我们常常会一起去我们在奥里维西的夏日别墅消遣娱乐。周日早晨我便重新回到书桌前开始为我下周的工作日程进行筹划。

我的日记本上会提早写满几个月以后的计划。如果我希望安排时间和高管人员进行自由讨论或者进行一场非计划中的会议，那么往往都是会选择在早晨七点、深夜或周日来进行。我通常会在周日下午三点到五点之间来到办公室，并一直待到深夜。我一般会将商旅的出发时间安排在周日晚上，那些在后来令生活更加便捷的会议电话和其他形式的远程工作在当时仍处于萌芽时期。

在我担任总裁的最初几个月中，我都是按照秘书的规划来履行我的职责。我的日记本中记满了将要与投资者和银行举行的各种会议以及公司的常规内部会议。生活很快就被这些会议填满了。而时间则成了最珍贵的资源，你可能毫无意识地便将时间都浪费在了错误的事情上。当时我对于一位公司总裁真正意味着什么还是毫无经验可言，而对每一位新上任的总裁来说，他都必须从前任总裁所传承下来的流程和项目开始起步。

直到1992年6月我才真正开始按照自己的时间表进行工作，并同时将我的各个团队集中起来。我开始积极地去影响诺基亚的策略方针。在日复一日地磨合适应和努力奋斗持续了数月之后，我终于得以靠自己来稳健行事了。我全身心地倾注于工作当中，希望诺基亚能够存活下去。虽然我在那些拼搏的夜晚都能入睡，但是当1992年的夏天最终来临时，我的身体却完全垮了。公司的董事们当时都十分担心我的情况，于是在接下来的一年，他们便迫使我休了一个适当的假期。

1992年的诺基亚正经受着自信力缺失的问题，尽管按照芬兰人的标准来看，这家公司是一家相当富有生机的国际化公司。然而，它实际上并未曾取得过多大的成功。诺基亚所收购的那些主要欧洲公司已经显现出了亏损状态，诺基亚当时正从国际市场上撤离，仿佛一支溃败的军队离开战场去疗伤。战争的疲惫不堪充斥在各个角落，而我们则必须要从这种伤痛中重树自信。

由于我们对自己的信心不足，从而其他人对我们也不会太有信心。虽然诺基亚并非处于一种全然的危机之中，但是公司的现金储备却逐渐减少。我们的商业活动当时正在减少，亏损则在不断攀升，特别是消费电子业务。我们必须要和每位与我们有业务往来的人重新建立信任感，这些人包括：拒绝给予我们财务援助的银行，不相信对诺基亚投资具有稳妥性的股东，以及正逐渐对我们的产品失去信心的消费者。或许更重要的是，我们竞争对手的产品已压倒性地支配了整个市场，尤其是摩托罗拉的那些产品。而最重要的问题则是，媒体已经在怀疑我们的能力，他们认为诺基亚应当被分割，之后再逐块地出售给竞争对手中出价最高的买家。当我于1992年开始担任总裁时，重建信任是我那时所面临的最重要的任务。此外我还需要重新组建一个新的团队，就像我之前接管移动电话业务部时所做的那样。

除了任命员工之外，我在那个春天所做的便是去挽救公司脱离水深火热的状态。我竭力地避免使公司越陷越深，避免士气的完全崩溃。我在那段时间的日记表明，我曾走访拜见了欧洲和美国的许多银行家。我们的财务总监康培凯和我过去常常会四处旅行，去试图说服人们接受诺基亚的确是有前景的，并且耐心地尝试重建信任感。每位银行家都希望了解我们将会怎么处理那个亏损的消费电子业务部。1992年3月，来自德国商业银行的银行家们来到了我们的赫尔辛基总部。我们全都坐在会议室里，我告诉那些困惑茫然的银行家整个欧洲的消费电子业务在当时都处于经营惨淡的境况中。"现在是时候让一些真正的商人崭露头角了。"当我试图以谨慎的言辞去说服我的听众时，我便会说这句话。

那些德国的银行家们似乎相信了我的话，因为他们在那次会议之后仍在继续对诺基亚给予财务支持。我从来也没能搞清楚自己当时怎么会有那种自信。消费电子业务在当时是我们的大问题，哪怕是在1992年那会儿，我也不清楚解决这个问题究竟得多长时间以及解决的困难程度如何。然而，我的自信却产生了感染力，并最终得以说服其他人信任我们。

几个月以后，康培凯和我来到了苏黎世的银行集团，我们住在当地的巴尔拉克酒店（Baur au Lac Hotel）。当一辆来自瑞士信贷集团的汽车来酒店接我们去机场时，酒店的门卫们都是满脸惊诧的神情。"既然是银行派来的豪华轿车接送,那两个人肯定相当富有。"他们彼此耳语道。而事实却恰恰相反:由于诺基亚欠了瑞士信贷一大笔债,因此这家银行想要尽其所能地确保它的债务人在乘上返回芬兰的飞机之前不会逃之夭夭。

很久以后,我对自己在1992年至2006年间的商务旅行进行了一次更仔细的总结。结论是,我平均每年会有115天在出差。这大约占据了一年工作日中的半数时间,将近是整年时间的三分之一。我的大多数旅行都是去国外,过去,我每年会前往亚洲五六次,前往美国七八次。在1988—2006年之间,我总共去过中国52次。对一家大型公司的总裁而言,这样的旅行数量可谓是极限了,再多的话公司恐怕就得开始遭遇缺乏领导的状态了。领导者必须要在公司中露面才行。虽然现代化的通信方式能够起到协助作用,但是那些广泛使用的博客和推特实在无法取代真人的亲临现场。

我对那个春天所发生的详细情形已经记不太清楚了,我的日记本上写着,我当时不仅拜访了银行家,还和许多股东和员工进行了会面。我曾为此召开过大量的内部会议,并且在客户希望见我的时候总会欣然地动身前往。我每天从早上一直忙到深夜,只希望能够挽救当时的诺基亚。这的确是一场捍卫生存的战斗,公司必须要千方百计地重新赢取他人的信任,无论是内部的员工还是外部的合作伙伴。

四月,我接待了另一位来自德国的访客——西门子公司的二把手赫尔曼·弗兰兹博士(Dr Herman Franz)来到了我们赫尔辛基的总部。他告知我西门子有意购买我们的蜂窝网络系统业务,其在当时刚刚成为我们移动电话网络发展策略的一个关键要素。西门子了解到诺基亚的消费电子业务区正处于困境,因此这些德国人认为我们应当会乐于出售那个对我们未来至关重要的业务单元。对西门子而言,它将会由此而撤出移动电话商业领域。我恭敬地听着他的讲话,并保证会在给定的期限内作出答复,之后便和这位卓越不凡的德国人告别了。

我与康培凯以及后来负责管理网络部的萨里·巴尔德奥夫就西门子的这

项提议进行了几次探讨，而弗兰兹博士则在6月16日再次回到了芬兰。我们在我办公室隔壁的一间由深色镶板围成的会议室中为他送上了一杯咖啡，我告诉他我们并不太想出售网络业务部。那个德国人顿时哑然失色。"奥利拉先生，我确实希望你能明白，你正在作出一个严重的错误决策。"当他从自己的惊讶中恢复过来时费劲地讲出了这句话。弗兰兹博士还没有喝完咖啡便起身离开了桌旁，并在摔门离去前说，"你会听到我们的更多消息的。"

之后我重新坐了下去。虽然我们已经避开了一个大陷阱，但是不得不说我却因此而产生了一种更加强烈的孤立感。无论如何，康培凯、萨里·巴尔德奥夫和我还是认为我们作出了正确的抉择。我们如今只能自食其力，为此，如果我们想要击败行业中的巨人，我们的行动就必须更加迅速敏捷。我的决定仅仅是源于我对自己和诺基亚能力的信任，而我也会为这个决定全权负责。因此我当时并没有对董事会提及赫尔曼·弗兰兹博士对诺基亚的来访。董事会主席卡西米尔·伊赫恩如斯也是在一年之后才听说了这件事，但是他并没有任何埋怨。我的决定是十分正确的。

我与这位新任董事会主席从一开始就相处得相当融洽。关于卡西米尔·伊赫恩如斯在芬兰商业界的履历有这样一种说法，他最初是于1954年加入了一家上市公司的董事会，当时他23岁。他那时是一位极有修养且经验丰富的管理者和商人，他并没有将自己的事业生涯锁定于科技公司，而是选择了林木业。他是一名相当勤勉认真的诺基亚董事会成员，并且能够基于我们的活动领域和相关数据全面而简洁地给出他的看法。每当我与他交谈并询问他的观点时，我总能得到一个清晰的回答。他从不会专门召开不必要的秘密会议或是让特定的工作团队处理事务，这些对于当时正处在飞速变化中的诺基亚而言是至关重要的。他对公司的治理特别感兴趣，并且完全清楚总裁、董事会以及董事会主席的相关职能划分。在这样的一种结构体系中，他使我们那些肩负日常职务的人得以拥有了大量的自由度和活动空间。

在那个时期，芬兰证券交易所中那些上市公司的董事会通常都会有自己的工作委员会。对诺基亚而言，该工作委员会则是由总裁、董事会主席和当时的副主席乔治·尼斯坎南组成的。工作委员会的成员每个月会聚集一次，我们会就当时的公司境况和市场形势进行大约一个半小时的讨论，必要时也可能邀请公司以外的专家就选定的主题来为我们进行演讲。我一向都将这些会议筹办得相当简洁。在卡西米尔·伊赫恩如斯的建议下，我们在1997年废除了这个工作委员会，因为实在没什么存在的价值。

伊赫恩如斯能够坚持不懈地履行他的职责。每当事情变得棘手时，他便会表示出理解并给予我们支持。我在2006年成为董事会主席，经过自己的深思熟虑，我决定参照卡西米尔·伊赫恩如斯的处事方式。

虽然我对诺基亚的管理和自我本身都充满信心，但是我却并非完全持乐观态度。哪怕我们已经尽了最大的努力，我也不确定我们能否生存下去。1992年春季，诺基亚依旧处于亏损状态。我们在六月份发布了当年头四个月的业绩成果，那时正好是在芬兰的整个仲夏假期开始之前。当时的账本显示出了比以往更加严重的亏损。1991年我们曾造成了1.19亿马克的亏损，而1992年我们的损失却已经达到了1.78亿马克。出于策略性的考虑，我们选择在经济新闻的那段时间发布了我们的业绩成果，因为大多数芬兰人不太会关注那个时段，然而当仲夏假期结束之后，新闻媒体却开始将诺基亚的相关报道推至了更加醒目的地位。他们不仅想知道诺基亚是否曾浮出过水面，而且也开始对该公司总裁的信誉度表示怀疑。媒体在那年春季所持的缄默态度已经转变成了愤怒的攻击。

我开车载着丽萨和孩子们一起前往我们在奥里维西的夏日别墅，但是我的假期并没有持续多久。到7月3日那天，我就已经身处英国的会议室里了。当与造纸公司J A Mont的董事会在那里举行了一场会议之后，我见到了自己一向信任的咨询顾问佩尔·卡尔森。我们一起坐在一幢乡村别墅的大厅里，窗外是一片阳光普照的英国乡间风景。"佩尔，你能否帮我个忙？你有办法使我们摆脱消费电子业务吗？最近的数据结果实在是惨不忍睹，我需要尽快得到帮助。"我说道。"我可以试试。"佩尔回答说，当时阳光正照耀着那片风光秀美的英国乡村景色。康培凯和我曾一致同意去咨询佩尔，与他共同讨论我们是否有可能和电子设备公司飞利浦实现合营，甚至是完全出售我们这个亏损的业务部。

至少这一举措还是起到了些作用。1992年7月，我迎来了自己整个职业生涯中最艰难的一段时期。虽然许多事情在当时都进行得相当顺利，但是我们仍然不了解诺基亚是否已经脱离了危险。消费电子业务开始逐渐拖垮诺基亚的盈利部门以及其他正日趋壮大的业务部。据我所知，移动电话和电信网络的业绩在当时已经有所提升，但是仅消费电子业务部的衰败却将诺基亚的业绩水平整体拖了下来。因此我们的股价仍在继续下跌。在那些最熟悉诺基亚相关事务的人看来，诺基亚正在逐步成为一家具有吸引力和购买力的公司。除西门子之外，许多公司已经开始认识到了诺基亚的发展潜力。在我们开始真正发展以前是会再次沉落，还是说我们不久便会具有突破性盈利势头？这便是我在1992年7月唯一担心的问题。我想接下来的几个月我们必将会对此给出明确的答复。

全新的计划

1992年秋天，诺基亚的执行委员会作出了一项有史以来对公司影响最为深远的决定。我们为诺基亚选择了一个宣传标语，这是我请通信部主管马提·萨瑞农想出的一条短语，概括了我们一直以来所作的努力。

萨瑞农给我们列出了一长串的想法，于是我们便基于他给出的清单进行了快速的讨论，时间不足半个小时。最终我们仅挑选出了萨瑞农所给出的五条建议，其均在某种程度上与"科技以人为本"或"连接你我"这类主题有着些许联系。之后我们便进入了休息阶段，并且一致同意在下个月举行的会议上再次就这个问题进行讨论。正是在那次会议上，我们一致认同将"连接你我"作为我们的指导原则。那时整个无线通信领域还处于尚未成熟的阶段，因此令我们感到高兴的是，我们还有相当充裕的选择余地，这是因为有些优秀的标语并未被侵占。虽然董事会和委员会的成员们并不总是创新过程中最关键的枢纽，但是"连接你我"这一标语却彰显了他们存在的重要性。

1992年，我们最终决定将诺基亚定位成一家专注于电信领域的公司。这是一项清楚明确而勇敢大胆的决定性决策，我对其怀有充分的信念，我也了解自己的整个事业都将被寄望于使这项决策成功。

我通过若干场公司会议逐步传达了我的这项决定，每次大约有100人。在这些人当中，大概有20人将会在我所主张的那种诺基亚前景中找到合适的职位，而剩余的80人则将会归属于我们决定牺牲的那部分企业行列之中。这些牺牲的必要性在于两个方面：首先我们需要专注于一个我们有能力成为世界领先者的领域，其次这也必须是一个正在不断发展的市场。只有同时满足这两个方面，我们才能被挽救。毫无疑问，作出决策并向员工们进行解释必将会令这些人为自己的前途感到痛苦、沮丧和焦虑，并且在很多情形中，这种焦虑的产生决非是空穴来风。然而，每个人也都了解诺基亚在1992年的境况已经是危在旦夕，因此公司也必须要去尽力争取生存的机遇。

诺基亚一直以来都是一家门类纷杂的公司。在诺基亚的整个公司历史中，公司都是由一些彼此相互竞争的独立业务单元和子公司组成的。在1992年，诺基亚仍然包含着移动电话、电信网络、电缆、消费电子以及基础产业这些多种分立的业务单元。这些业务单元，或是说那些在其中工作的员工们，对其他业务单元的职能常常都是毫无所知。每个业务部的员工并不会认为他们是在为诺基亚效力，在这些人眼中，他们只是在为自己的部门工作而已。

对于诺基亚的未来，我的看法可以具体归纳为四种重要的观念，将其用我们业务所需的英语表达出来是：专注化、全球化、以电信为导向以及高附加值。这些词语充分囊括了诺基亚十年来的业务活动。在1992年时，这些仅仅是种渴求与抱负，而到20世纪90年代末的时候它们便成为一种成就。这四个词语中的每一个都能被诠释出其自己的故事，而词语的数量也并非是缘于巧合。我相信人们难以一次性吸纳四种以上的观念——三种太少，五种又有些难于记忆。这么多年以来，为我工作的那些人都已经了解我的做事方式。我希望他们去言简意赅地表述，哪怕是对那些复杂的事情，以便我们能够清楚地交流自己的意图。

"专注化"意味着诺基亚需要去真正致力于那些我们心存信心的领域。然而，这也是引领我们工作的一种态度。无论是时间还是金钱，当时都没有任何能经得起我们错误浪费的成分。1992年，我们几乎在每个市场中都面临着大量挑战，我们必须将自己的全部资源都奉献给那些明确的目标。我们必须准确地找出竞争对手们最为薄弱的领域，或者是那些我们在其中已经萌生出专业经验并且能够将其快速培养和传播的领域。另外，我们希望诺基亚的所有管理者都能够去关注他们自己的工作方式和时间管理，并且集中关注那些至关重要的事情。

"全球化"对于1992年的诺基亚而言还是种尚未实现的志向，当然我们也有着自己的国际活动。虽然诺基亚在世界很多地方都拥有自己的工厂、销售子公司和代表办事处，但是我们的实际运营并不足以称得上国际化的规模。我们当时还缺乏国际化的物流、营销以及国际品牌。我们在过去曾将自己与瑞典人和爱立信相比，但是如今这已经远远不够。那时我曾当众宣称，我们必须要通过阿兰达机场，去将我们的业务拓展至更加遥远的地方。我们的整体运营模式必须走向全球化，因此我们还有大量的工作有待完成：我们的组织架构、我们的态度以及我们的交流和营销方式全都要作出改变。

诺基亚什么时候才能成为一家国际化的公司？这是我在1994—1995年间开始以全球化模式工作时所考虑的问题，而这也正是GSM移动电话标准开始传播到亚洲的时候。1994年是我们在纽约证券交易所上市的时间，这一事件迫使我们去按照国际资本市场设定的条例进行工作。

"以电信为导向"是一个相对清楚而简单的目标，然而它也包含着战略风险。如果我们没能在电信领域取得成功，那么我们就将会一无所获。但庆幸的是，我们在该领域中的确有着相当深厚的专业经验。我们决非只是在凭空谈论我们的目标。我们的许多业务领域在当时已经遇到了继续发展的阻碍或其他困难，我们的电缆业务部已经丢失了其在苏联的市场，而与此同时，西欧的那些盈利性联合企业也已解体。但是在电信领域却存在着明朗的未来，当时电信市场正在蓬勃发展，可是没有人能断言到90年代末全球的电信领域还能保持着从前那种繁荣的发展势头。实际上，直到1994年诺基亚的董事会才在香港的会议上决定将电信业务之外的所有部分进行出售。而对消费电子业务的出售则是又经过了两年的争取才最终得以实现。我们这个"简单"目标的实现之旅绝非是轻而易举的。

"高附加值"意味着我们应当专注于那些最具盈利性的产品，即那些利润最高的产品，从而使整个公司的盈利达到一个新的水平。我们需要去发展我们的产品以使其能够具有显著的利润。我们应当对产品加以设计，从而使之具有高水平的定价。这些则需要实力强大的设计、一个有力的品牌以及雄厚的科技能力。我们最终必须让资金重新流回那些股东的手里，因此使股东的利益增值便是我们的基本目标之一。在20世纪90年代初，有很多芬兰的机构投资者并不相信诺基亚具有发展前景，他们会在投钱之后再通过卖出我们的股票来撤资。在1992年，那些投资者、政府和我的高管同胞们全都成了和我的残酷命运息息相关的人。

有一次，在公司的基本目标发布后，企业上上下下似乎都开始着手工作了。工作目标的宣布仿佛是一次强度适当的电击，人们被惊醒后便开始奋力地干活，整个公司也都因此开始向前推进了。这些基本目标需要被时时刻刻地不断提起，以致每位员工都得了解诺基亚究竟意味着什么。假如诺基亚的一位员工在半夜被叫醒，他也应当能够描述出他想要创建的诺基亚是怎样一番景象。这种方式促生了一种全新的自信感以及我们对一切所做之事的洞明意识。

我的自信究竟从何而来？我并不是很清楚。我在被委任为总裁的时候，便已经归纳总结了自己对诺基亚前景的短期看法。我坚信我的这些观点将会使诺基亚转变为一家电信公司。从原则上讲，除此之外便全取决于销售了。出于性格使然的缘故，如果我在内心认定了一种观念，那么我便会乐于尽我所能去实现它。

尽管我和我的同事们都理解诺基亚所拥有的那些机遇，但是那些企图掠食的秃鹰们却早已在上空盘旋，谋算着将要掠夺这个奄奄一息的诺基亚中的某些部分了。当时至少有三家投资银行正在反复盘算着怎样才能最佳地瓜分和出售诺基亚。我担任总裁的第一年是举步维艰的，甚至可以说是绝望而荒凉。在1992年的春季结束后，我根本不清楚诺基亚是否能够成功。在此之前我从未如此抑郁过，然而我最黑暗的时期还应属那一年的夏天。

价值观决定一切

我对诺基亚的成员有着许许多多的要求，事实上每个主管都会对他们的员工期望颇多。就像一句老话说的那样，游泳教练绝对不会让他的学生待在岸上。因此这些要求对于完成工作而言是至关重要的。

作为一名总裁，我希望每个人都能够充分履行自己的职责。那些高层管理者通常在下午四点一刻以后就不再办公了，这是当时芬兰大多数企业的办公模式。而我往往在夜晚和周末也会工作，并且诺基亚的其他员工也是如此。在这些员工和他们的家人看来，这一定是枯燥乏味且完全不合常理的。

在没有亲身经历以前，你是绝对不会真正理解总裁的工作究竟意味着什么。我曾经密切地观察过卡利·凯拉莫和西莫·沃里莱赫托究竟如何进行他们自己的工作，然而直到我开始接任总裁以后，我才真正体会到这一工作有时竟会那么的糟糕棘手而繁重费力。

除此之外，在20世纪90年代早期担任总裁一职也会让人感到倍加艰辛。那时公司的统计数据反映出了极其惨淡的境况，银行正对我们进行着威胁恐吓，而我们在内心深处也都唯恐我们的某个竞争对手会把我们收购。我还了解，在我那些最亲密的同事们当中，有一些人正在等着我失败，好去顶替我的职位。我不能确保我所领导的这家公司将会飞黄腾达，90年代早期的境况非常艰难，有时连我自己的情感都会崩溃。为此我常常都会提高嗓门，但是我同样也会努力地去为自己的管理团队提供支持。最后，我们终于得以让这家一直处于挣扎中的公司重新站稳了脚跟，这也因此提升了公司经营者们的士气。我们的成功凝聚了我们共同奋斗的决心，为我们继续前进给予了极大的鼓舞。

有时我会有意地召开一些令员工肾上腺素升高的会议，这是我的一种管理手段。我们完全能够想象那些常规的两小时会议中所存在的那种死气沉沉的氛围，业务单元的工作会在这种例会上被按部就班地审查。对一家公司而言，单调乏味和缺乏意义的活动是非常危险的事情。这些会让人们昏昏欲睡而缺乏干劲，并且会使公司的管理变成一种臃肿虚浮的政治体系。我希望去抵抗这种现象的发生，因此我便加强了自身的能量力度，虽然有些人会将这视为言语粗暴。

领导力是一项能够通过学习来掌握的技能，而经验则是一个人得以开始建立管理风格的基石。我的领导历程是从芬兰商业界中最为显眼的职位开始发展的，而我的管理风格则是经过了若干年才逐渐演化而成的。在此过程中，那些粗砺的棱角也无疑被打磨得平缓而圆润。"如今已经没有必要再对约玛的暴脾气而大惊小怪了，因为这种情况已经很少发生。"我最亲密的一位同事马蒂·阿拉胡赫塔在21世纪初的某个时候曾这样说道。

许多人对如何经营诺基亚这种规模的企业都持有完全错误的见解。在他们的设想中，总裁会亲自介入任何一件存在问题的小事。而这种想法是既不可能也不合理的。当我接任总裁一职时，诺基亚已经拥有了约2.5万名员工。要成功地领导一个规模如此巨大的团体，就需要让所有人拥有共同的价值观。在20世纪90年代早期，价值领导力还是一个相对较为新颖的观念。而在21世纪的最初十年中，关于此话题的讨论便开始不断发展，并且其价值观也发生了巨大的转变。例如，如今我们谈论的是工作的意义。无论如何，人们通常都会理解的是，不能仅仅靠外部的激励措施，例如薪酬，来提高劳动力的能动性。

在1992年到1993年期间，我们对于应当如何经营一家国际化公司完全是一头雾水。我们当时甚至根本没必要去了解这些，因为诺基亚在那个阶段还没有成为一家国际化的公司。诺基亚的最高管理层是由一群年轻的管理者组成的，他们都是些极有抱负但又缺乏经验的人。我们必须要去学习在任何情境中都能完全地信任彼此，无论是顺境还是逆境。

我曾经将诺基亚的目标概括为四个主要的观念，然而目标却并不能等同于价值观。我们的价值观应该是某种能够令人们心悦诚服的理念，并且同时也必须符合诺基亚对员工的要求。我们需要一种能够引领公司走向成功的价值体系。一家企业的价值观常常会帮助企业自身渡过难关，因为那时人们必须同心协力彼此信任。然而若是在公司运营良好的时期，价值观的重要性便会受到质疑。对于一家企业而言，突如其来和意想不到的成功可谓是一种最大的风险。那时企业会因此而滋生出不切实际的自负感，客户会由此被抛诸脑后，自满自足之心随之不断膨胀，寻求改变的警惕性也从而消失殆尽。

关于工作价值观的根源得追溯至若干年前的诺基亚电信，即我们的电信网络业务单元。1992年春季，我开始发动大家对诺基亚的价值体系进行广泛的讨论，为此我专门设立了一个工作团队来仔细考虑诺基亚的核心价值观和主要任务。该团队通过鉴别商讨最终一致确认了三条诺基亚的价值观念，这些价值观在诺基亚的经营模式中已有所体现，但仍然需要进一步阐明。它们分别是：客户导向、业绩攀升和持续学习。另外，该团队又找到了一条他们认为十分重要的价值观念并将其纳入了上述列表体系中，即尊重个人。

1992年9月，我们在诺基亚位于巴特维克的那座具有代表性的传统庄园中进行了聚首。我们的最高领导层成员全都出席了那次聚会，一共是25名。当时诺基亚的成功根本无从确保，于是我发表了一场冗长而色彩阴郁的个人演说，全都是出自肺腑之言。此外，我们还就我们的价值观、任务以及工作方式进行了长时间的探讨。我们的关注点大多着眼于当时的现状，其中仍然存有许多危机，但是我们也对未来匆匆地进行了展望。

值得庆幸的是，当时并没有人沉浸在曾经繁荣的黄金岁月中。我们的会议在设法使诺基亚的管理层相信，我们需要去宣布一种共有的价值体系。当时有某些管理者固执地认为整个过程完全是在浪费时间，而这些时间本来应该花在销售和产品研发上。可是仅仅在几个月以后，所有人就都一致认同了，要是没有进行那些价值观的讨论我们是不会渡过难关的。

在那次会议上，我们达成的见解预见了诺基亚十年后的样子。在我们那漫长的讨论结束之后，我们便明白了有两个因素将会决定诺基亚的成败。一方面，我们的产品、技术和设计必须是一流的，可我们的所有竞争对手也都有着相同的目标。诺基亚如何才能够具有优势？什么才是我们客户的真正需求？通过对这些问题的仔细斟酌，我们从而产生了"诺基亚模式"。这是一套包含着我们公司的价值观、工作方式、流程和任务的体系，我们会在每个可能的地方去宣传我们的核心价值观。例如，在一年之中，我们的策略总监米克·科森农（Mikko Kosonen）会在世界不同地区的不同角落上百次地谈及诺基亚的价值观和工作方式，其主要是在公司的内部事务中进行推广，但是也包括一些外部事件。

客户导向意味着我们需要准确地获知客户的需求，我们将会通过我们的产品来为我们的客户提供附加价值，即我们会为客户提供关怀措施与支持服务。我们希望我们所做的一切均是以客户为导向，我们宣称客户才是我们的老板，而非诺基亚。

尊重个人不仅增强了员工之间的相互信任，而且促使诺基亚成为了一位优秀而有魅力的雇主。我们希望真诚坦率地对待员工，希望诺基亚的每个人都能得到公正的对待。但是我们还想强调的是，我们是一个相互依存的整体，人与人之间要互帮互助，我们必须要学会彼此信任。此外，我还希望诺基亚是一个多元文化的工作场所，其中的人可以因性别、国籍、肤色或宗教的差异而保有各自的价值观念。如今这种多元化已经完全被明智地接纳，但是在1992年的芬兰，文化多元性还仍处于改革阶段。

业绩攀升可谓是一家公司再明显不过的价值观了，这是任何一家公司都希望去实现的目标。另外，一家公司还应当将公司的目标与员工的个人目标相互融合，以实现企业和员工的双赢。在我们为目标而努力的过程中，诺基亚已经再也没有多余的资源可供那些特权阶级和企业内部斗争去消遣了。所有的资源都必须共享，或许甚至连那些能够诱使客户与我们签署业务的谋略也毫无避讳可言。我们强调的是要快速制胜，这一观念那时早已在诺基亚的企业价值观列表中占据高位。同时，我们也希望我们的员工能够清楚，那些实现了自我目标的人是会受到重视的。我们希望说明的是，我们给予员工嘉奖的依据是他们在业绩上的成就，而非他们表现出来的样子。这个目标在后来确实得以实现了，那时我们的营业额和利润已经有了非常可观的增长。诺基亚的许多人因此而成为百万富翁，这全归功于我们所构建的这种激励方式。

持续学习或许要算我最心仪的一种价值观了。我相信如果一家企业的领导者和员工都停止了学习，那么这简直是将企业加速推向坟墓。在诺基亚，学习，即持续性学习，是我们最重要的价值观之一。这意味着要在工作、谈判协商、与客户的沟通以及研发过程中进行学习。有时，这也意味着公司的管理者要持续地进行研究学习并完成他们的总结报告。这并非是种一次性的成就，而是一种对工作和生活整体所持有的态度。无论是一个组织整体还是其内部的成员，持续学习都是其所应保有的态度。这并非是一种能通过积累的资产或经济标杆来进行衡量的品质，而是一家公司若是缺失了这样的学习能力，其后果不久便会由资产负债表的财政赤字体现出来。在诺基亚，学习意味着开拓创新以及大胆地作出新颖的决策。公司希望能够使其员工通过自身的工作成长起来。

我们完全能够接受一些错误和失败的发生。实际上，我们恰恰希望发生一些数量适中的失误，这是因为每次错误和失败都能够为人们带来大量值得学习的经验教训，为日后的工作提供前车之鉴，而成功往往不会提供太多新的价值。一次善加总结的失败能够让我们对公司的当前进程进行重新审视和查漏补缺。多年以来，那些为我效力的人都已完全掌握了我的口头禅，即公司里的每个人都有权犯错，但同样的错误决不允许发生第二次。

除此之外，还有一个观念也与上述那些价值观息息相关，即谦恭而开放的思想。每当我谈论到谦恭这个话题时，我总是担心人们会产生误解。谦恭既非意味着屈就、畏首畏尾或过度谨慎，也不意味着丢弃自尊，而其恰恰指的是一种坚实有力的自尊感，得以使个人或者企业在面临困境或陌生的环境以及在应对全新的挑战时仍能充分抱有谦恭的态度。另外，当竞争对手取得了相当杰出的成就时，我们也应对其保持着谦恭的心态。在我看来，那位曾在1991年拿起摩托罗拉新款手机的佩蒂·科恩则正是这样一种谦恭的典范。他当时已经认识到了摩托罗拉产品的杰出超群之处，可尽管如此他却仍然确信诺基亚能够做得更好。这一信仰曾陪我们走过了一段漫长的旅程，使我们最终创造出了自己的成功——诺基亚101。

我们在建立核心价值观的同时，还就诺基亚的经营方式达成了一致意见。我们决定应当让我们的组织架构尽可能地扁平化和分散化，同时也得竭尽全力提高效率，而且所有工作都应当以团队合作为基础。管理者应当为他们所监管的运营业务制定明确的目标计划。管理者和负责人在工作中应主要扮演辅导教练的角色，去帮助其团队成员充分发挥出自身的潜能。而组织机构则应当尽其所能地为员工们提供灵活的职位流动性，诺基亚所在构建的也正是这样一家坚信能为其员工提供自由而有效的全球性流动机会的公司。假如我们未曾倡导在企业内部的职位流动，那么诺基亚后来的发展便难以想象了。

我们商讨出了三项我们认为在诺基亚新篇章中至关重要的工作流程，它们分别是策略性计划、财务管控和人力资源。但是，比这些工作流程更为重要的则是我们的价值观，即价值观主导一切。工作流程仅仅是为了让公司在其价值体系的基础上能够充分实现目标。20世纪90年代的诺基亚就很好地示范出了如何基于价值体系来经营一家公司。我们将这种经营模式称为"基于价值观的管理体系"，虽然不够标新立异，却足以阐明诺基亚的管理本质。那些高层管理者们常常以为，一旦价值观被确立并传达给员工，那一切便万事大吉了。然而，从我个人的经历而言，如果我们要严肃地对待基于价值观的管理体系，那么传达价值观仅仅只是个开始。

在诺基亚，我们首先于1993年1月向公司最重要的数百名管理者诠释了我们的价值观。同年春季，我们做了进一步的组织规划工作。我们开始将诺基亚的新价值体系和指导方针在我们这个全球性的组织机构中传播开来。在春末的时候，我们则开始考虑什么价值观将会有益于人力资源管理。在我们的这些价值观和指导方针充分融入公司的日常活动以前，这一切仍然还只是毫无意义的空谈。人员管理是所有部门中最重要的，其原因在于公司还处于发展初期，需要招募新人、挑选新的管理者以及增加诺基亚内部的职位流动性。那时的一家国际化能源公司安然（Enron）因其违法犯罪的恶行而走向了衰亡，这家公司曾拥有一套优于许多公司的价值体系，但最终却因企业的空谈而为之付出了沉重的代价。

我至今仍能清楚地记得我们最初向那些高管人员概述我们的新价值体系的确切时间。在我的同事们当中，有些人热情而积极，有些人则表现得漠不关心，还有一些人则公然地表示，他们认为这位新任总裁的演讲仅仅是在作秀，并且与日常生活毫无关联，那不过是种渲染效果的手段罢了。从一方面来说，这些价值体系确实激起了许许多多的期望，而在另一个方面，人们或许也都在对这类价值观究竟能否起到作用而抱有迟疑的态度

那时，我已将那些新的价值观和那种基于价值观的领导理念完全视为自己的指导方针。我曾不厌其烦地在数百次会议上谈论它们，并且也要求其他的高层管理者和他们的下属们进行探讨。我不允许任何人暗自将价值观的探讨从日常议程上抹去，"诺基亚模式"应当与移动电话的生产营销、采购元器件或整合公司的商业计划有着同样举足轻重的地位。实际上，其重要性甚

至要更胜一筹。我并不认为，在我们商讨制定出所有人一致认同的基本价值理念和诺基亚的运营方式以前，我们能够真正使业务良好地运转起来。

在每次会议和董事会讨论中，我都要明确地指出，我自己对于我们那种建筑在价值体系之上的工作有多么坚信。当然，我也坚信公司能够达到其财务指标。虽然我每天都要作出各种或大或小的决定，但是我很了解，唯有共同的文化和价值体系才能使诺基亚重获生机，才能使诺基亚在熬过成功道路上的苦难风险之后得到复苏和新生。也只有到了那个时候，公司的文化精神才会真正得到印证。

诺基亚的人事部成员经常把"甚至是男子汉也会落泪"挂在嘴上，这指的是我们公司的员工评估流程。该员工评估流程每年会对各个员工的业绩成果、发展水平和道德思想进行评价。那时有许多公司会组织员工参与其举办的发展问题研讨会，但是在20世纪90年代，诺基亚早已形成了一种由高管层、副级管理者和普通员工进行彼此互评的完善体系。一直以来，我都对这种典范体系的影响力确信无疑。因此在诺基亚，我们便开展了由执行董事会成员直接对总裁进行评估的讨论会。从而我也得毫无例外地接受基于诺基亚价值体系的年度发展评估，在某种程度上而言，这的确存在着很多阻碍，然而这种评估绝对是必要的。

这些发展水平研讨会都是以诺基亚的核心价值观为主要脉络，即这些价值观是评估所有事物的唯一参照标准。过去，我们曾有几年时间仅着重关注四种核心价值观中的一种。比如说，我们可能想要在"尊重个人"方面做得更好，于是我们所有的讨论便都被这一种价值观念填满了。与此同时，我们的人事部也开始强调尊重各种不同价值观的重要性。例如当一位管理者或专业人士被委派到一种全然陌生的文化环境中时，我们公司的价值体系决非旨在融入时产生文化优越感。为此我们创建了一种能帮助我们在关键性员工入职前去检测他们价值观的方法。

在我们为人事部设立了价值体系相关目标的同时，我们也额外地收获了一些用于改革组织机构的方法。人事部的职责在于将"诺基亚模式"作为员工招募、管理者任用以及团队建设的关键性准则。自此以后，这些价值观将会构成我们员工发展的唯一基础，其将确保公司的持续性发展，保障公司的真正安全、活力和稳定性。除此之外，这些价值观也会使诺基亚成为一家与众不同的公司。我们能够言简意赅地说明我们所坚信的理念以及我们对自己的评价，我们相信，这会将诺基亚打造成为国际就业市场上一家魅力十足的企业。

信任是开启万物的钥匙。执行委员会需要去学习信任这位总裁：这便是我们公开招募的每位员工都需要遵从价值观的另一个原因。我的领导风格对于我的同事们而言并不足为奇，其均体现在"诺基亚模式"的事务往来之中。

我的一些高管同事在价值观的讨论中曾起到了很大的引导作用，他们曾为之倾注了自己大量宝贵的管理时间。这些管理者的下属们会对那些有幸刚开始切入实际问题的话题继续探讨，而这些实际问题往往都并非是轻松容易的。有一种典型的问题是："要是我的老板在星期五下午六点让我去为客户办事该怎么办？那可是我们家庭团聚会餐的特别日子。"在诺基亚，这的确是个具体而现实的问题，哪怕是现在，我也不确定该如何作出恰当的回答。但这却恰恰是那种你需要去进行讨论的问题。

黑洞

在20世纪90年代早期，最令我头疼的问题是消费电子业务。在90年代初，我还在负责移动电话业务部，那时我们曾抱有过昙花一现的乐观期望，因为电视机产业在欧洲似乎迎来了黄金机遇。

为了去了解事情的始末，我们还得将时间继续向前推回至1989年。当时身为德意志民主共和国的社会党中央委员会成员君特·沙博夫斯基（Günter Schabowksi）在东柏林召开了一场新闻发布会，在发布会接近尾声的时候，沙博夫斯基宣读了一份他在几小时前才收到的声明。该声明以官僚主义那种冠冕堂皇的口吻宣称：对东德人民的自由旅行禁令将会被放宽限制。一名在场记者问道：这一改革将会在何时生效？于是这名满脸困惑的官员讲出了下面这些将要改变历史进程的话语："sofrot, unverzüglich"——"立即生效，毫不延迟。"事实上，这个问题被误解了：该回答的本意是在说从明天开始，东西之间的活动往来才将会被放宽限制。

人们都在按照自己的理解去解读这项决策，在那之后的一小时里，成千上万的群众蜂拥至柏林墙前，他们喧嚷着要让西德人民的自由取代社会党的独裁专政。于是，边界禁令解除了，曾使两德人民分离将近三十年之久的那堵墙终于被推倒了。世界历史最终由于一次失误而被彻底地改变，当然这种事也不是第一次发生。

不久之后，德国便实现了统一。东德马克均被兑换成了德国马克，曾经那些饱受贫困的东德人都在顷刻间发了财，开始买得起他们几十年来梦寐以求的商品了。他们驾驶着自己的特拉贝特小轿车前往西德，去购买空间更宽敞的西方汽车、电冰箱，当然还有电视机。他们想要购买那些知名的德国品牌，那些几十年来他们一直在新闻广告中或偷偷地在一些西德频道中所看到的德国品牌。而诺基亚则恰巧拥有着其中的某些产品。

两德统一引起了短期的需求巅峰状态，这蒙蔽了人们的双眼，以致他们无法看清电视机市场的真实前景。那些经验相对较为丰富的电视机制造商，诸如飞利浦，则明确指出此次需求量的突增仅仅是一次性的爆发。这种状态或许能持续六个月，但自此以后该行业的产量便会重新跌落至其原先那种低迷而萧条的水平。然而，当时的诺基亚却极度缺乏此类具有远见的信息，因此，这些德国竞争对手们所发出的警告并未能引起我们的重视。

相反，当时的总经理凯利·伊索卡利欧则将电视机产业作为了诺基亚在市场拓展中的优良典范。在起初的四个月里，一切似乎都进行得相当顺利。随后却发生了令人震惊的滑落，并且有时候这看上去仿佛是要拖垮整个诺基亚。

1991年，飞利浦曾表示出收购我们电视机制造业务部的意愿。德国人的需求当时正处于巅峰状态，电视机的销路非常好，而且诺基亚的董事们也都正沉浸在一片乐观主义的喜悦之中。电子设备业务会将公司推上国际舞台。飞利浦表示出了非常急切的购买意愿，并且给出了他们的实际报价，我记得是5亿马克。然而诺基亚并没有出售。那时公司的两位领导彼此之间正在公然对峙，这使得所有决策的确定都变得困难重重。除此之外，还存在着一种担忧，即如果诺基亚将其计算机和电视机产业双双出售，那么公司很可能会在一年之内迅速萎缩。

我们曾经在恰当的时机将我们的计算机业务部以可观的售价出让给了英

国公司ICL，仅仅在六个月之后，我们的"诺基亚数据"就处于颗粒无收的状态。对计算机业务部的出售是由伊索卡利欧的技巧和好运气共同促成的，当诺基亚的其他董事们正在考虑我们能否以多达1.5亿英镑的价格出让我们的计算机业务部时，伊索卡利欧则向伦敦发去了一份传真，表示希望以3.2亿英镑的价格出售。这完全是个凭空拈来的数据，除了他的直觉和对交易游戏的观察之外根本毫无根据可言。

我们本来应毫无疑问地接受飞利浦的购买提议，这样一来，诺基亚便能够摆脱一个重担，而相应的资金也将因此能够被投放给移动电话和网络这些新生领域。此外，这也可以为爱立信在1991年10月购买诺基亚扫清障碍，因为那时，我们那个连连亏损的电视机业务部所构成的风险也将荡然无存。在20世纪80年代所进行的那些重要的消费电子业务交易都是巨大的灾难，可矛盾的是，正是源于这些错误，诺基亚最终才得以保持着企业的独立性。

1992年这个烂摊子落到了我的肩头上。那时消费电子业务是由法国人杰克斯·诺尔斯在日内瓦进行管理经营的，他被大家视为一名杰出的策略规划者，但坦白地讲，这并非源于他成功的管理模式。1992年2月，我希望去亲自了解当时的事态发展，于是我咨询了策略规划总监塔皮欧·希因提卡。他于二月的一个傍晚来到了我的办公室，我当时看上去一定是筋疲力尽了，因为我那一周已经连续六天每天都至少工作15个小时。希因提卡表示他相当不认同消费电子业务部在当时的经营模式。

第二天早晨我便飞往了日内瓦，并且听信了杰克斯·诺尔斯和他的团队所讲的一切。我认为他们的计划听起来不错，因此在接下来的一天，我便将希因提卡重新叫到了我的办公室。"你对我讲的那些完全是一派胡言。他们早已做好了所需的一切筹划工作。"我说道。而希因提卡却不慌不忙地提出了他的反对意见。他对我说，与此完全相同的计划早在四年前就已经出现在一个皮面精装的文件夹中了，可是其并没能带来任何收益成果。希因提卡要比我年轻十岁左右，他是一名冷静沉着且意志坚强的管理者，并且丝毫不惧怕反驳我的看法。于是我重新审视了整件事，并且在两个星期后将消费电子业务部的主管杰克斯·诺尔斯替换为了诺基亚的芬兰财务总监汉努·博格霍尔姆（Hannu Bergholm）。

在我担任总裁的最初几年，我们消费电子业务的危机警报曾使我焦虑不安。虽然我们曾有机会出售该业务部，但是我们并没有这么做。其在1993年的亏损额和上一年相比几乎不相上下。在1992年到1993年之间，消费电子业务部的亏损要比诺基亚在1993年全部的净收益还要多。

那时我们正在越陷越深，因为电视机市场毫无发展的迹象。诺基亚当时既生产阴极射线管，同时也组装电视，而这两个领域都正处于困境之中。我们那座位于德国埃斯林根的制管工厂则是主要的亏损厂家。由于我们曾果断地回绝了飞利浦和汤姆森的联合生产要求，从而导致我们的产量一直也未能达到盈利水准。于是我们开始焦虑不安地寻找着逃离整个消费电子领域的途径，或许值得庆幸的是，我们那时并没有想到这个沉重的包袱还将会拖累我们四年之久。

那时诺基亚内部兼具两种极端之间的各种观念态度，从那种看好电视机制造产业的强烈乐观主义一直到那种对经营前景满心忧患的重度怀疑主义，康培凯和我便是后一种观点最纯粹的代表者。当我们共同探讨消费电子业务时，我们曾对该业务部能否成为诺基亚的盈利部门抱有过一些怀疑。而"你肯定是在开玩笑吧"，则是我们最终的一致意见。从另一个方面来说，我也很信任汉努·博格霍尔姆。要是连他都无法使消费电子业务发展起来，其他人就更别提了。而他的副手海基·科斯基宁（Heikki Koskinen）则要比任何人都了解电视机市场的行情。

博格霍尔姆通过向诺基亚董事会展示他的便笺备忘录而表示道，如果没有投资，那么埃斯林根制管工厂就不得不关门停业。而若是我们打算通过合资企业的方式来进行发展，那我们则毫无疑问地要向世界证明我们在该领域的发展潜力。在博格霍尔姆刚提出投资建议时我便同意了，因为这似乎是无法避免的。若是没有这些投资我们将不会获得任何信誉。

诺基亚生产电视显像管，并用它们制造出自己的电视机。每年，诺基亚生产的2200万个电视显像管中有约200万个是在欧洲制造销售的。如今，诺基亚正在寻找联盟企业，以帮助其将年度产量提升至300万。我们本来要关闭整间工厂，但是这将会对诺基亚的资产负债表造成灾难性的影响，其在1992年就如同九月霜冻后芬兰湖面上初现的薄冰层。向电视机制造产业注入更多的资金是我们当时唯一有能力去做的事，其效果如何我们则毫无把握，我们只能去乐观地期待好事降临。

消费电子业务在那时已成了诺基亚的黑洞，其吸蚀了我们大量的时间和精力。我必须将自己一半的散步时间用于思考、谈论和谋划消费电子业务部应何去何从。有时这个黑洞会缩小一些，那是由于电视机的需求量似乎开始上涨。但后来这个黑洞又继续变大，无论我们怎样努力，消费电子业务部的管理者们绝对都在尽其所能。无论是在公开场合还是公司内部，我都必须去捍卫自己对消费电子业务部能够繁荣昌盛的坚定信念。我采用了自己最为自信的方式，挺直身体，打好领带，并以势在必得的口吻和姿态发表讲话，仿佛我们必将会使消费电子业务重整旗鼓。

有时候，我也无法成功地伪装现实。1993年，康培凯和我共同飞往了波士顿，去当地的富达投资集团参加一场会议，其是一家大型的国际金融公司。当时有24名思维敏捷且细致专注的分析师在场聆听我们的演说，他们都在尽可能地为投资寻找各种各样的契机。诺基亚在当时还不太有名，美国的普通民众仍然误以为我们是一家日本公司，这源于我们那奇怪的企业名称。相比于摩托罗拉，我们那时既没有真正树立起自己的形象，也没有成为纽约证券交易所的上市公司。

我在开场白中说道，移动电话业务才是诺基亚真正的成功所在，而我们的消费电子业务也确实产生了一些小问题。我认为"小问题"这种表述并不算违背诚信，尽管我们的问题不能被称之为小问题。在我结束讲话之前，听众席前排举起了一只手，其来自于一位最精明的分析师，并且我认为他手中正握着一支镀金的高仕钢笔。这名分析师在整个演讲过程中仅提出了一个问题。当我说到"消费电子业务"时，该分析师便发问说："它还有被挽救的可能吗？""完全有可能，虽然我曾一度怀疑过它能否真正取得盈利。"我回答道，即使我根本不相信自己所说的。并且我还需要扪心自问，为什么我们应当在一个绝无可能充分盈利的领域中继续发展下去？对此我又该向董事会、股东成员、分析师们以及我自己作何解释？

不久前我们在消费电子业务部建立了一支新的管理团队，团队成员都是我精挑细选出来的。我必须要支持这些管理者，因为首席执行官们都必须一如既往地去支持他们所任命的管理人员，直到这些人不再担任管理者为止。汉努·博格霍尔姆是我团队当中的一员，另外还有数千名员工也正在靠消费电子业务部的工作养活着他们自己，他们之中的绝大多数都在德国工作。在那里，一场气势强大的工会运动正在提防着工厂倒闭，同时政治家们也在警惕地关注着那些国际企业的一举一动。更为重要的是，德国的那数千名员工的确都在努力工作，因为这些人都晓得当时时局艰难、谋生不易。为了秉持公正，我必须要支持那些管理者、企业员工以及每位试图推动电视机产业向前发展的人。

于是诚实无欺与秉持公正便产生了冲突。如果我让公正胜出，那么就必须要摒弃诚实。我并非意指我们会失败，只是当时所有的事实统统不利于我们。最重要的是，我的直觉告诉我，我们必须将所有的精力倾注在移动电话和移动电话网络领域中。假如我和我的同事们都继续耗费我们一半的精力去对电视机产业这个黑洞苦思冥想，那我们所有人都将面临着被彻底吞噬的风险。

电视机产业无法取得成功的原因是多方面的。一些原因是所有欧洲电视机制造公司都普遍了解的，一些因素则是诺基亚所特有的。在欧洲，电视机制造产量的年增长率为10%～15%，这并非源于新型企业的不断加入，而是因为所有的生产者都在逐渐提高工作效率，虽然当时的市场并没有发展。欧洲的电视机市场那时已经成熟，每年的销量几乎都不相上下。唯一的例外是在德国统一后引发的需求量激增。

另外，就电视机的生产成本而言，远东地区的生产支出要远远低于欧洲。在日本，你可以在超级市场中的啤酒和面条货架之间找到电视机销售区。偶尔，如果顾客购买了足够多的食品杂货，电视机甚至可能会成为免费的赠品。欧洲人是无法与这种抢占市场的价格和营销策略相抗衡的。一些廉价的日本小品牌已经攻破了欧洲市场，并且受到了消费者们广泛而热烈的欢迎。

诺基亚自身特有的问题在于，其已经收购了一系列种类繁多的电视机工厂和品牌，只是相关的生产流程繁复且代价高昂，而生产的电视机模型又过于纷杂。我们各种型号的模型在当时已经填满了一个相当大的房间。1992年，我们制造出了102种不同型号的模型，总共涉及407个变量。后来，我们将模型数量削减至37个，相关的变量也仅剩235个。我们还得进一步减少模型数量，但是我们并未能及时地实现。我们本应在1988—1992年之间清除多余的模型，但那时的管理者却没能完成这个任务。然而，当我们真正开始精简我们的产品种类时，一切都已为时过晚，而我们对此也都无能为力。

在购买元器件方面，诺基亚在市场中则完全是微不足道的。后来，我们在制造移动电话时才了解到，促使我们具有竞争力的一个最重要的因素是，能够适时地购买到数量合适的所需元器件。因为我们绝不可能去控制电视机元器件的价格和供应量。

在德国，我们已决定通过6000个销路去出售电视机。我们的设想是，去联合那些小型的市场交易商，以便将我们与飞利浦等其他竞争对手区分开。虽然这种观念是好的，但现实却再一次从中作梗，抹杀了我们的美好愿景。那些小商贩们对我们的品牌和市场营销根本毫无兴趣，他们仅仅希望以他们能接受的价格卖掉电视机。

我们另外还犯了许多其他的错误，其中有好些甚至是我从未遇到过的。我努力去相信、去期待、去支持和鼓励，并在公众场合尽可能地美化我们在欧洲电视机市场上的光明前景。在这种强烈的乐观主义背后，有许多同胞和我并肩以待。欧盟当时正在为高清数字电视系统投注巨资，希望生产一种划时代的新型电视机，并借此刺激低迷的电视机市场。然而，这些资金、热情和精彩的演说最终却得不偿失。那些欧洲的纳税者们为这场消费者们毫无需求的科技变革买了账。可是，倘若我们未曾投资于电视机产业，或未曾表示出我们对其未来的强烈信心，那我们就是在白白浪费我们曾拥有的机遇，无论是在出售电视机方面，还是就向该领域中的其他商家看齐而言，统统如此。

展望未来与回首往昔

在20世纪90年代初，诺基亚被划分成了两个主要业务区：移动电话和移动电话网络。我们了解公司应当专注于什么，并且已经决定让诺基亚发展成为一家电信公司。但我们仍有很长的一段路要走。

根据1992年的公司账目，电信和移动电话业务共为公司赚取了8.64亿马克，而消费电子业务则使我们亏损了7.83亿马克。换句话说，消费电子业务几乎亏掉了我们的电信核心业务所赚取的所有利润。庆幸的是，电缆、电缆机械设备和橡胶产品均取得了盈利，从而整个诺基亚在1992获得了2.88亿马克的利润。与上一年相比，这的确是种巨大的成就，因为我们在1991年的亏损总额曾高达9600万马克。

我们都了解，业绩的增长来自于移动电话和电信网络业务，并且它们也是我们经营最佳的业务。在许多事情上，我们都会采取与竞争对手们截然不同的方式。我们不会有先入为主的观念，因为我们都是在摸着石头过河。我们在国际电信市场中并没有丰富的参与经历，因此，我们在作所有决定时都是初出茅庐，甚至有时是凭借着灵光一闪。

突发奇想的决策长久以来一直都是诺基亚工作中的一部分，我的那些总裁前辈们一向都鼓励花朵们自由地绽放。他们会鼓励工程师自由且自主地施展他们的思维价值。如果某种想法看上去具有发展前景，那么诺基亚往往都乐于为其投资。工程师们已经形成了一种不怕失败的企业精神。

诺基亚移动电话的诞生便是这种企业精神的一个典范。公司从20世纪70年代起就已经开始设计和制造移动电话，那时它更类似于一种作坊产业，而其所采用的经营管理方法则绝不可能使企业进行全球化的生产或分销。尽管如此，这样的起步阶段也是相当重要的，倘若没有这种大胆的探索历程，诺基亚则绝不可能成为一家全球性的企业。在20世纪90年代，诺基亚手机在芬兰进行营销活动时所使用的宣传语为"诺基亚工程师一手打造"。

第一代移动电话通常仅能在汽车内使用。模拟"便携机"的体型相当庞大，以致你必须在西装外套里面缝上专用口袋来将其随身携带。然而，我们的竞争对手，尤其是摩托罗拉，那时已经制造出了更加小巧的机型。这一事实迫使诺基亚去迎接新的挑战，其结果是我们创造出了101及其GSM衍生版1011，二者均在1992年上市。

在20世纪90年代早期，移动电话主要面向企业高管和高级政府官员。摩托罗拉则通常适用于军队和警用装备。人们那时认为，移动电话将会一直专属于那些真正需要它们的人。而诺基亚却颠覆了这种观念。当安西·范乔基开始将诺基亚发展为一个品牌时，我们的目标是将移动电话销售给普通人。

那时的变化相当迅速。举例来说，当GSM版1011在1992年上市时，其售价为8250马克。在那个时期，这一数额相当于基本月工资的一半。当Nokia6110于1998年开始在市场上销售时，其价格为3250马克。如今，最便宜的手机仅需花费数十欧元。企业竞争为消费者们带来了新的产品和特别的福利，因此售价降低了。移动电话不仅仅是那些高层管理者、警官和销售人员的专用业务工具，而是正在逐渐地成为全世界人民的通信工具。这种趋势并非一夜之间形成的，我们无法猜想移动电话产业将会变成怎样的一番景象。我们完全想不到，其发展速度将会超越手机消费者的扩张速度或电子设备的购买速度。

我们已经开始了一场革命，但仍不清楚结果将会如何。我们了解市场将会不断成长，而我们的行业也拥有大量优势，我们选择了切合时宜的科技。我们已经准备好前往数字时代，当GSM手机面市时，我们打算将其投放至每个市场中。

我们通过三种途径改变了市场的游戏规则：我们想要每个人都能买得起移动电话，我们希望通过市场营销使诺基亚成为一流品牌，以及我们要专注于正确的科技领域。这些便是我们于1992—1994年间一直在忙碌的事情。我们目睹了诺基亚员工的成就，公司在最初几年曾产生了迅猛的增长。我们的移动电话业务营业额的年增长率超过了50%，而利润也在以相同的比率增长。诺基亚的铃声开始越来越频繁地在全世界响起。

20世纪90年代初，世界的变化对诺基亚十分有利。欧洲单一市场在1992年宣布建立，这意味着资本、人员和产业已经能在欧洲内部自由流动。早些时候，每个市场中的工厂都应由当地的注册子公司经营，国与国都有着不尽相同的经管办事模式。

对于一种全球性的问题，其运作模式不应因地域不同而有所差异。为了利于全球性产销流程的发展，不同地域的公司必须要拥有相同的工作基准。材料和元件应当能自由地穿越国界，制成品也需要在没有传统障碍的情况下抵达它们的目标市场。欧洲那时正在朝着这种方向转变，而诺基亚从这些改变中也的确获益良多。

在美国，比尔·克林顿（Bill Clinton）接任了老乔治·布什（George Bush）的职位。国家经济当时正呈现增长趋势，其源于美国人对信息科技的坚定信念。人们纷纷开始谈论因特网，这是指将计算机链接至一个能够快速共享信息并即时发送消息的网络中。经济学家们曾对其能否影响整个世界经济而争论不休，但最终，争执还是得以解决了。

长久以来，人类对沟通交流的渴望从未中断过。烟雾信号、信鸽、莎草纸甚至是湍急河流中的木片均是过去用来传送消息的工具，后来则出现了报纸、广播和电视这些向大众传播信息的媒介。但所有这些都要受到某种特定的地点甚至是特定时刻的限制。人们不得不按照这些消息和媒介去调节他们自身的生活和工作。总而言之，人们并不能依主观意志去获取消息资料。如果希望邻村的村民能够看到烟雾，你就必须在约定的时间和地点去点燃篝火。你必须从邮箱获取邮件，而你订阅的报纸也只会在每天早晨的特定时间送来，或者你可以在上班途中从报摊购买。唯有那些小型的商业广播电台能够真正满足不断移动的上班族，然而广播在那时却并非一种个人的交流工具。你无法使用广播去和你的伴侣聊天，或是向孩子们询问他们在哪儿。

移动电话的出现则改变了这一切。如果你拥有一部手机，那么你便再也无须受到办公场所、家庭、私人汽车、公用电话亭或你所居住国家的牵制。移动电话具有移动性，而在这种通信工具上市的同时，也恰恰有一代更具移动特质的新生人群正在逐渐壮大。整个国家当时都处在一种不断移动的趋势当中。年青一代要比从前更加频繁地四处走动，流动性劳工也需要一种便捷而友好的个人化移动通信。移动传媒不仅改变了人们谈论与交流信息的方式，而且为人们的生活方式、潮流和文化趋势带来了彻底的变革。

我既非一名社会学家，也不是一名哲学家。我无法断言这种变革在五十年或一百年后将会如何。我并非是最先使用短信功能或我们手机所提供的许多其他服务的那个人，但是，移动电话如今已经是人们日常生活中所必不可缺的一部分，并且我猜想它也正在改变着我们以往的工作方式、我们经营家庭生活的方式以及我们发展兴趣爱好的方式。

在20世纪90年代早期，诺基亚的新产品在芬兰人中曾是炙手可热的商品，但到1992年时，诺基亚中有56%的营业额统统来自于欧洲其他地区了。芬兰当时在营业额中的份额比例约为20%，但是，随着市场逐步拓展到芬兰和欧洲之外，这项数据也开始急速下降。到了20世纪90年代中期，芬兰对诺基亚的依赖程度已经远远超过了诺基亚对芬兰的。但是，诺基亚在90年代初确实还是从芬兰市场的迅速发展中获取了利益。

1993年，我们已经能稍作喘息了。而到1994年时，我们便知道，我们在移动电话领域中已经找到了一片将会推动诺基亚抵达世界同行顶尖的区域。

西方市场

诺基亚从20世纪70年代起已经开始制造电话交换机，这可谓是芬兰工程师们的一种勇气典范。诺基亚人，大多数是男士，已经开始奋起突破那团"身处困境而不自知"的迷雾。诺基亚在世界范围内的竞争对手们都认为，像诺基亚电信那种小型设备在当时是毫无可能在电话交换机设计领域中有所成就的。

诺基亚的工程师们却持有不同的看法。他们抓住了一个关键性的因素，那种由一人包揽所有任务的旧式工程逻辑根本不适用于工业生产，更别提在全球占有支配地位了。我们真正需要做的事情在于，使用成品元器件去创造出某种新颖而具有价值的东西。这种观念或许有悖于我们传统行事方式的本质，但其却恰恰是诺基亚能够比竞争对手们更快且更廉价地生产电话交换机的原因所在。

我们的首个策略性决策是在1987年作出的，当时诺基亚已经认识到移动电话产业必将会发展壮大。诺基亚已经成功地研发出了一款数字电话交换机，并将其型号定为DX 800。这是个有利可图的生产线，产品的主要市场是苏联。除此之外，这款产品还具有其他重要的特质，用于数字移动电话转接的良好平台。

当苏联消失在历史的迷雾中时，我们同苏联的贸易也宣告终结，因此诺基亚电信也不得不开始着眼于西方。苏联市场的突发性损失是相当巨大的，以致诺基亚电信必须奋力谋求生存。1991年8月，我们发现，我们在苏联市场的销售额为4亿马克，该数额少于预算值。然而，我们在西欧以及欧洲以外地区的销售额却在显著增长。诺基亚电信已经成功地开拓出了新的市场，尽管苏联解体曾为我们带来了超过10亿马克的损失。

在我担任总裁之初，我们对移动电话网络业务团队进行了重组：马蒂·阿拉胡赫塔被任命为负责人，而萨里·巴尔德奥夫则接管了蜂窝网系统，其主要专注于移动电话网络。芬兰的移动电话运营商Radiolinja在1991年开创了自己的GSM网络，这件事促进了诺基亚的发展。这预示着一个新纪元已经降临。因此当GSM标准开始在其他国家的市场中逐渐发展起来时，我们早已做好了充分的准备。

萨里·巴尔德奥夫生于科特卡，一座位于芬兰西南部的海滨城市，但是不久后她的全家便搬到了芬兰中部。萨里的高中生涯是在拉赫蒂的一个工业城镇中度过的，她毕业于赫尔辛基经济学院。在20世纪80年代早期，萨里随她当时的丈夫一起去了阿布扎比工作。她于1983年进入了诺基亚，恰恰比我早一年。我是在总部工作以后才开始了解她的。三年后，她希望去业务部门从事一些实际性的工作，于是便迎来了一个巨大的挑战。1988年，32岁的她开始担任移动电话网络业务部的首任主管，该业务部当时的销售额为15亿马克。2004年是她担任该业务部主管的最后一年，当时的全球销售额为64亿欧元。诺基亚蜂窝移动网络的发展是一部几乎无人能及的全球性成长发展史。

诺基亚核心团队中的所有领导者都有着不同的管理模式，而萨里则是我们所有人当中企业精神最强烈的一位。作为移动电话网络部的主管，她是一名相当独立、善于鼓舞人心并精于培养团队实力的领导者。她善于倾听客户的意见并且能够由衷地理解他们的担忧。身为总裁，我完全能够信任她管理自己团队的能力，并且绝非仅限于这些。"生活就是一连串有待学习的课程"是她的座右铭。她那些相当独特的课程之一是她在1995年的那次公休假。"我学会了煲鱼汤并研究了罗马史。"后来她总结道。萨里在离开诺基亚之后，还继续在企业管理方面创下了一番成功的国际事业。

1992年，我已明白我们的网络业务将会发展壮大，收益将会提升。当时所有的指标都显示出良好的状态，并且我信任马蒂·阿拉胡赫塔和萨里·巴尔德奥夫，他们均是我核心团队中的成员。后来，我们会自然地将我们取得的成功归功于企业领导力理论。在美国作家克莱顿·M.克里斯坦森（Clayton M.Christensen）的著作《创新者的窘境》（*The Innovator's Dilemma*）中，他描述了被他称为"摧毁性竞争"的创新。其受害者往往都是那些支配着市场并且已经对企业自身及其陈旧的产品抱有自满态度的大型企业。

那些运营电信网络的主要大型公司都有足够的实力去承受损失。例如，西门子当时所支配的市场规模全然是诺基亚难以企及的。但是，诺基亚却决定将精力倾注于一个更窄的业务领域——电话网络，其将会为移动电话提供一个数字化平台。我们选择一个较窄领域的原因在于，我们想要借此攻入西方市场。这并非是个十分大胆或足具策略性的选择，我们之所以作此抉择是因为，对于那些由若干大型企业分区支配的市场而言，这是我们认为能够突出重围的唯一途径。我们打出了自己仅有的一张牌，却因此而制胜全局。

在诺基亚里，并非一切都是仅凭运气或者直觉的。马蒂·阿拉胡赫塔曾写过一篇关于科技企业全球化的论文，这些企业取得成功的一个关键因素在于能够尽早地进入重要市场，因为这类市场往往能够明显地体现消费者的期望与科技发展的变化。我们的策略总监米克·科森农也曾写过相同主题的论文。他们两人均观察到，随着市场变得开放化和全球化，企业也会以全新的方式重构自身体系。在早期，每个国家都要通过本国专有的子公司去执行所有相关职能。如今无论在理论还是实践方面，我们均能理解世界正处于变化之中。鉴于诺基亚还并非一家全球化的公司，因此，相对于我们正在与之抗衡的那些知名企业而言，我们便能够以全然不同的模式构建我们自己的企业活动。我们并未在每个国家都设有产品研发部门甚至是生产力部门，我们仅在环境条件最佳的地区研发产品，而在生产效率最高的地区进行制造生产。

我们曾经的瑞典竞争对手爱立信则采取截然不同的经营模式。该公司曾在许多国家建立了头重脚轻的运营机构，其抬高了企业支出并减慢了工作效率。倘若在每个国家都任命一名总裁，那么公司将会很快地因区域自主管理和权势争斗而处于瘫痪。至少，诺基亚成功地避免了这种危险。爱立信在泰国曾以2000人的员工规模起步，但这一事实并没能妨碍诺基亚在那里赢取一份关键性的网络合约，虽然我们当时在泰国仅有区区20名员工。

网络业务完全不同于移动电话的销售。在全世界，网络的消费群体当时仅有数千人，而移动电话的消费者数量已将近百万。在网络业务中，至关重要之处在于锁定关键性的决策者群体。这类决策者在不同国家中意味着不同类型的人群，某个国家会以政治因素来导向决策，而另一个国家的决策则会完全倚赖于商业因素。诺基亚必须要兼顾两种情况，并且同时还要谨记，我们的价值观杜绝我们凭借有违诚信或道德的方式参与竞争。如果我们的产品、价格或服务的市场反响不够好，那么我们就必须接受客户的决定。诺基亚绝不会去贿赂它的顾客或利用政治影响力达成目的。

在20世纪90年代中期，移动电话业务部因市场的快速发展而陷入了困境，部门业绩曾在一段时期内相当低迷。然而，网络业务却继续保持了良好的业绩，并因此成了诺基亚的第二支柱。当危机来袭时，诺基亚正是依靠网络业务才得以维系了生存。

诺基亚的网络业务和移动电话业务是完全独立运营的。它们在全世界有着各自专属的分支机构甚至专属的业务区域。例如，它们分别在巴西的圣保罗和里约热内卢设有各自的办公场所。另外，这两种业务也拥有不同的文化理念，尽管二者均以"诺基亚模式"为行事准则。当然，它们确实也有完全交叠的部分，例如在客户导向和科技方面。

在诺基亚的发展历程中，网络业务的重要性有时似乎被忽略了，其源于移动电话业务的发展水平实在相当可观。随着千禧年的临近，网络业务创下了诺基亚约四分之一的收入，而移动电话业务的收益则足足占了四分之三。

然而，我则希望从两个方面来强调网络业务发展的杰出之处。在诺基亚的整个发展史中，公司在电信网络领域发展出了独特而深厚的专业技能。基于这种世界级的专业水平，公司得以在20世纪90年代实现了国际化。网络业务的发展史是创新性与国际化共同实现的过程，而这一切都要由衷地感谢萨里·巴尔德奥夫、马蒂·阿拉胡赫塔以及他们的团队成员。

碎纸片上的计算

到了1993年初，我便了解诺基亚将会存活下去。诺基亚的所有人已经并肩走过了一段漫长的旅程，最后我们终于开始感受到脚下坚实而稳固的大地了。虽然1992年的盈利并不多，但至少我们已经有了盈余。诺基亚已再次成为一家盈利性公司。同年春季，我看到我们的盈利曲线明显呈上升趋势，而我则在年度报告的前言中冒险重申了这种发展趋势。最终事实证明，我们在1993年的盈利比上一年增长了四倍多，移动电话和电信网络业务的利润双双翻倍，而电缆业务也呈现为有史以来的最高盈利年。就百分比而言，我们盈利的跃升幅度从1992年的6700万欧元飙升至1993年的3.36亿欧元，增长比率为509%，这是前所未有的。五年后，我们赚取的利润将会比1993年多十倍，但是年增长率则不如从前。

尽管如此，我却仍感到忧心忡忡，我担心诺基亚会成为敌意收购的猎捕对象。我们已经默默地建筑起了移动电话和电信网络业务的盈利体系，但新闻媒体对此却并未表示出特别的兴趣。因为，坦白地说，外界并不认为我们有望取得成功。然而，我们自己却深知诺基亚当时的状态，并且对公司的未来满怀信念。无论如何，任何一家仅在一年内就产生了5倍以上利润提升的公司都可能成为收购目标，只要其股价估值较低。

1993年，诺基亚开始向国际化企业转型，这种转变是经济层面和心态方面的双重改变。芬兰曾一度凭借着对国外股权设限的方式来保护本国产业。在1993年初，这些限制被一扫而空。诺基亚的所有权开始从那些芬兰银行、保险公司和其他机构转移到美国人手中。

我们分别在1993年和1994年向国际投资者们发行了两只股票。这是一项有意识的举措，我们欲将所有权推向国际市场。其使我们得以有机会去为我们的投资筹集新的资金。我们并不想有所负债，而是希望利用我们自己的现金流或资本来为我们的投资创收。股票发行为我们额外引入了35亿马克的资金。

成功的企业集团的确存在，世界最大的企业通用电气正运营得一年比一年好。在欧洲，西门子众多业务的唯一共同特征不过是它们一致享有的企业名称而已。在动荡时期，企业集团往往都是不慌不忙地泰然处之，因为它们的各个业务区是绝不会同起同落的。

然而，西门子或通用电气的模式却并不能代表诺基亚模式。诺基亚曾因机缘巧合而成为一家企业集团，但其许多业务区的规模根本不足以在国际化氛围中独立发展。在诺基亚的许多传统业务区中，市场早已被一些大规模的对手瓜分侵占。抑或是，这些业务遭受着那些从远东地区初来乍到且规模巨大的竞争对手的威胁，他们通过降低价格而侵略性地抢占市场。诺基亚并没有能力去应对每个业务区域的激烈竞争，我们所要做的是，在那些发展前景最佳的区域中集中产品研发。我们需要去选择那些有望实现国际标准的科技产业区。

我十分推崇企业集团，其在现金储备充足时会运作得尤为良好。但是，有所侧重则有助于促生改变。如果一家科技公司致力于确定的一个或两个领域，那么，对众多知名企业的挑战而言，该公司则会比一家企业集团更具竞争优势。一家业务高度集中化的公司会拒绝搭便车的乘客，公司不会专门培养那种愿意包庇错误或为之买账的溺爱型家长。对于一家已决定要倾注全力在其所选市场中制胜的公司来说，其中的每位成员都必须全力以赴。总体而言，在业务领域单一的企业中，工作过程往往更充满干劲和激情。

企业集团和业务领域专一化的企业需要截然不同的管理模式。一家企业集团的总裁在企业经营过程中可以将精力集中于资产的投资组合。企业总部将资金投入各种产业部门，尽力培育和发展这些产业以敛聚财富，等到时机恰当时再将相应的份额售出。总裁必须要对所有产业一视同仁，如果他对某种业务偏爱有加，那么其他的产业就会有受到忽视的感觉。企业的管理者们会认为资源没有被平均地共享，其中的一些优秀人士便会去投奔那些能比该企业集团更好地经管其原有专业领域的企业。这些优秀人士得以在那些知人善用的企业中飞黄腾达。对于一家优秀的企业而言，为员工提供发展机遇应是企业自身的责任。

在一家专注于特定的业务领域和产品的企业中，总裁需要了解的是，公司正在做什么以及这么做的原因。他并没有工夫去领导一家"财务公司"或是去"发展领导力文化"。他必须了解企业产品的相关基本要素、他们所使用的科技以及产品的市场营销方式和采用相应营销策略的原因。克莱顿·M.克里斯坦森教授相信，许多重要的大型企业都秉承以客户为导向的方针，而不是听命于企业管理者。他毫无疑问是正确的，并且唯有对公司运营了如指掌的总裁才能够与客户商谈事务。从另一个方面来说，企业集团的领导者则很难充分地了解到企业的所有产品、生产模式以及营销方式。科技发展、全球竞争和市场演变共同为企业总裁工作的"删繁就简"提供了保障。

因此，我支持企业的专业化。这不仅适用于诺基亚，也符合我个人的领导风格。在20世纪90年代，公司最终决定专注于两个领域——移动电话和移动电话网络，这一决策主要由我负责。然而，诺基亚从企业集团向专业化科技公司的转变之路却并非一个短期、易行且有条不紊的过程。

1993年，我再次和康培凯坐在一起仔细考虑起公司的未来。在这些讨论会议中，我们都类似地谈及了一些大大小小的事情。我们探讨了诺基亚的策略、企业的投资者以及一些实际问题。我当时产生了一个自认为不错的想法，并向康培凯询问了各个业务区的价值。如果诺基亚在证券交易所的价值与其股份的市场价值分别被分配给各个业务区，那么它们各自的价值又将会是多少？康培凯没有立即作出回答，但他答应会去计算清楚。

我们在几周之后便重新回到了这个问题。我们再次一起坐在我的办公室里，与此同时，康培凯则仔细地检查着他用铅笔在碎纸片上进行的计算。他给出的结论是，我们的移动电话以及网络业务具有"正价值"，电缆业务为"微正价值"，而消费电子业务则具有与电缆业务程度相当的"负价值"。我们盯着这些数据沉思了片刻，考虑着它们究竟意味着什么。它们意味着诺基亚的价值相当于其移动电话和网络业务的总价值，而其余的业务，即消费电子和电缆，则应当被出售。但是，这么做的前提是公司确信其有能力在短期内创造收益。公司在投资者眼中的价值往往与公司在随后的几个月或几年中的创收能力截然不同。

我拿走了康培凯的那张纸片，并将其保存在那个已陪伴我两年之久的皮革公文包中。其成了对诺基亚在当时所做之事的一种重要提醒。正是基于这些计算，我们才最终决定了诺基亚的前进方向。然而，这些决定并非是在我与康培凯的交谈过程中作出的。接下来，便是将此决定告知董事会执行委员会，董事会主席卡西米尔·伊赫恩如斯和副主席乔治·尼斯坎南均为其中的成员。"这个决定的理论基础听上去不错。但是董事会还须考虑诺基亚是否已经准备好经受如此巨大的冲击……或许我们需要来自第三方的意见。"

我们决定让咨询公司麦肯锡来对诺基亚的选择进行一次独立的考察，即对我们仅专注于移动电话和网络这一计划是否过于冒失来进行策略性评估。他们的研究结果将会被用在1994年5月于香港举行的董事会策略性会议中。咨询家们最终决定支持我们的提议。我们估计，诺基亚在2000年将拥有25%的全球市场占有率，而其在1994的相应份额为20%。麦肯锡对此发表的意见仅仅为"祝好运"。2000年，我们的市场占有率最终为32%。

我们对诺基亚的未来也发表了自己的看法。我们说，我们相信移动电话和移动电话网络业务中的有机增长。我们还提议，1995年后我们的策略应当探索出一种利用本土多媒体产品中的电子专业技术来进行发展的途径，尽管这种发展策略需要我们退出消费电子和电缆业务的实际生产。

一旦策略方向明确，我们便开始着手实际工作。我们的电缆业务在1995—1996年间被出售给了国际投资者，诺基亚轮胎于1995年在赫尔辛基证券交易所上市，但诺基亚仍持有部分股份。诺基亚轮胎上市后非常成功，而诺基亚则是到2003年才最终出让其所持有的股份。1993年10月，董事会同意将出售整个消费电子业务作为我们的主要目标。但是，我们必须在运营体系重新调整完成后方可出售该业务部。2004年3月，公司决定关闭位于埃斯林根的阴极射线管工厂。我们的处境看上去似乎开始明朗了一些，因为移动电话和电信业务的成功已经巩固了我们的财务状况，以致公司足以承担从电视机产业撤离的相关损失。

1994年6月，我们在董事会上提出了诺基亚到2001年的前景计划。据我们估计，这项新策略能使公司在2001年赚取9.2亿欧元的利润，而那时的营业额将会达到119亿欧元。这些数据表明，数年之后的发展水平是任何人都难以想象的。我们和其他任何人都不清楚，诺基亚后来如何抵达了龙卷风的漩涡中心。2000年，我们的利润为58亿欧元，营业额为304亿欧元。这些数据至少说明了，我在1994年时曾是多么不善于预测移动电话业务的发展前景。不过，诺基亚的所有领导者也都从中学到了经验。即没有人的预测会超出其确信能够兑现的范围。在芬兰的传统中，我们的估计往往要比我们竞争对手进行得更加谨慎。在企业业绩迅猛增长的那几年，这一事实有时会让投资者和投资分析家们都困惑不已。

在移动电话业务部，龙卷风已经开始形成。这场旋风将会先把诺基亚从地面托升至令人炫目的高度，之后又会令企业俯冲直降，仿佛要在重返大气层时支离破碎。而激动人心的时刻实则又已在不远处拭目以待，这些振奋人心的时刻是1994年香港会议中的所有人都未曾想象到的。

我曾经认为我们应当专注于自身最为擅长且最为坚信的业务领域，其已在如今得到了印证。从这种意义而言，1994年的香港会议则是决定了诺基亚在未来数年，确切而言是十年的命运。我曾深感责任之重，但也充满着无限的喜悦之情。如今，诺基亚已经成为我所坚信以及我所希望领导的那种公司。但是在很大程度上，诺基亚仍然处于成长阶段，并且仍需经受许多成长蜕变的困扰。

关闭电视机产业

我们都在积极热情地寻找着撤离消费电子领域的方法。我曾委托自己最信任的朋友佩尔·卡尔森去寻找可能的合作伙伴和撤离途径，佩尔为此拜访了很多人，倾听了投资银行家们的意见并将其汇报给我。但是，他既非魔法师又非宇宙之王，因此并没能找到可以快速解决问题的方式。最终，消费电子业务部的主管汉努·博格霍尔姆决定离职，所有责任随后便被移交给了塔皮欧·希因提卡。这并非一项容易的决定，因为汉努曾尽其所能地推动了电视机业务的发展。在从事目前这份工作以前，汉努曾一度是一名备受尊崇的主管，但是，他的能力却并未能胜任推动消费电子业务发展这项希望渺茫的任务。

希因提卡的工作任务在于，出售消费电子业务并彻底终结诺基亚与该业务领域之间的牵连，以及重整当时一盘散沙的局面。他与自己所能想到的每个电视机制造商进行了洽谈，我们曾找过飞利浦、根德、夏普、三星以及大宇。如今，我实在已经记不清我们曾尝试过与多少家电视机制造商进行交易。周复一周、月复一月，情况似乎变得越来越无望。

1995年秋天，塔皮欧结识了索尼的总裁出井伸之（Nobuyuki Idei），他们两人共同探讨了索尼和诺基亚之间可能的合作关系。索尼与西门子的合营企业当时已经以失败告终，因此索尼正在寻找新的合作伙伴。1996年1月末，我和塔皮欧前往日本参加一场会议，我们的贸易策略总监威利·桑德巴克（Veli Sundbäck）也与我们同行。我们在下午两点与索尼团队进行了会面，讨论则一直延续到了我们的日式餐桌上。一切都进行得非常融洽。出井伸之建议，合作范围应当不仅仅限于将我们的消费电子业务出售给索尼。他正在寻求一种全新的合作模式，即把移动电话和电视机业务均包括在内。由此则将会诞生出一个新的品牌：索尼-诺基亚。日本人当时想必是认识到，1996年实在不是我们在远东地区发展业务的最佳时机，因为我们的移动电话业务部当时正处于物流危机之中。索尼看到了这个有望从我们移动电话业务的成就中攫取凤毛麟角的契机，但我却以彬彬有礼的态度对出井伸之先生的提议表示了断然的拒绝。移动电话业务决不会被列入商谈议程，诺基亚只会凭借自己的品牌力量或兴或衰。

我们曾花费数月时间去筹备与索尼的合作工作，为此还成立了工作小组并且进行过一些认真而详细的讨论。那时，欧洲的电视机制造商们大都希望我们会关门停业，他们仅仅想要降低欧洲电视机产业的生产力。为了排挤诺基亚，这类群体可能会毫无愧色地利用不法手段使诺基亚关门大吉，进而将诺基亚电视机的各个品牌占为己有。他们对持续生产没有丝毫兴趣，因为电视机产量相对于消费者的数量已远远供过于求。对索尼而言，其所寻找的则是一位策略性合作伙伴。可我对此却并没有兴趣。虽然出井伸之看上去有些失望，却仍然保持了他应有的风度。几年以后，索尼借助于同样的策略而取得了更多成功，尽管索尼-爱立信最终还是未能成为全球移动电话市场中的佼佼者。

和索尼的谈判并没能帮助我们解决电视机产业的问题。塔皮欧·希因提卡继续忙碌着，他几乎把世界上每个电视机制造商都拜访过了。他去了韩国、土耳其、中国台湾、日本以及许多欧洲国家，但每次都是空手而归，我们仍然身处那些亏损工厂的围困之中。最终我们认为，改变策略势在必行，我们必须要对外宣布我们的意图。除非我们向世界宣告关闭工厂的打算，否则我们绝无可能找到合适的合作伙伴。就我们当时的处境而言，这是唯一可行的办法。

十一月，塔皮欧前往德国波鸿去宣布我们欲关闭当地工厂的决定。有人曾警告他要当心当地大规模的游行活动，于是他预订了早班飞机以试图避免碰上这种情况。然而，航班却因故被延误了，他正好撞上了数千名愤怒职工的游行队伍。这些人对塔皮欧发出警告，要求他必须进行一场具有足够说服力的公开演说，以使德国工会会员能够充分理解事态的严峻程度。一向不苟言笑且沉默寡言的塔皮欧并不是一个善于演说的人。他站在广大听众面前以简洁清晰的芬兰语进行了长达一小时十五分钟的讲话，其间既没有出现过一次反驳抗议声，也没有任何人提出过攻击性的问题。他已经成功地实现了自己的目的。

当关闭工厂的消息在波鸿传开时，一位合适的买家出现了。香港控股公司善美环球（Semi-Tech）希望帮我们卸除这些负担。我们开始进行谈判，并且有一位来自纽约的经纪人进行协助。我方希望让善美环球接管德国的生产线，并且希望将我们在芬兰图尔库的那座建立已久的电视机工厂同时纳入此次交易当中。善美环球则想把产业转移至中国。

善美全球是由丁谓一手创建的，詹姆斯·亨利·丁谓（James Henry Ting Wei）于20世纪80年代在加拿大创立了这家企业。该企业的行事手段极为粗劣，它将收购的商标品牌附加于自己企业的产品上，而这些产品都是以最廉价的方式所生产的。善美环球并不会费心去研发自己的产品，而是仅仅希望尽可能有效地从收购企业中获取资金。例如，这家企业曾经收购过著名的胜家缝纫机（Singer sewing machine）品牌，在我童年时期家里就曾有过这样一台缝纫机。

在考量了丁先生的情况之后，我们便启动了进一步的谈判。谈判的气氛相当紧张。我们必须要提供现金去弥补芬兰图尔库工厂的亏损，同时我们也不得不在生产力和商标品牌上作出妥协。这是一次令人费解的交易，我们作为出售方竟然在最终多出了约6亿马克的净亏损。这或许并非一次足够明智的交易，但我们确实已别无他选。我们希望能够彻底地摆脱电视机产业。

谈判从1996年春季一直持续到了夏季。七月初，正搭乘私人游船的塔皮欧·希因提卡收到了一份涉及初步谈判内容的45页传真。希因提卡当时对通信科技的发展水平大为赞叹，因为传真是通过无线方式发送的。

与善美环球的收尾谈判开始于1996年7月12日，整个过程持续了将近五天。在7月17日早晨5点左右，我们最终商定出了一份双方都能接受的协议。那天清晨，谈判双方都已经处于忍耐极限。无论如何，我们终于完结了诺基亚的一个篇章。

在随后举行的董事会会议上，我对塔皮欧·希因提卡表示了特别的感谢，他一直在为公司努力争取利益，直到谈判的最后一刻。在诺基亚按照协议完成了实际出售之后，希因提卡便于当年秋季成为海克曼公司的总裁，其为一家知名的厨房用品公司。他最广为人知的业绩则是在索内拉担任董事长，其后来变为索内拉电信。

善美环球和丁先生已经被允许在其产品上使用"诺基亚"这一名称，截止期限为1999年。他们还曾在限制极少的情况下使用过卢克索（Luxor）、萨罗拉（Salora）、飞力（Finlux）、罗兰仕（Schaub-Lorenz）、海洋（Oceanic）以及Guestlink这些商标，许多芬兰人都购买过这类品牌的电视机。善美环球曾两次请求延长"诺基亚"名称的使用期限，但是我都没有同意。在其后的三年里，每当我因打开酒店房间中的电视机而看到诺基亚的广告时，都会感到糟糕透顶。我实在不希望这种情况会继续下去。我们的市场营销人员都正在尝试使诺基亚成为移动电话和移动通信领域的全球知名品牌，并且已经小有成绩。我们绝不希望公众被其他产品领域中的诺基亚品牌所迷惑。后来，善美环球公司出现了问题，致使其破产倒闭，而丁先生也必定亏损了很多钱。庆幸的是，我们再也不必为之烦心了。我们自己已经为此损失了足够多的钱财，在几年之间总计超过了70亿马克。

我已经在去年秋季向投资者们承诺，电视机产业在1996年将不会再是我们所头疼的问题。我为自己得以履行这个承诺而感到自豪。或许，我们本应更早地作出这些艰难的决定。然而，即使电视机产业处于待售状态，我们也仍应该为该业务的经营者提供一次扭转局面的机会。电视机产业曾一度处于非常艰难的境况中，企业的两种目标相互矛盾，从而使我们产生了巨大的压力。当这种非健康的阶段结束时，我终于如释重负。可是，我也经常扪心自问，是否我本应将此问题处理得更快或更好。

这并非仅仅是钱的问题。我们在电视机产业中的冒险经历已经耗费了大量的时间、高层管理者所拥有的技术和紧张的能源、企划人员以及工人。倘若这些资源被投注于那些更具生产力的领域，那么诺基亚一定会做得更好。我并不能责备那些曾决定让诺基亚成为欧洲最大的电视机制造商的人们，然而，我的确也希望他们看看自己为其继任的管理者们所设下的"陷阱"。

五人团队——不同的领导方式

诺基亚的新领导层和新的管理方法都只能逐步发展成形。1994年末，我们组建了一支思维理念共识度较高的管理团队。我们认同公司的价值体系，拥有类似的直觉判断力，对公司的未来心怀憧憬，并且均为实现这一愿景作出了卓越的贡献。

这支领导团队是不同寻常的，或许是独一无二的。其领导核心由五个人构成，而整个高管团队总计约12人。但是就领导力而言，则应属这五名关键领导者——五人团队，他们在引领公司向前发展的过程中很少依赖正规化的组织结构，而是大多凭借着信任和信息共享。

在我于1985年初到诺基亚的头几个星期中，我结识了康培凯。他的优势包括对法律和财务问题所具有的良好直觉以及对商业法律的深切理解。康培凯总是把公司利益置于首位，并由此不断地去探寻能够使网络业务和移动电话业务协同发展的方法。相比于其他人，他更容易消极悲观，因此他的发言往往也是最少的。

当我于20世纪80年代去总部工作时，也了解到了萨里·巴尔德奥夫这个人。她曾是移动电话网络部的最高领导者。萨里具有商业教育背景，管理方式轻缓柔和，并且具有善于鼓舞人心的杰出才能。她会密切关注那些运营中的企业，因为顾客的需求决定了她的主要收益。

马蒂·阿拉胡赫塔是1993年成为通信组主管的。马蒂是芬兰强大的工程技术遗产的代表者，他是我们团队中唯一一位真正的学术导向型人才。他的论文曾一度被纳为小型工程公司的发展动力。他是我们的科技能手，能够综合性地评估网络和移动电话领域的科技发展趋势。

佩卡·阿拉-佩蒂拉于20世纪80年代开始就职于诺基亚数据部，主要从事计算机软件方面的工作。我是于20世纪90年代在萨罗的移动电话业务部首次结识他的，该业务部后来则由他负责管理。佩卡会将顾客的心声带入我们的讨论当中，因为他已经将手机用户对我们产品和业务经营的反映充分内化于工作中了。

在1994年至2004年间，我们的团队在经营诺基亚时并没有明确的计划或是一个意图明显的决策。我们五个人都具有相似的背景，我们都是土生土长的芬兰人，都曾在赫尔辛基学习并最终来到诺基亚工作。然而，更为重要的是，我们在处理问题的方式上所存在的差异。我们的团队在事物认知上千差万别，这在我们需要解决问题时尤其能够体现出来。作为总裁，我常常发现很难找到一个能达成共识的准则。然而，争论却得以彰显出创造性，以促使我们全方位地考虑问题。

为什么是五个人，而不是四个或七个人？这或许是机缘巧合，仅仅是恰好有五个人在场。但是后来，我无意看到了一份由美国心理学家作出的研究报告。其中的一个结论是，团队的最优规模应是4.7个人。那么这毫无疑问是个机遇。五人团队并非那种在公司内篡夺合法权力的军团。一个由12人左右组成的执行委员会会对所有重要的事务进行月度审查，在我的印象中，还从没发生过违反常规程序的情况。我们在重要的决策上都会倍加谨慎，并且这些决策只有经过董事会的同意才能够被实施。但是在到达该阶段之前，五人团队还须完成基本的计划和讨论。通常，几通电话便足以将问题推至最终决定的地步。因为，这个团队是开放式的，正规的会议非常罕见。

只有当我们需要进一步探究问题时，诸如对公司流程中的新政策或变革提出质疑，我们才会统统围坐在桌前。这种情况通常发生在周日晚上或工作日早晨七点，这些是我们日程表中唯有的空闲时段。我们往往是在我的会议室中集合，但有时我们也会回到诺基亚那座位于赫尔辛基之外的巴特维克庄园。我们从不会对各种会议进行正式的记录，我通常也只是分别和五人团队的其他成员进行一对一的会议。

在1992年的巴塞罗纳奥运会上，著名的"梦之队"曾是美国篮球的代表。来自于NBA的专业球员首次组队代表美国出战，这意味着该团队是篮球场上势不可当的佼佼者。同样地，媒体也开始将诺基亚的五人团队称为"梦之队"，尽管除了安西·范乔基之外，诺基亚几乎没有人对篮球感兴趣。在公司内部，我们是绝对不会谈及"梦之队"的。尽管这个词组已经在世界其他地方逐渐传播开来，可是该词组的含义却因使用人群的不同而有所差异。

这种独具一格的团队和管理风格究竟是如何形成的？其成因是多方面的。最重要的一个因素是，我们对诺基亚的发展方向以及我们能将诺基亚发展到多高的水平有着共同的理念。这种共识是经过若干年的经验才得以形成的。其意味着，我们在公司的领导模式和组织的建立方式上都持有共同的看法。

我们的共有价值体系是一切事务的基础。这意味着，忠于并信任那些最有利于公司发展的方面。具有真才实学、愿意承担责任、能够倾听意见以及拒绝参与办公室政治是我们的实践方法。我们会努力避免那种仅为遮掩问题的决策。我们不排斥有悖于公司繁荣发展的矛盾冲突，因为这要比表面的和谐假象更加良性健康。网络和移动电话业务之间正在发展的矛盾恰恰是一个很好的例子。我们决定让这种局面继续下去，而不是像我们的竞争者们那样仅冷静地支持某一个领域。这种方式实现了真正的同僚制，任何人都有权基于事实挑战其他人的观点，但是对权力的争论则完全不被允许。

重视领导力是诺基亚所有流程规范的基础。这可以帮助我们在彼此不太熟悉的情况下更好地开始工作。在五人团队成立以前，我们彼此间都不曾是亲密的朋友。我们相互尊重的基础在于，我们了解每个人都在从同一角度为公司考虑，以及我们对公司员工的关注要甚于任何其他事情。这使得我们对彼此所共同致力的事务产生了一种强烈的责任心，几乎没有什么能够与之匹及。我们日常工作的主要特征是交流沟通和开诚布公，重要的问题都会在五人团队中共享。因此，任何问题都不会是出人意料的，因为每个人的工作都基于完全相同的信息量。通过这种方式，我们得以维持良好的信任感，尽管大量的出差往往会迫使我们在公司缺席很长一段时间。

多年以来，我们彼此之间形成了一种心照不宣的内部信任感。在这种信任的基础上，我们便能够承担风险以及快速作出决策，并且无须经过正式的审批流程便能够以公司的名义处理事务。毫无疑问，省略程序化规定，五人团体完全有能力独立地作出重大的决策。另外，我们也并不习惯于回头质疑从前的决定。每个人都互相理解，假如萨里、佩卡、马蒂或康培凯曾作出了一项决策，那么这必定是在充分考虑了公司最佳利益的基础上而作出的。例如，诺基亚日趋增加的人力资本就恰恰体现出了这种逐渐增强的信任感。

有人或许会将诺基亚在这十年中的领导力描述为业务发展阶段中的典型自由模式。除了政府的等级划分，你还可以按这样的四种等级来划分：总裁、五人团队、执行委员会和200名关键员工。这四个等级彼此相互交叠并且时刻都在进行着紧密的沟通。

作为总裁，我可以与这200名左右的关键员工直接交流，并凭借他们在全球范围实现日常运营，当然五人团队中的其他成员也可以。在20世纪90年代，电话仍然是较为普遍的通信方式，因为电子邮件当时还未普及。只要你记得诺基亚的业务领域，就应当明白电话绝对是一种很好的交流意见的方式。五人团队中的其他成员都并不介意我与他们的下属直接联系，因为公司总裁与问题相关领域的经验人士直接交流是诺基亚企业文化中的一部分。这是我开展工作的核心方式，其能够确保我得到快速的答复。

我们的管理团队一起工作了很长一段时间，实际已超过十年。这段漫长的时期对一家大型的全球化企业而言是不同寻常的，因为其间存在着持续不断的压力以及员工的重度体力透支。与此同时，领导者还必须努力地向其员工传达出积极乐观的心态。我相信，在我们这个漫长的任期背后存在着多种支持因素。其中最重要的一个原因无疑是，情境的快速变化致使我们改头换面，以及由改变所带来的兴奋感，我们正生活在一种非常时期。我们每个人都面临着十分艰巨的问题，而解决这些问题则恰恰会增强彼此之间的信心。我们的生产力让所有人都产生了强烈的个人满足感，并且因此加强了我们前进的动力。

另一个原因应该在于，团队中的每个成员在那十年间所经历的责任轮换。马蒂·阿拉胡赫塔起初负责网络部，后来则管理移动电话业务。佩卡则是在经营移动电话业务部之后接管了新的业务活动和策略计划。萨里·巴尔德奥夫除了负责管理移动电话网络之外，还在亚洲从事了两年的诺基亚商业事务。责任轮换使我们能够从全新的角度审视问题，并且有助于保持团队的活力。

五人团队的实践创造力则是源于另一个因素。因为我们的价值观相当整齐划一，因此在合作能力上便独具优势，是协作水平最佳的动态合作。特别是情感的表达方式和团队讨论所激起的纯粹热情，个人的劣势和优势在每个紧密合作的工作团队中都得以充分展现。我们了解到这些，便能尽量正确地引导他们为公司创收。

在这种团队中，成员之间的个人关怀尤为强烈。如果你已筋疲力尽，便会有人支持并鼓励你去休息一会儿。情绪失控和其他一些人格缺陷都会被理解。我常常将诺基亚深刻地描述为一种综合体验，其不仅仅是工作场所，也不仅仅限于某种情感历程。在一定程度上，这些体会是来自于五人团队中所共享的积极经历。

一切好事终有尽头。当我们在21世纪初始不得不面临各种各样的压力时，也是自然而然的事情。在1998—2001年之间，我们的工人大约增加了4万人，总数则达到了6万人。这个事实本身就带来了企业谋求改变的压力，一家不断发展的全球化企业要求一种更加正规的领导模式。因此，在21世纪早期，诺基亚更新了企业的领导方式。

然而，时间的滤网却足以将一切不合时代的成分统统滤除，曾经的观念及其吸引力都已开始变得黯然失色。没有任何结构能够长存不灭，那只是相应时代所孕育的产物。或许，我宣布离开诺基亚的事实引起了一定程度的躁动不安以及做事流程的捷径化。但是，这些都是微不足道的。重要的是，2004年，一颗思想卓越的头脑还在以常规模式考虑着一些关键问题。

有人或许会问，"五人团队"模型能否被用于其他场合。我的答案是，能也不能。我们领导方法的基本原则——信任、公开化等，适用于任何组织机构，因此我给出了能够适用的建议。在另一个方面，五人团队中各个成员的工作方法是无法被完全复制的，这种工作方式显然最适于那种快速发展的公司，其需要一种反应迅捷的企业管理模式。正是快速决策的能力使诺基亚具有了竞争优势。商业环境越成熟，企业规模越大，则会越不适用我们这种自由式模型。

诺基亚的奇迹?

1994年6月，芬兰的"新闻周刊"类杂志刊登了一篇题为《诺基亚的奇迹》的封面故事。该文章称，诺基亚曾在1992年"退出公众视野"以整顿公司内务，如今该公司已经准备好征服世界。这篇封面故事告诉读者，"约玛·奥利拉已经将公司的死亡螺旋扭转为一种充满动力的攀升趋势"。该杂志还解释道，如今诺基亚股权中的43%为国外股权，并且这一数据仍会继续上升，因为该公司正准备在纽约证券交易所上市。

文章的标题足以说明，诺基亚在1992—1994年间的公众期望值有多么低。仅我们得以存活并继续发展的这个事实本身就已经引起了一片好奇，至少对外界而言是这样的。"奇迹"一词的使用并不符合我的本意，尽管我们确实曾交上了好运，而那无疑也是我们极度渴求的东西。然而，比运气更重要的，是我们的辛勤劳动、仔细规划、个人热情以及着眼于要事，这些才是企业得以存活的关键所在。为了专注于业绩最佳的领域，我们也曾作出了牺牲。

我十分推崇美国教授吉姆·柯林斯（Jim Collins）对企业应当如何进行策略规划所持有的观点，其必须要明确三个关键性的领域：企业在全球范围内最擅长什么、企业的热情活力体现在哪些方面以及企业能够通过哪些途径来产生巨大的经济影响力。换言之，企业怎样才能创造出最多的利润。这三个准则的交汇之处便会形成最优的结果，而这也正是诺基亚在1994—1995年的工作模式，即使柯林斯的这一杰出理论在那时还没有发表。

诺基亚于1994年7月在纽约证券交易所上市，这一事实不仅提升了企业的知名度，而且迫使企业开始更频繁地向投资者发布消息，因为我们很快就拥有了一批信息需求度高的新股东，尤其是在美国。我们开始将每年三次报告业绩成果的芬兰传统改为了季度式汇报。每当我们发布了季度或年度报告时，都会召集投资者们参与电话会议。我们会按照业务种类分别汇报成果。

纽约证券交易所成了诺基亚在全球市场上业绩成果的无情裁断者，这种评测每分每秒都在进行着。此次上市也对诺基亚的内部工作产生了一定影响。我由此便可以更容易地要求员工提高业绩，因为投资者们的反馈既是压力也是动力。投资者和投资分析家们会对我们的成功或失误统统作出迅速的回应，而评判诺基亚成功与否的关键衡量标准则在于我们的股价和诺基亚的市值。

与此同时，我们公司所具有的芬兰色彩也更少了。国外股权比例从1994年的43%增长到了1997年的70%，然而，诺基亚发行两只股票在当时仍是毫无意义的。K股得以显示出强大的实力优势，而国外投资者在1997年仅拥有总份额的16%，因此国内股东在表决投票中仍起着决定性作用。1999年，两只股票合二为一，诺基亚因此成为一家名副其实的国际化公司。曾在20世纪80年代掌握诺基亚大权的那些芬兰银行一度最先缩减了其持股份额，而那些在20世纪90年代早期对诺基亚保持信心并坚守其投资份额的芬兰投资者们却在1994年目睹了股价的十倍增值。然而，这也仅仅是个开始。

虽然诺基亚的"奇迹"早在1994年就已实现，但是我们还仍未征服世界。实际上，当时的世界依然不清楚我们是谁。在与摩托罗拉和西门子的竞争中，我们还默默无名。在美国，摩托罗拉仍占据着主场优势，而媒体则常常扮演着摇旗呐喊的支持者。例如，《财富》杂志曾在1994年4月刊中将其捧为"世界经营最佳的企业"。该杂志声称，很难找到能够与摩托罗拉的杰出卓越相匹及的另一家企业了。在这篇文章中，某些专家和摩托罗拉的高管们大肆宣扬了摩托罗拉的企业文化、科技水平以及新的研发计划，诸如铱星卫星电话。他们预测，到2013年，摩托罗拉将会发展成为年营业额2700亿美元的行业巨头。这篇文章在文末总结到，该行业的伊甸园中只有一条蛇，摩托罗拉如果过于自信则可能会走向失败。

《财富》杂志对摩托罗拉所设想的美妙愿景并没有实现。诺基亚在1998年超越了摩托罗拉的移动电话市场占有额，之前的铱星计划也因巨大的亏损而石沉大海。通常，该领域中最大的企业往往也是反应最不敏捷的，其无法足够快速地应对新的科技或新市场的开放。而市场竞争却永远不会平息，因此每个企业和每位总裁都必须不断地谋求发展机遇并适时地进行自我更新。这是相当困难的事情。

对诺基亚而言，1994年是个精彩绝伦的年份。我们的前景正在变得越来越明朗，发展水平也创出了历史新高。我们已经成为一名身手敏捷的竞争者，能够轻而易举地发起我们的进攻之势，因为那些大型企业甚至还没有注意到，我们正在侵占他们的市场并且也研发出了诺基亚专有的新产品。芬兰市场的重要性已经开始稳步消退。1994年，芬兰市场的销售额在我们的营业额中仅占到了11%，而欧洲市场则占了59%，北美市场和亚洲市场的比例分别为13%和12%。后来，欧洲区的份额仍居高不下，同时，北美和亚洲市场的销售额也发生了显著的增长。

截至1994年，我似乎感觉到，我们已经在不知不觉中成功地转变了诺基亚的观念模式。我们所有人已经成功地捍卫了我们的价值体系，我们会频繁地召集员工们参加讨论会，彼此间也会共同交流诺基亚应该如何发展。每个人都非常清楚自己在做什么。我曾将1994年称为"执行力非凡的一年"。在我们讨论完价值问题之后，就应该准备着眼于实际层面的发展了。我们需要将决策付诸实践，并且我们必须要发展出更加优良的架构体系来支撑我们所有的工作流程。

　　每位领导者都清楚，快速的发展会带来风险。如果公司发展过快，我们可能会对事态失去掌控能力，并且无法依实际需要去全面有效地规划各种活动，从而能够听取的重要意见也几乎所剩无几。那些被令人忧虑烦心的公司生存问题以及迫不得已的成本削减所充满的黑暗岁月最后终于离我们远去了，我们已经赢得了那场比赛。不仅如此，那些我们在若干年前曾怀着惶惑不安的心情去登门造访的银行家们，如今已经在主动拜访我们了。出于某种原因，他们希望为我们提供资金，对我这样一名前任银行家来说，这种感觉非常好。

难忘的一年

1994年，我们首次品尝到了硕果累累的滋味。移动电话市场正处于空前繁荣的发展阶段：我们的盈利额不断提升，产量的年度增长率已经高于100%。

同诺基亚的其他高管人员一样，我也从未经历过如此巨大的成功。我们体会过艰难的岁月，也曾乐观地亲历过一些蒸蒸日上的好时光。我们曾携手走过了一段近乎绝望的旅程，其间，公司似乎已经毫无可能如其竞争对手摩托罗拉和爱立信那般强大了。不仅如此，我们还经历过一些令人万念俱灰的痛苦时光，那时，由上一代管理者所承载的所有风险曾于顷刻间砸落在我们的肩头上。而当我们齐心协力地使诺基亚的精神和团队力量发挥至极致时，亦曾亲身感受了欢欣鼓舞的时刻。

我们毫不清楚，诺基亚在这个或许是本世纪发展最快的领域里究竟如何才能被经营成一家国际化企业。任何人对此都是一无所知。尽管如此，诺基亚却仅用了1994—1995两年时间就成为一家国际化企业。公司必须要经历转型，我们对此都深信不疑，因为我们在90年代中期已经在试图全力地冲破体制的砖墙。

1995年6月16日，诺基亚发布了其第一季度的业绩成果。在前一年的基础上，一切均是众望所归。1995年第一季度的利润已从9.7亿马克增加至18亿马克，而投资分析家们曾经作出的预估数据为15亿马克。因此，甚至早在芬兰的盛夏来临之前，我们的股价便已自然而然地呈现了飙升趋势。我仍按照惯常的方式来度过暑期休假，其意味着继续工作。我分别去了东京、香港和吉隆坡与客户见面，差旅结束后回到公司，从七月起又连续工作了一周。

我将更多的假期安排在了七月末，我希望在奥里维西的夏季别墅里平静地消磨这短暂的时光。我们在那里钓鱼、烧烤并且和朋友们聚了聚，就像所有芬兰人那样。对我而言，那个夏季的欢乐时光似乎是我应得的。那时，公司里的大多事务都已经步入正轨。虽然我仍在为解决消费电子业务的问题而烦心，但是我相信我们定能找到脱离困境的方法。

1995年对于芬兰也是充满挑战的一年。国家在90年代早期所遭遇的经济危机的遗留效应仍然冲击着整个体系。芬兰曾于当年初加入了欧盟，而这在五年前苏联仍未解体时则是绝对不敢想象的。加入欧盟得以使我们更开放地去吸引国外投资和欧洲单一市场中的某些投资，竞争的清新气息逐渐吹遍了芬兰的各个角落。

适者生存的原理同样适用于企业：曾互为死敌的两家大型银行如今已合二为一，不久之后将会成为北欧联合银行中的一部分。此外，也对芬兰社会中正在发展的变化起到了推波助澜的作用。随着城市化进程的不断加速，曾陪我共度童年时光的小农场已经不复存在。

在世界的另一个角落，前南斯拉夫的民众正在进行血腥的战斗。"种族清洗"的新闻开始从这个曾经归属于古欧洲的国家传至了家家户户，战争忽然间再次涌现于欧洲大陆的中心。在高加索，俄罗斯正在将车臣夷为平地。而在中东地区，这则是相对平静的一年，至少在伊特扎克·拉宾（Yitzak Rabin）于11月在特拉维夫中部被暗杀之前。继此之后，新一轮的暴力又开始了。

此外，当时还存在着一种关于因特网的说法，即其将为商业界的交易模式带来一场彻底的革新。虽然因特网还没有涉足大多数人的生活，但是，科学家、研究员、商人和政府官员都已经在探寻该网络的用途，他们发现网络能够将大量计算机相互链接并让他们互动交流。这看似一种革新，诺基亚或许也应当考虑使用它。不幸的是，诺基亚的想象力并不足以预见互联网所带来的全部冲击。此外，我们还在集中全部力量制造那些贴合大众需求的移动电话。人人都渴望与他人进行交流，而不久之后他们也将会乐于使用短信这种方式。

1995年，世界充满了刺激、风险和变化，同时也包含着许多我们希望诺基亚能够有幸把握的机遇。如今，公司刚刚摆脱了传统的芬兰式装束，披上了全球知名的华服。因此，我们还有许多事情又待去思考和完成。

当我在奥里维西的湖边散步时，这些想法都曾萦绕在我的脑海中。那年夏天格外炎热，我们唯一一次离开别墅是前往萨翁林纳的一座中世纪城堡听歌剧。

我在七月的最后一天重新开始工作。芬兰的夏季是骤然消逝的，你在七月末就已经能感受到秋意的临近。八月或许仍会持续炎热，而夜晚则普遍气温适中，这意味着秋天已经降临了。当秋季来临时，各个企业便统统打起了精神。在假期开始之前，一切似乎都是甜蜜而美好的。然而，假期中的一切都在变化。我们的销售额或许已经下降，市场营销或许已耗费了过多的资金，产品的购买客户或许已经流失，又或许我们的计划并未能及时完成。事实的最终揭晓往往都在八月，之后，我们仍有时间去迎头赶上。在年末以前，我们有足够的时间去整顿局面。但是，如果正在向我们走来的是一场彻底的失败，那么八月才开始处理就已经为时过晚了。

当然，不同类型企业的运营会遵循不尽相同的时间表。在诺基亚，我们都了解11月往往是决定性的月份，那是众多运营企业和零售商们为圣诞节囤货的时节。如果我们在11月的手机产量供应不足，或是如果没有人订购我们的产品，那么游戏就结束了。因为整年的业绩最终都将取决于圣诞节的销量，尤其在那些成熟市场。这便是我们为何在八月就需要准备好一些贴合市场需求的产品。

诺基亚已经为市场准备了一款品质上乘的产品，其品类编号为2110。这款手机的屏幕比我们以往任何产品的都要大，并且具有许多新的功能。此外，产品设计也存在着推陈出新之处：我们的新款手机外形美观，其出自于我们的设计总监弗兰克·诺沃之手。

这项设计完全有别于我们以往的设计风格。其中有某些让人耳目一新的特征，囊括屏幕的圆形凸面以及屏幕周围的深黑色边带，曾令我们犹豫不决。

当诺沃首次将这款手机展示给佩卡·阿拉–佩蒂拉时，佩卡曾对这种极端的创新款式是否真能畅销慎重地斟酌了良久。

"你确信这能行？"佩卡问弗兰克。

"相当确信。"弗兰克回答道。于是采用该设计的决定最终确定了。

我们极度需要一款成功的新产品，因为整个90年代早期我们都在依赖着老款101机型及其衍生品。这款由佩蒂·科恩与其团队共同设计的手机曾一度取得了全球性的成功。1995年，这款手机的年度销量仍保持在450万左右，其占据了诺基亚移动电话总销量的42%。但是，从这款手机开始征服市场起已经有三年多了。如今，我们的确需要用一款新产品去为那已经有了良好进展的诺基亚故事开启新的篇章。

我们越多地测试这款新产品，便愈发确信其将会取得成功。"真是非常完美的产品，我们的销量一定会好得难以想象，它甚至会超越我们最大胆的设想。"安西·范乔基以他那典型的口气说道。因此，我在1995年8月终于能名正言顺地松口气了。世界的移动电话市场正在快速成长，而我们的新产品则正是在响应这种发展趋势。总而言之，这一年公司的发展似乎继续在遵循着之前的良性趋势，正如我曾在六月将公司首个阶段的业绩报告给国际投资者们和媒体时所预测的那样。

在我结束休假后的第一天，我观看了电视新闻。主要的财经报道是关于迪士尼公司收购ABC电视台的消息，ABC电视台是一家负债许久的传媒集团。由此，迪士尼便成为美国最大的传媒通信公司。让我感到高兴的是，在移动电话领域里我们还完全没有必要为昂贵的收购计划费心。我们的发展和盈利似乎已经足以让投资者们满足于现状了。迪士尼的收购项目花费了190亿美元，而要在这个变化无常且飞速发展的传媒市场中赚回这笔数目不菲的资金则绝非易事。我并非在妒忌迪士尼的总裁迈克·艾斯纳（Michael Eisner），毕竟他将会在接下来的十年里去为机遇和发展而战。

在移动电话市场中则全然是另一番景象。1994年，全世界共售出了2620万部移动电话，随后的一年则售出了4310万部。但是，该数据所对应的全球人口手机持有率还远远不足1%。诺基亚必须紧跟市场快速发展的脚步，该发展速度之快将会是任何人都难以想象的。这看上去并不难，甚至全然是轻而易举之事。

1995年，我们都在期待着充满活力的繁荣发展。如果我们增加生产规模，制造足够多的手机来满足市场需求，那么我们就能再创盈利新高。我们认为，市场在1995年的发展之快将会超出任何人的想象，而我们也确实拥有一款魅力十足的产品。我们已准备好腾空一跃，除了产量加倍之外，我们还会去做更多，虽然我们从未想过这将对我们的组织或人事能力造成怎样的冲击。

每家企业都应当建立一种恰当的系统去跟踪业绩成果、盈利情况、采购和物流流程。诺基亚也毫无例外地拥有这样一种系统。虽然这种系统会生成相关信息，但是其往往都是为规模更小的企业所设计的。该系统曾陪伴诺基亚走过了漫长的旅程，而如今，似乎已没有任何系统能够适应诺基亚飞速发展的步调了。

去年，我们曾计划采用德国的SAP系统来综合管理我们的生产线、库存控制和物流。我们希望将需要建立的所有信息链条连接在一起，包括市场营销、手机销售以及跟踪现金流量和盈利。那时只有德国人成功地生产出了一种具有综合性和可靠性的系统，然而，正如常常发生的那样，该项计划被足足拖延了半年。我们的新式汇报系统直到1995年秋季还没有开始使用，可我们并没有时间去为这一拖延而闷闷不乐，因为我们已经将工作划分为了元器件采购、移动电话的制造以及销售三大部分。一切看似仍在井然有序地进行着。八月份的结果应该能够符合我们的期望。

我在八月中旬悄悄地庆祝了自己的45岁生日，并且去参加了鳌虾派对，这是芬兰每年一度的传统聚会，你可以和朋友们一起在其中放松身心。我收到了比以往更多的邀请去庆祝诺基亚的成功，但这些统统被我拒绝了。我也收到了更多狩猎探险的邀请，不过仅仅接受了少数几份。九月末，我开车带家人一起前往了奥利维西的夏季别墅，我们蒸了桑拿，用网在湖里捕鱼，尽情享受了芬兰的秋季。

那时，诺基亚的业绩报告仍然是每年进行三次。八月末便是第二阶段的汇报时间。数据显示，业绩成果仍然保持良好，我们应当能够实现之前承诺的年度目标。投资者们和媒体几乎都没有提出什么问题，我们也对自身的进步越来越满意。

十月初，佩卡·阿拉–佩蒂拉向我提交了九月业绩的初步结果。从某种程度而言，这令人感到失望：销量并未如期达标，而开销成本却提升了。该结果显示，我们正处于收支相抵的状态，其还远未达到我们的期望。

"九月的情况并不好，但我很有信心，十月和十一月将会有出色的表现。"佩卡说道。虽然我的脑海中曾闪现了片刻的犹疑，但是我最终决定相信佩卡。实际上，我也别无他选，我们的汇报系统似乎已运行在即，并且我清楚，九月份我们在采购特定元器件方面存在着某些问题，从而导致了我们支出成本的增加。

我十分了解元器件的那些问题。我们依赖于一家以色列的承包商ATS，它是唯一能为我们那款新式精美的手机提供关键性元器件的厂家。位于澳大利亚的ATS工厂所生产的那些元器件绝对是我们不可或缺的。八月，我们仅收到了业务目标需求量的20%或30%，而这全然是灾难性的。通常，我们都会收到目标需求量的90%以上。于是佩卡·阿拉-佩蒂拉和我前往了澳大利亚，我向那里的承包商提出了某些相当直接的意见，但是，我们也就问题的解决方式进行了探讨。我们明白公司将要面临巨大的问题，因为等到九月中旬，手机的生产进度将会因此被拖延，甚至可能完全停工。然而，我当时认为这只是个偶然发生的问题，并且很快就能恢复正常。我真是大错特错了。

后来我才懂得，好事和坏事总是如波浪般彼此更迭。一连串的好消息是彼此接连产生的，事态很好地朝前发展着，仿佛事情本身产生着推动力。市场发展了，人们作出了正确的选择，成功不断孕育着新的成就。然而，好事不过三，当好消息第三次传来时你就应当有所警觉。灾难的火苗已开始在某处滋生，但烟雾还没有飘至公司顶层。在某些地方，成千上万的员工之一已经犯下了严重的错误，而其造成的后果则将会由时间来揭晓。或许你所依赖的某个承包商已经略微地调整了他们的工作方法，但是这也已经足够令你的整个生产线陷于瘫痪，并且令你的顾客永远失望。所有这些都是我们要学习的。

前往巴登

十一月的业绩将会在十二月初见分晓。如果我们想要满足圣诞节市场的需求，我们在十一月就必须要准备好足够多的手机。

佩卡·阿拉–佩蒂拉前来向我汇报十一月的业绩数据，我从他那副严肃的表情里可以看出结果很糟。当我听他汇报时，才发现实际情况已经不是糟糕了，而是灾难性的。我的手指敲击着桌面，直接望向佩卡的眼睛。这些数据将会抹去诺基亚在1995年的全部盈利，我们则将在下周发出盈利预警的信息。这不仅是因为移动电话的业绩成果，还在于我们的消费电子业务已经在衰落循环中的愈陷愈深。

佩卡沮丧地离开了我的办公室。我做了一个深呼吸，之后开始透过窗口俯瞰赫尔辛基的中央大街：商店的橱窗中已经挂满了圣诞装饰品，楼下的公园里有一棵圣诞树，红色的帐篷里正在出售各种各样温馨的圣诞节商品。今年，我将会迎来一个不同寻常的圣诞节。我看着那些业绩数据，但是没有办法接受。这很奇怪，因为我毕竟在掌管着这家企业，而一家成功的企业竟在其总裁毫无察觉的情况下就跌入了深渊？我究竟还能相信什么数据和预测呢？诺基亚和我又将会遭遇到什么？

然而，在这团问题的迷雾中也存在着一些毋庸置疑的事实：我对诺基亚的成功和前景所持有的基本看法根本从未改变过。我们能够挺过这个时期，但这究竟需要多久以及我们应当如何去做？这些都是我要在圣诞假期中所考虑的事情，我苦恼地想着。与此同时，我则开始为12月14日的董事会会议进行准备。毕竟，这次会议并非是诺基亚的董事们在近几年已经习以为常的，那种庆贺盈利增长的会议。我的心五味杂陈，血液在身体中剧烈地翻腾着。对我而言，发出盈利预警并非易事。为什么会出现这种情况？这都是我要在媒体铺天盖地而来时去亲自回应的问题。

　　12月14日，我发布了盈利预警，宣称诺基亚的消费电子业务"毫无疑问将在本年继续维持亏损状态"。"电视机业务的下滑趋势在将近年末时进一步加剧了，不仅是诺基亚，当时所有的电视机制造商也都举步维艰。"这便是康培凯就相关消息而向新闻媒体作出的解释。他说，无论是移动电话业务的发展还是我们最终的业绩成果都"未能充分达到预期的水平"。接着，他又勉强地说道：我们也不理解1995年的业绩成果为何会落入此般境地，我们完全没意识到危机的严重性。

　　当我发布完盈利预警之后，便开车前往机场。我通过1630登机口登上了飞往巴登的航班，这是德国的一座温泉小镇，它那冒泡的泉水自罗马时代起就已名声远扬了，其名字来自于当地中世纪的浴场。第二次世界大战后，该城镇便成为法国军队在德国领土上的驻留总部。我已被告知，诺基亚能够享受酒店的特殊优惠，因为我们会议召开时正值旅游淡季。

　　航班整整延误了两个半小时。起飞后我在高空望着下方的波罗的海和那片刚刚因覆满第一层雪而闪闪发光的森林。我心不在焉地翻看着我的文件，胃部感觉有些不适。虽然我已经发出了盈利预警，但我还不清楚这将会对股票市场造成怎样的影响。当我抵达巴登的马克思·歌兰蒂基金会温泉酒店时，我得知诺基亚的股价已经下降了约30%。自1987年的国际大萧条起，这是赫尔辛基证券交易所中首次出现这种灾难。而在纽约证券交易所，诺基亚的股价也在一天当中跌落了25%。

此时，诺基亚移动电话业务组中最重要的一百名员工正在这座宜人但寒冷的温泉之乡等着我。在巴登所举行的三日会议是一次动员大会，以帮助我们为1996年的事业起飞做准备。就在我刚踏入会议室时，英特尔的总经理安迪·格鲁夫（Andy Grove）便出现在了视频上。安迪的那本名为《只有偏执狂才能生存》（*Only the Paranoid Survive*）的书刚发表不久，这本书的书名当时曾在某种程度上给我带来了一些安慰。

会议进行得相当紧凑，但是仍有时间去享受精美的餐食：晚餐菜单中有鹿肉派。某些参会者还带去了他们的同伴，那里也提供有俄罗斯转盘赌的娱乐设施。但是在我看来，当晚购买诺基亚的股票将会是一次更为划算的下注。当时的确有许多人购买了，并且也在后来顺利地赚回了本金。

我的讲话被安排在第二天早晨，我与佩卡以及其他高管人员将相关问题仔细地进行了审视核查，并一直忙到了凌晨。晚餐时，盈利预警和股价跌落的消息如丛林野火般在餐桌之间迅速蔓延开来。次日早晨，我写在脸上的表情已经告诉了大厅里的每个人，我绝非是轻松自如的。

我对着鸦雀无声的听众们开始了我的演讲，会场的气氛紧张而充满期待，或许也存在着一些恐惧感。我已记不清当时具体都讲了什么，虽然我脸上没有笑容，但是我却相当清楚地说明了，我对我们那些负责整顿公司这盘残局的所有人都怀有哪些期待。我们已经全军覆没了，"如今，重要的在于去分析失败的原因。我们决不能再次公开调整业务的预期值。"我说道。我详细地列出了我们存在的所有问题，或是说，列出了佩卡和我已经认识到的所有问题。

"我们对美国市场的销量预期值正在跌向低谷。我们设计最佳的产品并没能走上货架，因为我们无法削弱竞争对手的实力。我们的财务管理系统或许也该使用优势颇多的罗马数字了。我们必须在全力发展与能力所及之间找到更好的平衡点。"

沉默仍旧持续着。我们都明白这对诺基亚以及对我们每个人来说并不公平，仿佛这种表态相较于我们当时的乐观预期而言完全是理所应当的。但是，并没有人曾亲眼目睹这种预期的情况，因为当时的一切都处于混乱之中。实际上，由于事态相当混乱，以致我们的汇报系统并没能显示出真实的情况究竟有多糟。在会的人有些一脸严肃，有些默默摇头，还有些则是满脸疲倦的表情。然而，这些听众中却没有任何人曾表示出此战必败的看法。

演讲结束后，我便直奔机场返回芬兰。这场动员大会的与会者们继续留在那里对诺基亚的未来思考了良久。通晓市场营销的安西·范乔基曾进行了一场言辞精妙的总结陈词。当佩卡·阿拉–佩蒂拉请他进行会议总结时，他用录像机播放了巨蟒剧团所主演的《布莱恩的一生》（*Monty Python's Life of Brian*）的结尾片段。其间，整部影片在十字架出现并唱起"要永远看向生活中的光明和美好"时就暂停了。安西请与会者们一起歌唱，他们也都乐意地配合了。

"我们并非在试图打动你们，而感情用事也不会有任何实际的效果。我们真正要做的在于，开创出切实可行的方案来。"安西说道。他是完全正确的。

炼狱般的一年

　　投资者们对诺基亚和我都感到非常气愤，一些芬兰的投资银行家们曾匿名地告诉媒体，我甚至于一天前还在大肆鼓吹诺基亚在美国市场中表现得多么出色。据说康培凯也曾表示出对前景的乐观看法。因此，芬兰的投资者们如今感到他们被欺骗了，而那些国际投资者也是焦虑不安。在诺基亚于纽约上市以后，我们本来已经成功地树立起了大量弥足珍贵的企业信誉，可如今这种信誉却已岌岌可危。这意味着，我们未来的经营也因此受到了威胁。我们又一次地开始需要额外资本。我们的现金流已呈负值，对消费电子业务运营的处理正在使我们损失掉巨额资金。我们必须让那些投资者们冷静下来，无论是芬兰的还是国际的投资者。

　　作为芬兰最大的日报社，《赫尔辛基日报》在报道诺基亚及其公共关系的文章标题中写着"有如上帝的失足"。此外，还有一些其他的新闻标题："弥天大谎""离奇的事件"以及"通信界的灾难"。让芬兰投资者们异常愤怒的原因在于，盈利预警是在赫尔辛基证券交易所当日收盘后发出的，而此时却正是纽约证券交易所的开盘时间。可是我们的确曾希望去关照诺基亚的国际投资者，毕竟对我们而言，这些人正在变得越来越重要。当我看着那些足具批判意味的标题而想到芬兰投资者们曾在诺基亚的繁荣发展期（1993—1995年）来临以前就已经在热情十足地试图解囊相助时，便不禁哑然失笑。如今，他们似乎更愿意"全盘抛售"。而这将会是一名投资者在1995年12月所犯下的最严重的错误。

诺基亚如今正在降价出售，那些购买了股份的人都会在公司转亏为盈后喜笑颜开。我相信我们不久之后就会重回正轨，虽然我无法给出确切的时间，但是我们一定会把事情处理好。遗憾的是，在1995年12月15日那个阴郁的日子里，我很难说服任何人去信任我。媒体曾用重锤撞击我，投资者们则要求我给他们作出一些比当前更好的解释。

我不仅作出了新的解释说明，也不断重申自己早先所说的话。我们决定在星期五晚上与国际投资者们召开一次电话会议，那是我职业生涯中最为艰难的一次通话交流。我尝试尽可能清楚而连贯地作出说明。我说，我已经在十月份发出了欧洲电视机市场中存在日趋衰落的迹象的警告。之后，诺基亚便发布了其前八个月的业绩成果。我曾说，关于市场对诺基亚造成冲击的确切信息只有等到星期四才能得知。董事会便是在那时开始对相关问题进行讨论，并最终确定我应当去发布盈利预警。我们随后便将这一结论尽快地告知了投资者们。我解释道，消费电子业务的管理团队已经有所调整，我还承诺，消费电子业务在接下来的一年将不会再让投资者们感到失望。我告诉那些投资者，关于我们之前对移动电话业务在美国市场的预测，其实际情况要比当前更加悲观。我们的困境源于一些日趋严重的症结，我们未能如期通过相应的厂家收到我们所需的所有元器件，以致耽误了生产进度。这便是为什么诺基亚的发展与盈利情况并非如我们曾经所期望的那样。

我感觉自己至少已经成功地扑灭了势头最恶劣的火苗。然而，我作此说明的诚恳态度或至少是表述的连贯性却首次被提出了质疑。这似乎对我很不公平，这是对我个人的误判甚至是厌恶。但是，我不得不承认我也应该去换位思考，倘若我身为一名国际投资者将会产生怎样的想法。"奥利拉滔滔不绝地解释着，但是这和他一个月以前的说辞却截然不同。或许，他根本不了解自己的公司将会成为什么样子。我们真能相信这位总裁吗？"这些便是我站在投资者角度可能会说的。欲加之罪，何患无辞。

我们发现，移动电话的各种元器件几乎都是随机地穿行在世界各处的。例如，我们曾从一家香港的供应商那里订购了50万个零件，后来却发现该企业在韩国，而且并非是我们所寻找的那类商家。但是，当我们希望再次订购50万个相同的零件时，价格却涨到了令人难以置信的程度。因此，生产流程被拖延了，做好的预算计划也因此土崩瓦解。我们已经悄悄地发展成为一家国际化企业，但是还缺乏国际企业所具备的那种物流和效率。任何公司的运营都不能缺少恰当的运作流程，至少对所有大型国际企业而言是这样。或许它已经拥有了世界上最为杰出聪慧的人才，但是其仍然需要规范合理的业务流程。如果企业快速发展了，那么相应的流程也必须随之发展。在那些重要的大型企业中，至少有三样东西应循环不止：资金、原材料和信息。如果它们未能以相同的速率循环，公司就将会遭遇风险，就像1995年的诺基亚一样。

在发出盈利预警约一周之后，我在办公室与佩卡·阿拉-佩蒂拉共同探讨了一些问题。距圣诞节的来临只剩几天了，但是我们还没有为之做好充分的准备。

"你认为十二月的业绩成果将会如何？"我问佩卡。

"可能会比十一月稍差一些，但是应该不会差太多。"佩卡有些犹豫地回答道。十一月，我们已经有了一些盈余，虽然不是很多。

"听着，我们或许会在未来的两三个月中持续亏损，你考虑过这些问题吗？"我说道。佩卡安静了片刻，并望向他的文件。

"是的，这的确非常有可能。但是我确实还没有想过这些。"他说道。

我的看法决不会比佩卡的好多少。就那些真实的数据和预期盈利额而言，我和佩卡完全是同一条船上的人。或许，我那不轻易妥协的个性使我考虑起了最坏的可能性。当事态开始变糟时，你根本不会想去思考它们进一步恶化的可能，这是自然而然的：接受失败在心理上是困难的，尤其是事情曾一度进展良好。在仅仅经历了一个月的亏损期之后，几乎任何总裁都会想方设法地去传达出某些积极的信息，来表明下个月的事态将会有所好转。

在圣诞节期间，我仔细而慎重地考虑了我们需要去完成的方方面面。而正在前方恭候我的，将会是我事业生涯中对诺基亚内部事务所作出的最为艰难的决策。在我们看来，诺基亚似乎至少也经历了一整年炼狱般的日子。

谁应受到谴责？

诺基亚对体制砖墙的冲撞源于多种原因，其总体形势则需要数月时间才能趋于分明。我对未来的消极预测便是在那段时间内得到证实的。为了尝试寻找问题的根源所在，五人团体曾共同在那间阴暗的总部办公室里待到了深夜。通常我们都是在周日晚上八点召开会议，并一直持续到我们都精疲力竭为止。总体形势由此开始逐渐趋于明朗化。

对于我们团队而言，并非任何事情都能成为讨论的话题。身为诺基亚的总裁，我的职责是去决定谁应当为这片混乱的局面负责，接着，我就应当继续进行下一步决策。这些都是一名公司总裁决不能避免或委托他人去做的事情。组织机构中应当有某个人去作出决策并制定目标，同时也要说明公司应如何应对失败。当我考虑了所有的可能性之后，我认为我的决策将会成为一种先例。我们从未经历过1995年秋季那种惨烈的失败，当然，诺基亚确实曾于20世纪80年代在投资方面发生过更加戏剧性的惨败，但是上一代的领导者已经为此承担了责任。如今，我们必须要以曾经的失败作为前车之鉴，审慎地汲取其中的经验教训，以将公司重新引入正轨。这些都是我们一致赞同的观点。

一名总经理或总裁在经营企业时决不能凌驾于高管人员之上,因为这将会有损于个人和组织机构的信誉度。各个业务部的负责人必须要逐渐学习兼顾自由与责任,以使得两者在业务发展中成为相互配合的关联体。总裁在任何情况下都要充分信任那些与之共同工作的高管人员,因为正是这些人最终决定着企业的业绩成果。他们的责任关乎着投资者、董事会、媒体、员工,毫无疑问还有他们自身。在总裁的工作中,一个更为艰巨的任务在于为所有事负责,同时也并不将经营公司所需的实际权力统统集于一身。总裁应当借由他的高管人员来经营公司,可以通过示范说明、创建工作流程、委派任命以及发展领导力文化的方式。最重要的是,总裁必须尽可能周详地去了解公司,包括它的产品、前景、正面消息,并且尤其要关注它的负面消息。

毫无疑问,诺基亚的管理团队中也不乏一些实力派人才,这些人在他们的早年都曾有所建树。我的高管团队成员都是由我亲自精挑细选出来的,这也是总裁的主要任务之一。因此,我的言行也应当为他们的所作所为负有责任。如果他们当中有某个人受到了谴责,这也同时意味着对我的指责,这种责任牵连是绝对公平的。我不能向董事会推卸责任,说公司的失败完全是其他人的错。若是如此,董事会只需问我那个人何以会担任相应的职位,负责任命他的人是谁?答案当然是不言而喻的。

直接负责移动电话业务的人是佩卡·阿拉–佩蒂拉,他应为自己业务部的失败承担责任。让佩卡负责管理移动电话业务的人是我。我曾冒着巨大的风险去信任佩卡的能力,但是这些风险本身还有待证实。此外,我还需要佩卡帮助我拓宽思路,他能够以自己的理性分析和乐观态度来补充我的看法。佩卡始终相信人们各自的优势所在,甚至是在我对自己都有所怀疑的时候。我们曾一起成长,在人生道路上成为亲密无间的同事。

倘若诺基亚是一家美国公司,那么决策就会相当明确,即在发出第一次盈利预警之后的12月中旬,佩卡就必须要清理办公桌并收拾东西离开。在美国,总裁应当对投资者负有方方面面的责任。如果企业失败,必定会牺牲掉一名管理者，以警示其他管理人员并同时作为对投资者们的交代。相反地，在欧洲企业中，无论管理者曾在监管过程中经历过多少次失败，他们仍然能够继续留任。现在，我必须决定诺基亚将会遵循哪种模式，从而确定企业领导力文化的未来方向。此时，董事会、投资者们、公司员工以及媒体都在等着我作出决定，这是我事业生涯中最为重要的抉择之一。十二月期间，我一直都在仔细考虑这个问题。我还与丽萨在家里进行了探讨，她很担心我对这一切的承受能力。

来自外界的压力非常大。诺基亚拥有很多国际股东，他们往往会在出现问题时亲自与公司的高层管理者见面。对媒体来说，如果最终一切相安无事，它们必将会质疑我的决策能力。媒体的言论攻击早已开始，新年期间只会变得愈发强烈。还有些人认为，总裁毫无疑问应当辞职。

圣诞节过后，我作出了决定，佩卡·阿拉-佩蒂拉会继续留任。他即将面临一项最为重要的任务：用接下来的几个月时间整顿诺基亚所陷入的混乱局面。我还决定让康培凯以临时成员的身份加入移动电话业务运营的管理团队。他的工作是监管产品研发以及提供敏锐准确的财务情况。这样一来，他在佩卡的团队中就仿佛扮演着我的监督角色。实际上，我很信任佩卡的汇报，但是我也很想确保佩卡的业务部能把方方面面都做好。

我决定，佩卡和我将会承担所有责任。当我们在圣诞节后见面时，我们一致同意让佩卡退出所有的公众活动，他将从日历上擦除所有与这场整顿工作无关的事项。他将要借助这次机会使自己的业务部从灰烬中重生。我们约定，在事态好转之前，都将由我出面接受一切公众指责。这样便能够为佩卡处理好相关事务提供足够的缓歇空间。

在诺基亚内部，我需要传达出两种信号。早些时候我曾说过，在诺基亚你可以犯错，但决不允许任何人第二次犯同样的错误。如果我让佩卡离职，那我就违背了自己的领导原则。错误是用来让人学习总结的，企业中很少有人会有意或恶意地犯错。我们犯下这次错误的原因在于，我们并不理解企业和员工中的哪些因素会牵制业务增长率。

我传达给诺基亚每名员工的信息是，我们确实犯了错误，但我们并没有彼此推卸责任。这意味着，未来的八个月将会对佩卡业务部的实际表现作出审慎的检验。如果佩卡和他的团队没有成功，我将不得不改变策略。我相信佩卡和他的团队能够扭转局面。当我作决定时，我确实没有什么其他的选择了。我无法腾出专门的精力去管理某个特定的业务部，因为这是在适当地使用总裁的职权和时间。我将责任赋予了应当为其负责的人，但是这并非意味着我对结果漠不关心。

我和佩卡进行了深入而细致的讨论，并且也和管理团队的其他成员分别进行了单独交流。我详细地对佩卡讲了很多。我知道这段时期对他而言会十分艰难，并且也无疑会为自己的决定感到些许愧疚：我希望利用每种可能的方式去确保这次失误不会成为我们或诺基亚的灾难。我偏执而多疑地试图寻找佩卡计划中的缺陷，并且连续不断地要求他提供更多的信息。我对他的严苛程度就像我对待自己一样。我正在要求着一些不可能的事情，而这也是他早已预料到的，他很了解我。但是，我从不会在公开场合批评他。我们总是一起讨论问题，并且我想让他明白，在我们重回正轨之前我是决不会善罢甘休的。

1996年1月，我们一致认为只有一个人能够使我们转危为安。他就是佩蒂·科恩。他是能够帮助诺基亚脱离困境的最佳人选，他的领导能力、工作经验以及乐观主义精神绝对都是无人能及的。佩蒂·科恩的任务在于，去创建一种足以经受住企业高速发展的强健机制，其将会把所有的事务统统集聚于单一的流程链中。所有工作都将变成一体化的管理：从最初的产品研发设计，历经中间的元器件采购，一直到最终的生产制造甚至是市场营销。这是个不小的挑战，佩蒂·科恩需要一些时间去考虑。他认为，实现这一想法仍存在许多棘手的问题。他曾一度经营着一家三四千人的企业，如今却要一反常规地孤身奋战。这看上去并不合理，无论在诺基亚内部还是新闻媒体眼中。这仿佛是把一名成功的年轻管理者推到了极不重要的位置。此外，还有另一个问题让佩蒂·科恩犹豫不决，即他对物流方面完全一无所知。但是，佩卡和我并不太担心此事。佩蒂·科恩也曾是优秀的诺基亚人，我们相信他很快就能学会所有需要掌握的知识。

我们为移动电话的生产建立了一个可靠的流程，以致能够有效地进行大批量生产。但是，这仍然不够。我们依旧缺乏规范的控制系统，其会告知我们的工厂应该生产什么，以及进行这种生产需要哪些元器件，它们的数量和获取途径又分别如何。这个阶段的工作曾引发了一场内部争斗：生产线的员工说市场营销人员应当能够预测出具有市场需求的手机类型，于是市场营销人员给出了需求的种类，但是当这些手机还在仓库时市场需求却变成了另一种类型，而消费者们真正想购买的这种手机却并不在库房中。这的确造成了相当混乱的局面。问题的根源并非在于公司的分层架构体系，而在于企业的关键核心。实际上，每个西方企业的核心都存在这种问题。

在经过了几十年以后，如今每家企业都已对机构的功能化运作坚信不疑。一家公司会拥有生产部、销售部和许多其他的部门，例如人力资源部。各个部门都分工明确，这就是为什么称之为机构的功能化运作。这种体系在发展进度平稳时的运行效果十分出色。当某个企业的产品在市场上并没有增长过快时，每个人都能一如既往地进行工作。此外，企业也能够明确地给出每个部门的工作目标。否则，各个部门都会开始谋求自身的最大利益。例如，对于某个曾在日本接受过培训的生产部经理而言，全力进行机械化生产才是最重要的事。这种方式能够提高生产效能，因为其会使每部移动电话的单位生产成本最低化。这便是效能的本质。然而，这位经理完全不关心他所生产的手机能否被售出，或是这类手机是否仍留在货架上。对诺基亚而言，那类仍然留在货架上的手机还是停止生产为好。

佩蒂·科恩很快就发觉了这些问题。但是，这只是冰山一角，要看清灾难的全貌还须循序渐进地努力。我们了解到问题根源存在于我们的工作流程中，但是我们也确实遭遇了元器件供应方面的困境以及不可靠的合作企业。在1995年的圣诞节之前，由一家挪威企业所提供的充电器出现了问题，其中的大多数产品是好的，但是有少量曾在使用中发生了短路问题，外壳变成了烧焦的灰色塑料。最终，成了那种在墙壁插座上留下两个大头针去准备电击经过的成人、儿童或宠物的产品。毫无疑问，负责产品安全的美国政府官员要求我们对此作出解释。我们的供应商开始比以往更加强烈地牵制着我们。虽然他们为我们制造零件，但是，如果出现了问题，责任将会由我们承担。后来，我们又更多地了解了这种牵制关系。此外，我们还必须和这些供应商携手改进我们的工作流程。

我们整个组织机构的流程运作正处于阻滞状态，佩卡·阿拉–佩蒂拉几乎夜夜失眠。他花了大量的时间四处走访，去解决我们的问题。佩蒂·科恩正在竭尽全力地弄清楚我们所处的困境以及谋划着如何才能脱离这种困境。此外，他也在频繁地穿梭于我们的工厂、供应商和销售部之间。至少，我逐渐产生了一种诺基亚已经身临危机的感受。

当佩蒂·科恩走访了世界的不同地方之后，他开始明白我们的问题出在哪里。诺基亚在世界各处的分销中心都堆满了没有卖出去的产品，佩蒂·科恩在他的旅途中曾见到了大量多余的手机存货。我们很好奇，这些手机本来总共会值多少钱。这些钱能修建多少英里的高速公路？能买得起多少架大型喷气式客机？从诺基亚去年在纽约证券交易所上市起，我们就已经将所有这些钱用于生产那些没人要的手机了？我们毫无疑问这样做了。当我听佩蒂·科恩讲话时，一股无能为力的愤怒使我再次一改常态。我有一种向他人泄愤的冲动，但是，唯一应当让我怒目以对的便是我自己。

佩蒂·科恩在工作时不会有先入为主的偏见，因为他完全不熟悉我们的旧式工作方法。他只知道自己的任务是挽救诺基亚，因此，他能够理性地看待诺基亚的物流体系。首先，他的头脑中必须要产生寻找问题根源的意愿。当他自己将一切厘清时，便能毫不费力地向其他人讲述这些。

转弱为强

1995年以前，我在诺基亚还未曾经历过大规模的失败。我曾经是财务部的一名成功的管理者，尽管整个公司那时已经颓败不堪。当我负责管理移动电话业务部时，也为成功创造出了先决条件。后来，当公司面临着可怕的风险并完全可能跌入深渊时，我则毅然地接管了诺基亚。1992年春季，我还不确定应如何开始使诺基亚脱离困境，但是无论如何，我最终还是成功了。

1995年发生的事情就像一场令人难以置信的噩梦，甚至是梦魇。实际上，这场梦魇正在变得越来越可怕。我给了佩卡、佩蒂·科恩和他们的团队八到九个月的时间去整顿这片残局，我曾在六个月过后决定重新考虑佩卡的职位。如果他没有成功，我将不得不辞退他。这将是个艰难却无法避免的选择。

我对佩卡施加了压力，不断地鞭策他去达到要求。同时，我也会尽可能想方设法地为他提供支持。哪怕有些事情已经足以令人满意，我也仍然会像只疯狗似的不依不饶地敦促着他。虽然我信任他，但是我也希望能够充分履行自己的职责。我竭尽全力地帮助他，当然也是在帮助诺基亚和我自己。这是我们对这家企业和所有三万名员工的亏欠，我们决不能令他们失望。我们必须要取得成功。

在新闻媒体看来，我们的失败早已成定局，这种想法完全有着充分的依据。二月末，我们发布了1995年的年度业绩成果。我们的盈利额增长了39%，但是这一数据却未能达到分析师们的预测值。所有的盈利增长都要归功于电信部，其创下了50%以上的利润。移动电话业务部的盈利一如既往，而消费电子业务却几乎完全没有功劳。我们还宣布，诺基亚终于彻底脱离了电视机产业。我警告说1996年的业绩将会不如以往，因为电信领域的激烈竞争可能会使我们的利润降低，并且这也会对移动电话业务的盈利造成影响。我发出的盈利预警没能取悦投资者们，以致我们的股价一落千丈。在已经过去的六个月中，诺基亚的股票失去了几乎一半的价值。这绝不是什么值得夸耀的成就。1996年，我们的盈利额已停止增长，年度业绩则比前年低了15%。

尽管如此，诺基亚的业绩却仍然是史上最佳，一年之内近乎增长了40%。我们移动电话业务的市场份额从20%升至了24%，手机销量也几近翻倍，从550万增加到了1050万。但是，这仍然比我们的预算值少160万。我认为，世界正在不可思议地发展着。我很难在我们这个行业领域中找到值得借鉴之处。虽然我们失败了，但是我们却仍在快速发展着。由于变化的速度太快，以致我们根本无法预知将来的情形，即使我们曾勇敢地尝试过。

此外，新闻媒体将我们重新拖回了现实。在星期五，即3月1日，《金融时报》刊登了一篇比以往都要尖锐深刻的文章，其内容一针见血直指要害。我对芬兰新闻媒体的那些漫无边际的评论分析早已习以为常，在他们看来，我的脸皮已经相当厚了。芬兰对诺基亚而言已是太过狭窄的天地，那些新闻记者只要找到一点儿能够大做文章的谈资，便会乐此不疲地将诺基亚当作他们的发泄口。我认为，国际新闻媒体的报道往往会更加切题。如今，《金融时报》刊登了一篇题为《诺基亚挥手告别黄金岁月》的文章。其指出，我曾在三个月中发出了两次盈利预警，公司的股票价格也跌落了50%。基于这些事实，文章声称，"诺基亚作为最佳科技股之一的惊人领跑旅程"即将宣告结束。该报纸还指出，最近的一次盈利预警毋庸置疑地说明了该企业正面临着难以对付的问题。"主要的问题在于，诺基亚今年还能否重回正轨。"其写道。

我在星期五早晨收到了这份报纸，阅读时我的心情阴郁而沮丧。除去其他不说，这个问题已经关乎我的名誉、自尊和能力了。我下定决心要向《金融时报》证明我们能够再次成功，并且会比以往更出色。

1996年无疑也是诺基亚历史中最重要的年份之一，在我看来，我们似乎在方方面面都进行着奋斗抗争。起初，我们似乎节节败退，但是，随着年终将至，我们又开始看见了胜利的曙光。

佩卡·阿拉-佩蒂拉、佩蒂·科恩以及他们的团队最终取得了成功。诺基亚的生产线和分销部都经历了重新配置。原来，我们是先生产产品再寻找目标客户，而如今，我们仅仅生产有实际需求的产品。诺基亚上上下下都已了解到库存过剩的问题，其造成了太多的资金浪费。现在，我们的产品已不再囤积在库房中，而是会被更快且更有效地售出。

在这场救援活动中，诺基亚的一种工作方法被明确化了，人们必须要走出他们的舒适区。门外汉的见解并不意味着业余无知，因为每个"外行"都应当学习如何去合理地做事。最终，问题取决于个人了，如果某个人具有胆量、好奇心以及一定程度的责任感，那么他就能够不太费力地从一个领域走入另一个领域。

改变往往是艰难的。脱离那些你拥有丰富成功经验的领域是件困难的事，放弃那些为你服务周到的员工和组织架构也并不容易。当一切都如日中天时，转而去冒险是一件非常艰难的事。尽管如此，仍然至少有两个理由使企业必须去冒险。当企业处于危机之下，从内部寻求解决方案已经毫无成功的可能，但是另谋他法却都风险极高。组织机构必须要认识到并理解企业正处于危机中这一事实，该事实不应将企业的人员引向绝望，而是应当作为一种巨大的动力去促生改变。绝望和渴望这两者之间的差异是微乎其微的，但是它却极其重要。如果高管层传达出了绝望的态度，那么企业就已经成了输家。除此之外，企业危机决非是员工个体的错误，将危机归咎于人员将会使公司陷于瘫痪，并且会因此加剧危机的严重程度。

除了危机情况之外，也应当鼓励员工去经历风险，因为人面对风险往往会得到成长，并且能够发掘出新的业务领域和思维方式。当人们在应对风险时，他们会学到应对风险和避免风险的办法，换言之，他们从自己的全新经历中能够有所收获。这对企业而言往往都是有利无害的。陌生的领域变得逐渐熟知起来，风险边界因此被拓宽，未知领域的范围也变得更小了。企业借此机会学习到了有价值的经验，以供其在未来的发展中采纳。

1995—1996年的诺基亚物流危机发生的正是时候，尽管我们当时并没有意识到这些。在经过九个月的努力后，我们终于成功地使一切重回正轨。我们重建了公司的供应链，更新了我们的生产方法以及与企业伙伴的合作方式。从今以后，我们的销售部和生产线将会完美地彼此接洽，元器件也能在恰当的时间抵达相应的工厂。而这一切不久之后便会以合理的形式体现于我们的财务报告中。原来，我们的销售人员总在抱怨生产线员工制造了错误的产品，生产人员则会反过来指责销售员工没能力将他们预订的产品售出。在公司经历了全面的更新整顿之后，诺基亚的生产设备在行业中已无人能及，其已具有了整个行业中最高的生产效率。危机的产生迫使我们创造出了曾经极度渴求的东西，移动电话的销售量也因此开始了爆发性的增长。危机过后，诺基亚机械设备的精良品质已经完全有能力满足任何可想象的生产需求。

"平台思维"是我们改进生产效能的核心部分。这意味着，不同种类的手机可以通过相同的技术平台进行装配，我们能够在保持生产线简单而有效的前提下去扩展我们的生产规模。这个观念也成了诺基亚的内部语言，员工的亲朋好友们会不时地在各种场合中听到"平台"这种说法。我们的一位员工在邀请亲友参加婚礼时曾说"这将是一个享受欢乐时光的绝佳平台"。诺基亚的人对此并不会感到陌生，但是婚礼的宾客们还无法认同这种表达。

网络的世界

危机的产生迫使诺基亚重新部署了其最为重要的流程体系，也迫使我们开始考虑公司究竟应当将业务重心放在哪里。我们高管层以策略小组的形式在走廊里讨论了这个问题，很多人都对移动电话业务的可持续发展持怀疑态度。创建我们自己的品牌已经变得愈发困难和昂贵了。尽管如此，我们网络业务的发展却仍然呈现着极为可观的盈利额。或许，我们应当更多地着眼于发展和其他运营企业形成合资公司，而非倾心于研发新的消费产品。这样或许才是确保公司前景的最佳途径。

诺基亚的网络业务和移动电话业务彼此之间已经分离很久，但是在实际中，二者却并非绝对区别分明。我们必须要理解我们的客户，无论是那些想购买移动电话的普通人，还是那些希望向我们购买大型网络的运营商。当然，运营公司也是我们移动电话销售的目标客户。在20世纪90年代，我们曾将半数以上的产品销售给运营商，它们则通过自己的销售渠道将产品卖给零售客户。我们试图让我们的品牌和产品具有吸引力，如果消费者们都愿意购买我们的产品，那么运营商就不得不尽量存货了。

在我们内部讨论中脱颖而出的赢家往往是表现最佳的业务部，因此，我们的移动电话业务便自然成了众矢之的。我们讨论的核心问题是诺基亚未来的方向。在三月，五人团体曾于某个周日夜晚共同审视了这个问题。由佩卡·阿拉-佩蒂拉负责管理的诺基亚移动电话业务被推上了"被告席"。"你们这些人中除了约玛之外没人能充分了解该项业务。况且，哪怕是约玛的经验也都算不上丰富。"一反常态的佩卡愤怒地说道。

这些讨论从未被纳入诺基亚的正式策略规划中，即便如此，他们仍然谈论着1996年曾带给我们的不确定性，以及他们正在进行的某些实际探索。我们不能在毫不顾及运营商的愿望或担忧的情况下去生产移动电话，但是，我们也决不会放弃自己的品牌而仅仅成为一家普通的产品制造商去生产那些贴有运营商品牌的产品。我们已经在全球市场上成功地打响了诺基亚的知名度，虽然我们还不是一流品牌，但是我们却正在飞速前进的路上。我们相信，我们能够利用技术优势生产出品质更优的创新产品，并且有机会成为世界领先的移动电话公司。为此，我们需要坚定的意志、努力地工作、良好的决策，以及必须值得一提的是，一定程度的好运。

在我们拓展思维模式的过程中，我们的确曾借助过外界的帮助。例如，我们在1995年曾组织过一场关于移动电话业务的"前景研讨会"。我们邀请了当时享誉盛名的加里·哈默尔（Gary Hamel），他是商业研究学者们所熟知的管理学大师。这次研讨会促生了大量使我们在随后几年中受用良多的新思想。

我的个人决定是，我们应当继续以往的"双轨"运营模式。我们会继续推广公司的品牌、科技以及那些直接面向客户且品质更优的移动应用产品。诺基亚也将成为一家在工业生产和软件两方面共同发展的公司。我们会认真详细地倾听运营商客户的意见，因为我们绝大多数的营业额都将取决于这些人。于是，诺基亚的自省阶段便就此告一段落。我明白，讲出这些决定要比付诸实践容易得多。

不久之后，又出现了新的原因迫使我们再次反省思考。世界的改变从来不会过问诺基亚的意见。我们也必须迅速地转变，但是究竟应该往哪个方向？从许多方面而言，诺基亚都正处于风暴的风眼处。如果我们作出了正确的决策，我们就能够借风势推动我们的销售。但是，倘若我们失败了，风暴就会将我们丢弃在那堆已被遗忘的失事企业残骸深处。留给我们去作出正确决定的时间已所剩不多，并且也没有人足够了解21世纪将会为科技公司带来什么。此外，我们对客户的未来动态也是一无所知，无论他们在欧洲、亚洲还是北美洲。但是，如果我们想要经受住即将来临的冲击，就必须要弄清楚这些问题。

我们还必须去创造自身前进的动力。而新一代GSM标准的移动电话则提供了一定程度的推动力。GSM已经是世界上最为重要的通信标准，这多亏了诺基亚和爱立信的联合。我们希望其成为新型数字化手机的全球标准。在美国，运营商们能够自由地选择自己的标准，但是欧洲的观念却是，标准应当是全世界通用的。这么一来，问题的关键便在于让运营商们通过提供最优的服务来彼此竞争，以使得一名在西班牙度假的瑞典女孩儿在给家里打电话时能像她在斯德哥尔摩的商店中一样方便。而在美国，她或许就没法和邻州的人如此方便地进行通话了。

1994年春季，美国政府举办了一场移动电话运营商的许可执照拍卖会。这取决于运营商所采用的通信标准。诺基亚的首席技术官乔治·尼尤沃（Yrjö Neuvo）和我走访了许多家美国运营商，试图说服他们采用品质优良的GSM标准。我并不能说我们已经相当成功，毕竟GSM在当地盛行的通信标准中仅仅名列第三。这也是为什么当新型移动通信服务在20世纪90年代末发展起来时美国仍然远远落后于欧洲。

在欧洲，GSM早已成为重要的通信标准，其在各个方面都很适合于诺基亚。我们希望下一代移动电话以GSM标准作为出发点。1996年曾爆发了一场战争，新闻媒体将其描述为"诺基亚的第一次世界大战"。我们当时的目标相当宏伟：我们希望世界市场将会以我们的产品作为推广移动通信标准的媒介。当然，我们也相信这种标准无疑是最有益于消费者的。

在欧洲，我们决定与我们的瑞典竞争对手爱立信形成北欧联盟，敌对方则是德法联盟的西门子和阿尔卡特。1997年10月末，我和两名同事共同前往布鲁塞尔去会见欧盟委员会主席雅克·桑特（Jacques Santer）。然而，这次危机会议最终并未能就欧洲移动电话产业的前景达成一致结论。北欧方面仍需要额外的援助。1997年11月，芬兰总统马尔蒂·阿赫蒂萨里（Martti Ahtisaari）对英国首相托尼·布莱尔（Tony Blair）说，他认为诺基亚和爱立信建议的通信标准也是最适用于英国的标准。几周以后，英国电信便加入了我们的阵营。我们的国际走访仍在继续进行着，因为我们还需要更多网络运营商的支持，无论在欧洲还是亚洲。

11月末，我再次来到了布鲁塞尔。欧盟委员马丁·班杰曼恩（Martin Bangemann）当时正在尝试解决欧洲争端，但并未成功。最终，欧洲通信标准研究机构ETSI（欧洲电信标准协会）为决定哪种通信标准更好以及应当采用哪种标准而投出了史上第一票。诺基亚-爱立信的提议最终得到了58.3%的支持率，并于1998年1月在巴黎举行的会议上被正式批准。

1996年9月，我们和日本就未来的通信标准展开了洽谈。我们希望能避免欧洲和日本企业在亚洲市场上使用不同通信标准进行竞争的境况。我们带领日本代表团参加了卡丁车赛，并有意让日方取得了胜利。后来，日本的谈判代表在巴特维克庄园受到了诺基亚人的热情款待，最终以一名日本高级指挥家的音乐独奏终结了夜晚的活动。我们确信这次夜晚款待相当成功。八月末，日本人便信心十足地告诉我们，他们乐于在下一代网络中采用欧洲的科技。

在美国，这场战斗则一直持续到了巴黎协议之后。美国高通公司曾起诉欧洲企业达成了一项不公平的协议。1998年末，美国政府通过一份由美国国务卿马德琳·奥尔布赖特（Madeleine Albright）签字的证言对欧盟的非公平竞争正式提起了诉讼。这场争斗直到1999年3月才有所缓和，当时欧洲和美国已经一致同意结束在通信标准上的公开争执。与此同时，高通公司则将其网络业务和产品研发分支出售给了爱立信。"伟大的通信标准之战"的战火终于熄灭了。

在诺基亚，我们要比我们的竞争对手们更早开始产生数字化通信未来的理念。其原因在于，我们是一群勇于挑战的人，并且芬兰的工程师们也非常热衷于探索创新。在我们看来，将所有精力倾注于某种能够改变整个市场发展趋势的新领域是绝对值得的。当诺基亚推广数字手机时，摩托罗拉仍然停留在模拟时代。从某种程度而言，诺基亚得以超越摩托罗拉的原因在于我们率先采用了数字化科技。

事后诸葛亮往往都能轻易说出，时势造英雄。无论对于企业还是个人，这都是毋庸置疑的真理。但是在20世纪90年代晚期发生科技风暴时，并没有人能确信他们已经占据了绝佳的时势。1996—1999之间的三年是全世界科技企业的蓬勃发展时期，对于这些企业领导者们而言，重中之重的任务便在于时刻保持警觉的头脑。历史的经验告诉我们，英雄毕竟只是少数。

互联网的普及激起了新生企业、巨额利润和股价泡沫的巨浪，并且引发了整代投资者们或沉或浮的追逐财富之旅。顷刻之间，互联网上便云集了石油产业或各种早期的美国铁路运输业，那些敏锐觉察到商机且贪得无厌的企业家们都借此谋取了惊天的利益。从另一个角度而言，互联网则正像这些企业家们一样，改变了我们传统的做事方式。它改变了企业沟通交流、营销产品、规划和处理事务的方式。当21世纪初互联网泡沫经济破灭时，互联网的真实冲击才真正开始渐显分量。

在诺基亚，我们都理解互联网将会永久地改变许多事情，但是，我们并不确定它将会具体改变哪些方面。我们曾毛骨悚然地目睹了微小型企业的资本价值逐步增长到与诺基亚的资本值相当的水平。在我们的观念里，诺基亚无论如何都是一家制造有形产品的正经盈利企业。许多咨询师都曾向我们推荐过一些能使公司股价无限飙升的业务模型，只要我们能够在思想上接受虚拟企业这一理念。后来我才了解到，安然公司在迈向沉沦毁灭之前必定是听取了咨询师们的类似建议。

互联网对诺基亚的影响还体现在对人们行为习惯的改变。人类都希望足够自由地移动，至少这是我们在诺基亚所坚信的。我们认为人们的生活被划分为三个区域：个人生活、家庭生活和工作生活。在这三者当中，个人，即我们的客户，需要完美的移动通信服务。因此，这些服务无疑将是以互联网为基础的。

关于公众政策的讨论

　　20世纪90年代初，芬兰遭受了经济大萧条的严重影响。其与苏联之间的贸易关系已经坍塌，芬兰产业的众多弊端也由此开始彰显出来，资产价格泡沫终于破灭。我们正面临着沉重而严酷的现实。GDP（国内生产总值）降低了30%，股票市场则损失了近乎一半的资本。这些都迫使芬兰去彻底整改其体制架构和思维方式。当时，我经常与时任总理的埃斯科·阿霍（Esko Aho）和社民党的财政部长帕沃·利波宁（Paavo Lipponen）相互交流意见。1992年1月，在我刚被任命为诺基亚总裁时，我曾拜访过阿霍。我告诉他，我们能够克服企业所面临的困境，因为核心业务的发展仍然稳健良好。我们能够利用自己的资源去创造美好的未来，诺基亚决不会请求政府给予资金援助。我们所希望的是，政府能够营造一个良好的商业环境，类似于我们这样的企业得以在其中繁荣发展。我还强调，我会尽最大的努力去支持他，因为芬兰的繁荣昌盛对诺基亚而言绝对是至关重要的。

　　在这个时期，芬兰的相关部门曾就对增加研究与发展的资源投入这一主题展开过一场激烈的辩论。政府建议，90年代末芬兰的GDP增长目标为3%。这一目标已得到了芬兰科学与科技政策委员会的证实，该组织囊括了来自商业界、高等院校、研究机构以及主要政府部门的各个代表。政府将会为此项目提供40%的资金援助，其余的60%则由私营部门承担。二者都必须显著地增加他们对研发方面的投资，而这绝非是一笔小数目。政府方面曾一度对此抱有很大的怀疑，但是总的来说，这一目标在1999年还是实现了。私营部门的投资份额占据了68%，国家提供的资金也远远高于预估值，GDP的增长幅度已超出了所有人的预期。显著增加的研发投入使许多高等院校都重新焕发了活力，诺基亚也因此获取了许多企业所需的实力型毕业生人才。此外，这些高等院校也与诺基亚以及其他一些高新技术企业建立了良好的研究合作关系。

在1996年初秋，诺基亚那持续良久的物流危机似乎终于走到了尾声。但是，一种全新的问题又萌生了。芬兰仍然适合作为诺基亚总部的所在地吗？或者芬兰还依然适于诺基亚的实际发展吗？这个问题在80年代末曾在公司被传得沸沸扬扬，但仅仅属于那种茶余饭后的闲谈。在90年代初，随着诺基亚迅速深入地与国际的接轨，有很多琐碎的事务似乎在国外更易于处理，那些关于总部所在地的讨论也由此出现了新的进展。很多人都认为，如果诺基亚真的要成为一家成功的大型国际化公司，那么迁移公司总部和某些职能部门终将是不可避免的趋势。当公司的业绩和利润增长率保持良好时，无论在媒体舆论当中还是在公司内部，众说纷纭的猜测似乎也都随之变得愈发强烈。然而，一旦日常问题被更为严峻的形势压倒或业绩成果没有达到预期，一切声势便将会再次回落。

1996年10月末，我召集五人团体进行了一场简短的会议。首先，我们像往常一样全面地审视了当前的形势，并且对业务活动进行了简要的介绍，以说明公司的总体进展是稳定良好的。之后，我在没有预先准备的情况下提出了总部所在地的问题。我指出，尽管我们刚刚摆脱了移动电话业务的物流危机，但是，在最乐观的情况下，我们仍有可能在接下来的五年内遭遇与之前类似的风暴袭击。如果我们想要在当前的发展阶段中胜出，我们就需要大力发展公司的领导实力，招募新的要职人员和专业人士，以强化我们的国际化组织团队，并且最为重要的是，我们应该如90年代初所设立的目标那样，去创造一个得以使企业发展的稳定环境。虽然这一切早已开始实行，但是我认为我们仍需投入更多的热情和精力。

与此同时，芬兰似乎也逐渐摆脱了自己的经济问题。芬兰的经济政策稳定、务实且效果显著。在未来的几年中，诺基亚的内部发展仍存在很多有待完善的方面。假如公司的高管层仅仅纠结于总部所在地和其他的外围设施问题，那么公司将不会有任何受益可言。这些年，我们蒙受的类似经历已经数不胜数，无论是外忧还是内患。

我向同事们建议，我们不应将总部所在地问题增添到我们的日程中，而是应当认识到，诺基亚将会继续留在芬兰去发展它的业务。如果之后产生了不可忽视的其他因素以致我们有必要重新审视一些基本问题，我们完全可以再回到这一议题上。我还建议，我可以将此意愿告知芬兰总理和财政部长，但是我们在改变总部地点这一问题上则必须要保持缄默。

让我感到意外的是，该提议并未引起什么争论，大家都明确地认可了我的观点。对我的同事而言，遵循这一观念似乎是自然而然的事，这甚至毫无必要如此大费周章地提出来。哪怕没有这次讨论，我们也会一如既往地延续原有的理念，这是种理所当然的状态。据我后来了解，很少有人真正为我们所达成的协议感到高兴。

1996年末，我向芬兰总理和财政部长表示，我们决定继续将总部留在芬兰。我还补充说道，我们希望提高公司在芬兰的生产研发比例，当时为75%。我们没有提出要求或附加条件，公司的高管层也不会这么做。我们的希望仅在于两个方面。首先，诺基亚不会因其决定而受到责备；其次，政府方面将会诚心地为在芬兰的国际化企业的运营环境负责。

当芬兰总理和财政部长从他们出乎意料的感受中回过神来时，他们便已领会到了问题的重要性。之后，我们专门开诚布公地讨论了，如果芬兰希望能成功地吸引投资者和企业，那么还需要做些什么。我并没有列出自己的愿望清单，也不想就此方面展开讨论，因为这将有悖于我的原则初衷。我仅承诺在后续讨论中关注一个至关重要的问题：芬兰的高额个人税收。这对诺基亚并没有什么直接影响，但是却有着很大程度的间接影响，因为个人税收直接关乎经济的活力。

在芬兰，对于那些从中等收入水平进入更高税率等级的边缘群体来说，高水平的边际税率一直都是这些人的心头大患。当我于1999年和芬兰工程师们在诺基亚讨论这个问题时，我了解到，他们对这种苛刻的税收累进等级的不满程度正在日趋加剧。我以一名萨罗工程师的四口之家（工程师夫妻和两个孩子）为范例，做了简单的统计。结果显示，如果一名刚具有执业资格的工程师的工资翻倍，但他实际带回家的钱不过仅仅多了15%。对于这种现象，增加的税率只是原因之一，当工资增加时，诸如住房保障之类的其他福利也会被扣除。

这些已经足以说明，芬兰的工程师们很难有动力去追求事业成就或更高的职位，因为当他们努力地养家糊口时，所有增加的薪水几乎都被税务员剥夺了。这也是那些优秀的工程师之所以会去海外谋职的原因之一。我曾与芬兰总理、财政部长以及内阁秘书长多次讨论过这一问题，这些漫长的谈话交流最后也终于有了结果。2000年1月初，我在总理官邸参加早餐会议时收到了可靠的消息，其确认将会通过修改税收累进等级来制定出一个更加合理的分级制度。这些改变将需要若干年来逐步实现，事实也的确如此。这一过程表明，芬兰的国家建设工作正在迈向明智的体制变革，其也将税收的激励作用带入了政治议程中。

对于芬兰的政府高层而言，诺基亚总部的迁址问题仍然是他们饶有兴趣的关注焦点。2005年，芬兰总统塔里亚·哈洛宁（Tarja Halonen）曾在私下问我，诺基亚对其总部所在地是如何考虑的。总统似乎对这个问题十分关切。"我的想法是总部仍然会继续留在芬兰，"我回答道，"但是，将某个部门设立在海外也并非不可能。最近的软件风潮主要来自于美国，因此我们也确实需要以某种方式驻留在那里。在这个方面,我们绝对会相当务实。"

我往往都会跟随社会的主流趋势,会参与那些探讨商业界存在的挑战和企业所面临的问题的公众交流活动。此外,我也会密切关注中学和大学的公共教育发展。在芬兰,许多人曾将这种渴望诠释成了身为选举代表的从政生涯。当我于1977年去伦敦经济学院学习时,就已经将一个政府形势危急且过度政治化的国家抛于身后了。虽然重返芬兰的感觉很好,但是我的决定相当明确,回国是为了在商业界大展宏图,政治圈的职业生涯对我则毫无吸引力可言。

1999年5月,财政部长希望和我进行一次私密的谈话,于是我们在皇府餐厅(Palace Restaurant)的私人包间见了面。我还记得当时赫尔辛基的集市广场和东正教教堂的洋葱形屋顶的美好景象。财政部长希望我能够考虑以保守党候选人的身份去竞选总统。他认为,中央党派也会出力支持我,因此我将会成为一名稳操胜券的"资产阶级"候选人。(在芬兰,总统竞选者以个人名义参选,但是支持力量则来自于各种政党。)我解释道,我并非合适的人选,因为我在去年已经设计将诺基亚平稳地领入21世纪的发展阶段,我不能就此丢弃我的义务和责任。

2003年11月,正在参选总统的芬兰总理马蒂·万哈宁(Matti Vanhanen)邀请我和丽萨到家中共进晚餐,他家距赫尔辛基大约三十英里。他的妻子准备了丰盛美味的食物,我们都相处得非常愉快,尽管室内的装修风格完全不符合我们的品位。晚餐期间,我们大多在谈论国际政治。万哈宁对此热情极高,同时他对欧盟以及我们所讨论的其他重要事件也都表现出了广博的见识和高昂的热情。随着夜晚将尽,他忽然出其不意地谈起了即将到来的总统选举。他认为中央党派并不具有实力雄厚的候选人,并建议我应该慎重地考虑代表该党派参与竞选。我没有料到他会这么说,可我的答案已然早就确定了,即明明白白的"毫无可能"。虽然我考虑过从总裁的职位上退下,但是成为总统竞选者是我想都不会想的事。因此,我便就此终止了我们的谈话。

人们的需求是什么？

1996年，诺基亚发布了一款新产品，我们自豪地将其称为"通讯器（Communicator）"。其不仅具有普通手机的功能，而且带有网络浏览器、传真功能、电子邮件功能和日历。这款产品可谓是智能手机时代的开创者，尽管这一术语是很久以后才诞生的。

"通讯器"实际上是雷舟·帕加浓的杰作，这位在坦佩雷工作的研究员曾不顾一切反对，践行了自己的想法。多亏了他的坚持，诺基亚的一个技术标志才得以为人所知。

在"通讯器"最初上市时，产品本身还并不完善。其软件的运行效果不如预期，且并不兼具实现所有功能所必备的全部应用程序。这是一款体积宽大的设备，很多人都认为它过于笨拙。此外，它对诺基亚的营业额也并没有显著的贡献。然而，这款产品对企业在科技前沿的公众形象却有着不可估量的影响力。"通讯器"很快就占据了《纽约时报》财经板块的醒目位置，文章标题为《近乎售罄的芬兰产品》，这种宣传是绝对无法靠金钱来实现的。

"通讯器"是专为专业人士设计的一款产品，它可以作为销售人员、证券经纪人、房地产商甚至是货车司机随身携带的通信工具，尽管这些人或许需要用较大的衣兜儿来容纳它。随着"通讯器"的上市，我们宣称，将会以那些希望随时随地都能有效工作的商业客户为目标对象。从今以后，诺基亚制造的产品将不会仅限于电话，商用的无线设备也会被纳入我们的生产规划之中。

"通讯器"并不限于在办公室内使用，其本身就已经称得上一间工作室了。芬兰那些去布鲁塞尔参加欧盟日常会议的外交官们都会配备有"通讯器"，以便能够在会议间歇甚或在无人察觉的情况下于会议进行期间去浏览电子邮件以及与芬兰外交部进行沟通。

虽然"通讯器"并非是我们最成功的商业产品，但是它的确使我们相对于竞争对手们具有了一定程度的优势。我们的成就由此而引起了更为广泛的关注，人们开始将诺基亚和微软、英特尔以及索尼相提并论了。我们已经跻身于世界领先的行列当中，这已然是一种定性的划分。《金融时报》和普华永道咨询公司曾归纳整理了欧洲最具声誉的企业，诺基亚名列第十九位。而在电子设备领域，我们则名列第三，仅位于西门子和伊莱克斯之后。后来，我们又提升了自己的名次。

尽管这只是排名，但是它却增强了我们的自信心。多年的努力终于开始有了回报，我们最终进入了世界级大型企业的行列，这是我们长久以来一直梦寐以求的结果，是我们早在五年前就已设定的目标。此外，我们也正在迈向另一个繁荣发展的阶段。

1997年，我们不得不停下脚步去思考周围正在发生的一切以及诺基亚应对此做出怎样的改变。我们在巴特维克庄园召开了五人团体会议，我希望每个人都能慎重地考虑世界当前的发展形势。当时，无线科技正在我们眼前迅猛地发展着，互联网也正在发起一场科技革命。数字科技正不断改变着我们生活的方方面面。我们究竟相信什么？我们希望在哪些领域继续壮大？我们对这一切应当作何感想？为了应对这些挑战，诺基亚又应当如何武装自己？

另外，我们还切实地探讨了诺基亚的未来将会归属何处，移动电话业务还是网络业务。我们相互鼓励但又彼此质疑。一些人认为，专注于网络业务将是诺基亚的最佳之选。在他们看来，诺基亚毫无必要为媒体或多媒体费心，仅仅留守在其表现最佳的领域中就已足够。然而，我却持有着不同的观点。我认为，我们在互联网科技的发展中至少应该更加活跃一些。我决定抛弃之前的一种处事原则，即诺基亚不应借助于企业收购来谋求发展。我曾在1997年9月的董事会会议记录中注明："企业收购是巩固诺基亚体系架构的可行举措，但并非优先之选"。

诺基亚将会被划分为三个部分：不断拓展的高盈利移动电话业务和网络业务以及能够让我们积累经验和学习技能的少量互联网业务。于是，我们便成立了"诺基亚风险投资机构"，计划引入少量实力出色的互联网科技公司，其中的大多数都是美国公司。但它们决不会成为诺基亚的主导力量，2000年仅占据了营业额的3%。

对诺基亚未来方向的讨论是相当重要的。在我的核心团队中，成员们因背景和性格差异而持有不尽相同的观点。佩卡·阿拉–佩蒂拉和萨里·巴尔德奥夫尤其擅长突破自我的思维局限以及关注于细枝末节。他们也是最乐于接受新的工作方法和组织改革的人。因此，佩卡便自然而然地成为管理互联网业务部的最佳人选。

1997年，我们还设定了另一个目标来稳固我们的移动电话业务部。这意味着，我们决不希望再次发生类似于1995年的那场梦魇。我希望能够确保工作流程的稳健良好，相应的元器件总能适时地供应给相应的手机，以使产品能够如期地呈现在消费者面前。如今我总会对此过分多疑，只因我不希望存有任何出现差池的可能。

我们在1997年收获了杰出的业绩成果，公司的盈利额增加了98%。我终于有了一种完成使命的感觉。从我担任诺基亚总裁起，已经足足过了五年时间。如今，我们的实力要远远强于以往，甚至超越了我们五年前所设想的最好情景。

然而，尽管我为此感到高兴，可是当我环顾当前形势时，却仍然看出了一些令人忧虑的隐患：我了解，大多数危险往往都源自于成功。我觉察到了许多我们全然一无所知的问题。我们并非是一家互联网公司，也并不想成为这种企业。但是，我们难道就仅仅将自己狭隘地局限在移动电话业务并以此标榜自己吗？20世纪90年代末已经逐渐涌现出了各种各样的新型无线网络，在美国，人们已经开始使用掌上电脑和无线局域网了。

我们需要进行一些彻底的思考，并且应当明确人们真正的需求所在。那些纽约的金融家、东京的青少年、伊斯坦布尔的店主以及巴西的牧场工人究竟都需要什么？这些人对GSM科技、无线局域网、通用移动通信系统、3G或其他莫名其妙的字眼都毫无兴趣，他们唯一关心的是那些能够在实际中为他们提供便利的服务。在这个移动通信已经得到普及的世界里，他们想要找到新的工作方式，并且希望我们的产品和服务可以帮助他们实现这个愿望，只要这些产品足够可靠、价格合理且外形美观。

诺基亚正在踏入一个全新的时代，企业的成功与否将取决于客户的满意程度。我们的客户分布于世界各个角落，他们的需求也都大同小异。除了我们那品质上乘的产品之外，还有很多因素会影响着他们。或许我们应当以客户需求为核心，而将技术问题的相关考虑移至辅助位置。倘若我们仅一味地追求精良的科技，那么某些更贴合顾客心意的产品就可能会将我们推至次要的位置。

1997年，我的上班路程显著地缩短了。诺基亚已在埃斯波开设了新的总部，其位于赫尔辛基以西约5英里处。然而，我的上班路程并非是选取总部新址的考虑因素，尤其是我因工作需要已经越来越频繁地穿梭于世界各地了。早在1982年，公司就曾考虑过将总部重新设在梅拉蒂（Meilahti）。佩卡·海林（Pekka Helin）和托莫·希同宁（Tuomo Siitonen）曾在一场建筑比赛中以名为"Kide"的设计作品获胜，其含义是"水晶"。我们新建成的那座优美的办公大楼就是以该设计为基础的。

如何领导国际化的诺基亚？

1996年，在诺基亚工作的我们意识到自己还不够了解这个世界。我们曾"偶然地"发展成了一家国际化企业，如今则要开始和其他的国际化企业相互抗衡了。我们就像一支不起眼的小镇球队忽然间闯进了英超联赛。

我认为，公司的高层领导应当监管我们那些最为重要的市场并从中进行学习。因此，我让康培凯接管了北美市场，萨里巴尔德奥夫则负责亚洲市场，包括日本、韩国、中国。我希望让管理者们去了解这些主要市场的当前动态，也希望区域性的观点能够在决策过程中起到更为重要的作用。

我想为诺基亚创建一种矩阵系统，以确保那些位于中国或美国的子公司不会处于管理盲区。我希望这些市场的信息能够直接回馈至芬兰，这反过来也巩固了诺基亚在这些区域中的经营策略。我不确定这种想法在实际中的运作效果如何，因为萨里·巴尔德奥夫和康培凯在我重新部署机构体系之前只有几年的熟悉时间。但是，我也晓得诺基亚绝不会在中国占据到重要的位置，除非萨里引入了全新的经营模式。

市场的变化、企业的自身成长以及科技的发展共同迫使我们更加仔细地考虑未来的经营策略。其中最为困难的一方面在于，将我们的策略方针传达给所有员工，其数量正在以每年几千人的幅度增加着。1996年，我们曾拥有31,766名员工，一年之后便增加为35,430人。在随后的一年中，又有将近一万人加入了诺基亚，我们的员工总数已达到了44,543人。一名25岁的澳大利亚计算机高手如何才能在其第一份正式工作中了解到诺基亚的价值体系和经营策略？虽然我还没有想好该怎样回答这个问题，但是我们已经在努力构建一些能够反映出我们价值体系和经营策略的工作流程。然而，仅体现在企业本身的流程中还是远远不够的，我们还必须让员工切身地参与进来，以至他们可以通过自身的经历而体会到，每个人都能直接影响我们的经营策略和价值体系。

我们通过召集400名最重要的管理者来开展年度经营策略讨论，该讨论会起初只有200名参与者，后来，由于公司的规模不断壮大，我们便对参会人员进行了扩增。讨论期间，我们会将公司目前所面临的所有重要挑战进行全面梳理。这决非那种表示欢庆祝贺或耀武扬威的场合，按照诺基亚的优良传统，公司的领导者们会听到参会人员用朴素的英语来表达自己的所思所想。在这种场合中，芬兰人无疑占据着绝大多数比例，但是非芬兰人的数量也正在迅速地增加。我们当然会谈及以往的丰功伟绩和抵达成功的过程，然而，我们的最终落脚点还是会归结在那些有待继续完善的事情上。

我并不会盲目地相信策略理论或咨询师，对我而言，策略性思考是一项平凡无奇的工作。其不过意味着进行营运规划，包括对我们的发展方向和实现目标的途径所进行的具体筹划。一项好的策略应当能够灵活地自动调整和更新，此外，规划策略时也应当为后续的调节修正留出一定空间。当诺基亚在20世纪90年代飞速发展时，我们就曾全然地感受到，一项严谨缜密的策略多么难以贯彻，我们唯一能做的只是摸着石头过河。确切的策略是在摸索中逐渐形成的。

虽然策略性思考是一项常规工作，但是你仍然得为策略的奏效进行具体的规划部署。我们在诺基亚成立了策略小组，组内成员每个月会开展一次讨论。该小组包括执行委员会全体成员和其他几名高管人员，如果外来者参与了策略小组的讨论，他或许会感到困惑不解。我们会以某个重大问题作为讨论的主题，但是也会同样关注一些细枝末节的事情。最重要的是，会议中不会作出任何决定。我们没有既定的议程，也不会受时间限制。有时讨论进行得相当激烈，有时每个人又都陷入了沉思，会议的持续时间通常为三个小时左右。负责企业规划的米克·科森农往往会先提出一个讨论主题，或者偶尔由我来给出相关的探讨建议。我喜欢借助策略小组来检测自己的想法，并且乐于通过这种方式为我当时的疑问找出答案。

几年以来，策略小组讨论会的实用性已经得到了充分体现。虽然我喜欢这种小组讨论，但是我不能肯定它会激发出我的思维优势。我认为，最佳的策略讨论应当是一对一的形式。我常常会从策略小组的讨论中择取一到两个主要观点，以用于我和相关同事单独进行后续讨论。我个人的领导风格实际是以五人团体为基础的，并且也与200名左右的诺基亚重要领导者有着直接关系。

我相信，智慧并非仅存在于某位伟大领导者的思想里，而是弥漫散播在全体员工当中。企业往往没有耐心去倾听足够多的另类声音，如果某个人的总裁生涯或执行委员生涯结束了，那么他失去的不光是自己浓密的发丝，也失去了他那打破成规的思维能力。即使那些最富有经验的管理者们也无疑能够重新焕发活力，只要他们心有所愿。组织机构应当鼓励这种唤醒活力的更新调整，否则经营策略也将会变成一潭死水。然而，更为重要的是，组织机构必须要为这些另类的新见解提供一种得以被知悉了解的途径。企业必须敢于对自己的目标和工作方法提出质疑，否则它便难以在这个大千世界中繁荣兴盛。

在我们的讨论中，有几个问题存在着分歧。我们激烈地争论着我们与移动通信运营商的合作方式，以及我们会投其所好地将产品量体裁衣到哪种程度。对于这些问题，众说纷纭的现象已至少持续了十年。这是个原则性的问题，并且直指诺基亚的心脏。诺基亚一直都在权衡自身的品牌需求和运营商方面不断改变的客户需求之间所存在的冲突关系。未来电话带宽的拍卖会场上的激烈竞争已经将许多企业推至了破产边缘。于是，为了使企业发展下去，诺基亚和其他一些企业不得不破财免灾。

1995年时，我们移动电话的销量情况十分不景气，以致整个企业仅仅依靠向运营商销售网络才勉强维持着。然而，即使在诺基亚内部，关于某些基本问题也存在着截然不同的看法，一位负责人认为我们绝不应该和运营商统一战线，而是应当摆脱这种中介环节以便和消费者群体"直接接触"。而另一位负责人则表示，运营商也属于我们最重要的客户，我们应当如实地满足他们的愿望。如果有人能找出这一问题的明确答案那将是再好不过了，可是这种事并没有发生。因此，诺基亚只能尽力地去掌握穿越困境的航向了。

诺基亚可能太过于关注移动电话的相关科技了，即蜂窝网络。或许，诺基亚本应更多地了解一些其他的无线科技。如果掌握得足够快，我们或许就可以发展出某些能在21世纪前十年的艰难岁月中兴旺成长起来的新业务领域。然而，如果一家企业已经发展成为该行业的全球领军者，那么要彻底改变企业的经营策略就绝非易事，并且困难程度也会随之倍增。

对一家企业而言，最坏的遭遇莫过于资金用尽而被迫倒闭，程度次之的或许就应属巨大的成功了。它会令你头晕目眩，误以为辉煌的历史将会重复上演。可观的业绩增长数据或新市场的开放让你相信黄金大道的确存在，并且只要你能够找到成功的秘诀，不久就可以坐拥锦绣前程。如果企业在过去曾经取得过成功，这或许就是你寻找成功诀窍的素材。如果企业已经发展壮大并取得了成功，那么它就不能再我行我素了。投资分析师和投资者们都会密切地关注它的风吹草动。

对于投资者而言，最坏的消息莫过于，企业为了确保万无一失而采取了一项出乎意料的全新策略，以致撤离了所谓的黄金大道。期望投资者们将目光放长远是完全无济于事的，企业必须要在下一个汇报阶段以股票价格的短期上涨来佐证自己的策略，它必须要兑现自己的承诺。然而，仅企业转变方向或采用新策略的这个想法就足以让人们惊慌不安了。股价可能会下跌，企业的操控空间可能会更小，那些最重要的管理者们也将因此失去自己的关联奖金。股票的重要性是绝对无法被轻视的，媒体将会以股价为由去谴责新策略的失误。

如果企业领导者希望推行新的策略或实现企业的革新，那么他们就必须具有强大的意志力或直面危机的魄力。如果你对一家在证交所成功上市的企业进行了改革，那么你也将自己的财力置于了风险当中。这样一来，想要使一家成功的全球上市公司重现活力便难上加难。尽管如此，却还是有人取得了成功。例如，我十分钦路易斯·郭士纳（Louis Gerstner）对IBM的改革工作，他将IBM变成了一家销售软件和服务的公司，同时也守住了企业的国际地位。

诺基亚在20世纪90年代末并未成为一家大型的网络公司，其在1998年于北京召开的董事会会议上考虑了可供公司选择的两种方案：继续作为无线科技领域中的实力型企业或者尝试在互联网开拓的新市场中发展壮大。后者或许需要收购一些大型企业，特别是美国的企业，因为当时的互联网泡沫正在逐渐扩散。诺基亚的盈利和股价在几年之内可能会持续走低，公司本身也可能成为敌意收购的猎寻目标，没人清楚我们的未来将会如何，比如到2005年。诺基亚或许会逐渐繁荣壮大，但也可能会失去独立生存的能力，从而我们就会成为其他企业的盘中餐。没有人能够对这个反事实假设给出明确的答案。

当20世纪的尾声临近时，我在诺基亚的角色发生了变化。1997年7月，我的老板、董事会主席卡西米尔·伊赫恩如斯邀请我去他的庄园住宅做客。一直以来，我和伊赫恩如斯都相处得十分融洽。我们彼此之间往往都是开门见山直奔主题，仅在需要的时候就重要问题进行探讨协商，例如在董事会会议结束后。因此，我猜想这次邀请必定有着特殊的原因，然而我并不清楚其确切是什么。

我们一起蒸了桑拿，在共进晚餐时伊赫恩如斯说明了他的用意。"我已经和股东们讨论了董事会主席的继任人选问题，我们一致认为董事会中并没有人能胜任这一职位。经过所有人认真的考虑，我希望了解你是否有意接任此职，同时你也仍将继续负责管理企业的运营。"

伊赫恩如斯提出的将董事会主席和总裁的职务集于一身的建议在美国企业中是相当常见的，但是这种现象在欧洲则比较罕见。诺基亚的内部结构正逐渐向美国模式靠拢，相对于这种背景，该提议也并非是史无先例。有人曾对这两种运营模式的优越性进行过研究：是董事会主席一揽大权更好，还是让不同的人分别担任董事会主席和总裁更具优越性？在众多企业中，或是就长期和短期的体系架构而言，还并未发现这两种模式存有显著的差异。

但是，在1997年，芬兰的企业法律并不允许将两种职责合二为一。我们需要按照法律流程来作出决定。因此，公司就必须要重新任命一名总裁，他将负责管理法律所规定的企业运营工作。尽管最终选出的负责人还会是我。

该提议已被呈递，我承诺会用几个月的时间进行考虑，因为这件事显然并不紧急。我们约定在来年秋季重新讨论这个问题。"我乐于接受这项安排，尽管这在芬兰还不太常见。但是，我们必须要确保一切合法。"这便是我对伊赫恩如斯的回答。

公司秘书兼法务部负责人乌苏拉·瑞宁（Ursula Ranin）起草了一份冗长而全面的章程，并于1997年12月进行了提交。除了法律方面的内容，该章程还总结了企业的国际经验。双重角色的优势在于，其为企业的视野和核心焦点提供了决定性发展的机遇。而双重角色的风险则在于，董事会不再完全独立于执行委员会之外。如果董事会成员与公司或执行委员会之间存在着关联或依附关系，那么这将会构成一种特殊的风险。由此，董事会的监管执行能力将被弱化，并且响应速度也可能会极大地放缓，例如倘若需要罢免董事会成员的话。

在此期间，我们还进行了其他的结构调整。佩卡·阿拉-佩蒂拉已不再管理移动电话业务部，而是转为负责策略规划以及与诺基亚前景相关的项目。我们已经成立了新的投资风险机构，以寻找那些适于诺基亚收购的企业。除了负责这个部门之外，佩卡仍会继续担任诺基亚通信产品部的负责人。此外，他还被任命为副总裁，这预示着他将成为总经理。马蒂·阿拉胡赫塔则成为了移动电话业务部的领导。从1999年起，网络部总监将由萨里·巴尔德奥夫担任，她曾一度负责管理亚洲区的业务经营。

后来，佩卡·阿拉-佩蒂拉顺理成章地被任命为总经理，同时也自然而然地成了我这位董事长卸任后的继承人选。为什么会选择佩卡·阿拉-佩蒂拉，毫无疑问地，我非常了解与自己关系密切的所有同事，而佩卡似乎相当适合这份工作。他善于人员管理，也对经营策略有着很强的掌控能力。此外，他还是变更管理方面的一名杰出领袖，并且十分善于捕捉各种动态迹象。在选择继任人时，佩卡在移动电话业务部的领导背景也是促成决定的因素之一。那时我们相信，对诺基亚的未来而言，移动电话业务将会比网络业务占据着更为重要的地位。

我和萨里·巴尔德奥夫的交谈也在一定程度上导致了我的最终决定。萨里告诉我，她不会在诺基亚长期待下去。她负责网络部已经有将近十年之久。"在诺基亚工作一直都是件美好的事，但是生命中一定还有比这更为重要的东西。"她这样说道。她曾在2001年首次提出了离职的意愿，但是，迫于当时变化的环境形势和我的大力施压，她同意会一直待到2005年初。

在1999年的年度例会上，公司正式作出了决定，卡西米尔·伊赫恩如斯从其任职七年的董事会主席职位上退下来了。这并不存在任何戏剧化的成分：伊赫恩如斯当时已经68岁。佩卡·阿拉-佩蒂拉成为诺基亚的总经理，我则被任命为董事长兼总裁。

媒体认为此次调整并不是什么巨大的变动。"仅仅是职位头衔的更替而已。"《商业周刊》的塔鲁塞拉马（Talouselämä）写道。我曾在新闻发布会上强调，我仍然负责企业的运营工作实在是众势所趋的结果。

当然，任何企业都不应存在闲置的领导岗位。对我来说，这便是董事会副主席的人选问题。1999年春季到2000年期间，该职位由1996年加入董事会的埃伊偌·维南宁（Iiro Viinanen）担任。在2000年，1998年加入董事会的保尔·J.柯林斯（Paul J Collins）接任了这一职位。罗伯特·F·W·范·奥尔德（Robert F W van Oordt）同样是在1998年进入董事会的，我们也正是在那时将英语作为了业务语言。此后，董事会又曾源源地涌入了一些芬兰以外的人。当诺基亚的董事会成员经历新旧更替时，董事会一直都在和芬兰银行家们角逐抗衡，因此这种更替是永远也无法彻底实现的。

　　柯林斯的背景是金融领域，他曾是花旗银行的副董事长。相比于卡西米尔·伊赫恩如斯，他会更加频繁地主动找我进行更为详细彻底的交谈。他住在伦敦，因此，我们往往是通过电话进行沟通。我们的对话相当美式，直接而随心所欲。柯林斯在21世纪初的角色要比公众所认为的更为重大而艰巨。

与媒体见面

企业总裁与媒体之间的关系相当重要，这是他们值得用心学习的一课。我在这里所讲述的无疑都来自于我在芬兰的经历，我所习得的这些经验具有更为广泛的适用性，甚至是全球通用的。

早在上学的时候，我就已经开始积极地追随芬兰和国际的媒体了。当我在威尔士的大西洋学院学习时，我的这种兴趣得到了进一步的深化，我们的经济学教师安德鲁·麦克霍斯会用《经济学人》和《金融时报》作为他课程的调味品，这两种刊物是我几十年以来最为钟爱的读物。麦克霍斯向我们教授了文章应经过怎样的审慎论证才能产生影响力，媒体如何以不同的方式描述同一事件，以及阐明自己的论点对于一个想要传达某种信息的人有多么重要。

另一个让人大开眼界，或者应当称为"大开耳界"的经历是我于1966年在瓦萨参加的音频编辑课程，其是由两名经验丰富的广播员教授的。在这一课程中，我初次了解到新闻业是如何简化事件、弱化争论观点以及主导话语权的。

我第一次成为媒体的关注对象发生在我于1972—1974年间担任芬兰全国学生联合会主席的那段时光。我的首个媒体形象曾于1972年出现在芬兰的主流报刊《赫尔辛基日报》上。20世纪70年代那种过度政治化的氛围并没能带来良好的新闻产业，一切事物都要从政党的角度来看待。新闻业的文化在当时不堪一击，行业的诚信度还远远不能令人满意，而这也是我们全家之所以决定前往伦敦停留一阵的另一个因素。

在担任诺基亚的财务总监时，我曾结识过许多投资商，然而所接触到的媒体代表则是少之又少，因为媒体的关注焦点都集中在了董事长卡利·凯拉莫身上。在他执掌诺基亚期间，公司的媒体策略目标是让魅力无限的董事长登上国际报道的版面。我记得卡利曾感叹道："我不得不挨个接见欧洲那些微不足道的区县级杂志社的代表，只要他们对我们有一点儿兴趣的话。"一天当中，凯拉莫会接见四到五名不同的编辑，尽管当时并没有什么重要的事情发生。这些都是发生在公司真正出现名人领导者以前很久的事。当凯拉莫过世后，诺基亚的公众宣传方面便留下了一个空缺。

接任凯拉莫董事长职位的西莫·沃里莱赫托总体而言是一个更为谨慎的人，公司的通信部负责人马提·萨瑞农曾将这位董事长的媒体策略描述为"低调行事，毫不张扬"。他没有大量地接受媒体访问，因为诺基亚内部正存在着财务问题和权势争斗。这样一来，公司就避免了流言蜚语的传播和后续的补救工作。对当时的诺基亚而言，远离新闻媒体才是最佳之选。

那时，我正在负责管理移动电话业务，我需要比以往更加留心关注媒体。在萨罗那个小城镇中，诺基亚的言论是相当重要的。当时，移动电话业务部正陷于财务问题，我则在通过部门内部的交流沟通进行着实际的努力。我必须要和我的团队一起为生存而战。我会不时地和当地报社的总编辑见面，以便了解最新的形势动态。我会在前往萨罗的途中先给他打电话，然后会在开始当天的实际工作以前去顺路拜访，与他共享早餐咖啡的时光。我相信，这种推心置腹的交谈对我们两人都是有利无害的。我了解到了当地人的感受，也成功地缓解了萨罗人对诺基亚完全未知的普遍印象。

1992年1月16日，我第一天上任为总裁，当我走进诺基亚的赫尔辛基总部的一层礼堂时，我对自己将要面临的媒体风暴完全毫无准备。与如今相比，那时传达企业主要变动的策略方式还不够成熟全面。在当时的理念中，其无非是种诠释声明而已。总裁的这个充当"扩音器"的角色让人始料不及，我早先谈及的一些琐碎之事，忽然间竟成了关注焦点并且有了新闻价值。此外我还懂得了，我不能再使用原来那种激烈而直接的谈话语气。我必须要以更加柔和的方式来表达我的想法，使新闻的标题不会变成一些莫名其妙的妄言。醒目的新闻标题往往会在员工中引起恐慌担忧，任何一名身居要职的掌权者都会很快地了解到这一点，并且这常常都要付出一定的代价。

许多统计显示，大型企业的新任总裁对他们将要被媒体占据的时间都感到相当吃惊。想要习惯于媒体的工作方法并非一件简单的事情，但至少这里有一些足够受用的忠告：相比于分辨事实真相，最好还是保持沉默；决不要谈及正在进行的工作；决不对竞争对手给予任何评论；不应当在公开场合讨论企业内部问题；杜绝产生自满情节；面对危机时应保持冷静的头脑。

在我收到的最佳忠告中，某些是由我们任职已久的副董事会主席玛乔丽·斯卡尔迪诺（Marjorie Scardino）在十年前给出的。斯卡尔迪诺曾是一名记者，并且也曾在培生集团（Pearson）担任过很长时间的总裁，《金融时报》便是隶属于该集团的一部分。"当你的企业处于危机中并且你感到孤助无援时，不要在意记者们都写些什么。而当事态进展良好并且你听到的满是赞美之词时，你则应当头脑冷静地去阅读新闻。无论哪种情况，你都该换个角度想想。"这对我而言是相当明智的忠告。

1992年1月，诺基亚的形势非常严峻，我们不得不同时实行多方面的重大整改。我们为此倾注了所有的时间，因此我们的沟通策略并未被当时的新一届执委会提至十分重要的位置。这对于芬兰那些不看好诺基亚会成功的国内媒体们而言则起到了推波助澜的作用。在那段经济萧条的时期中，存在着太多难以解释的惊慌恐惧，以致我们需要多年安静的时光去建筑未来。

无论如何，我还是制定了一项简单的政策。我们会在有利于诺基亚的情况下出现在媒体面前，并且我们不会利用总裁来推销企业故事。这与凯拉莫时代的差异是显著的。这项新政策是可行的，因为移动电话的使用正在逐渐普及，我们也由此正在变得越来越具有吸引力。诺基亚品牌的创建正在拉开帷幕。

1996年，五人团体就应当采取的沟通形式进行了讨论。我的同事们当时似乎都被其他的工作和麻烦占据了。他们建议，我应当为沟通交流问题承担起更为明确的责任，从而缓解来自于媒体方面的压力。我接受了他们的建议，并且表示这些事往后也会轮到他们来处理。我对采访问题所持有的原则是，我会严格地以工作为重，并且只有当我希望传达一些有意义的新消息时我才会接受采访。对于总裁而言，极其容易落入公共关系的友好陷阱，以致荒废了本职工作而仅仅倾心于自己的公众形象。在极端的情况下，总裁将会完全以个人宣传作为生活的重心。我是坚决杜绝这种情况的。在访谈过程中，我往往都会从诺基亚的角度着眼于一些重要的问题，尽管我偶尔也会谈及一些其他的社会焦点。我拒绝接受个人主题的采访，我认为自己最适于那种能够层层深入主旨的长时间主题访谈。

登上《商业周刊》的封面是我们长久以来的目标，该杂志是当时备受尊崇的刊物。直到1998年8月，这一目标才得以实现，尽管我们的那些故事在很早以前就已经被发表过。我们并非追求封面的本身价值，我们所看重的在于，它是对已成为全球大型公司的诺基亚的一种肯定。2000年5月，《福布斯》杂志上也曾刊登过类似的文章。这两篇文章均描述了诺基亚在20世纪90年代所取得的发展，其各自有着独到的见解和风格。就对诺基亚企业文化本质的把握而言，任何文章都不曾如这两篇拿捏得恰如其分。令人困惑不解同时倍感惊讶的是，甚至从没有芬兰记者曾尝试过这么做。

美国的专业媒体在全世界拥有着最多的受众群体，其消息会以迅雷不及掩耳的速度传播至其他的媒体。因此，这对于提高公司的全球知名度有着强有力的作用。我认为，就诺基亚的品牌发展而言，其转折点为公司于1994年在纽约证交所上市以及同时发生的GSM科技的突破进展。

当产品上市时，我们通常都会安排团体采访，或是让媒体们参观公司的生产线。虽然我从不热衷于这些事情，但是我常常都要这么做。幸运的是，诺基亚拥有一大批训练有素的媒体专家，其壮大了公司代言人的团队。对于不同的采访，我们往往都会慎重地考虑最佳代表人选。

早在凯拉莫领导公司时期，我们就曾按照盎格鲁-撒克逊式的风格扮演着我们新闻处的某类代言人的角色。在许多大型公司里，这也早已是长久以来的标准惯例。但是，这种方式对于芬兰而言还仍然较为罕见，其曾在编辑届中引发过一场激烈的讨论。对我们来说，这无非意味着使执行委员会得以充分利用自己的时间。执委会需要将精力集中在公司的发展以及会见客户、员工和其他利害关系方上面。而在另一方面，新闻处则往往应当处于随时待命的空闲状态，以使得诺基亚能够毫不拖延地满足媒体的需求。

我们效仿大型企业的另一方面在于，坚持让高管人员陪同新闻处的人参加访问。这对于芬兰媒体而言也是一种不同寻常的现象，但是在其他许多地方，这却早已是延续了几十年的标准惯例。过去，我常常都会和我们的信息交流负责人保持着密切的联系，以便让新闻处了解诺基亚正在发生的事情，并且我也能随时了解到媒体感兴趣的方面。

在诺基亚，我有幸能够与一流的媒体专家们共同工作，这彻底地改变了我对媒体的理解。我们媒体团队中的每个成员都对信息交流负责人的角色有着自己独到的理解，另外，他们也是总裁的重要顾问和辩论伙伴。

随着诺基亚的实力逐渐强大，它已经成为了一家财富500强企业。于是，我收到的采访邀请也变得越来越多。我很快便了解到一种规律，即最多的宣传并非意味着最好的宣传。我确实接受了更多的采访，同时我也在努力地调整自己的媒体工作，以使得能足够多地出现在国际媒体中，而不过于频繁。除此之外，绝大多数的宣传工作将会由新闻处负责。在20世纪90年代末甚至是21世纪初，美国有很多总裁都拥有着相当高调的媒体形象。在我看来，这对于公司和总裁而言均是一种危险的策略。

相比于传统采访，我往往更喜爱对谈。这类交流对于访谈双方都是值得的，我通过对方了解到了很多信息，同时也有机会在不受舆论歪曲揣测的情况下来说明诺基亚正在发生的事情。当你没有事先准备好要说的每句话时，你往往能够更加专注于你所说的内容，并且得以进行真实的观点交流。对记者们而言，他们则可以通过自己希望的方式从谈话中得到好处，假如他们的确希望的话。

从我进入大西洋学院时起，我就热衷于探讨盎格鲁-撒克逊文化，但是这并非十分适合于访谈这种场合。从另一个方面而言，在交谈中，一个人能够以一种更具激发性的方式从不同的角度探究问题，这也是我认为能够激发编辑兴趣的一种方式。芬兰媒体和国际媒体对此的反应完全不同。国际记者喜爱广泛的背景简介，他们会从中选取一些重要的内容进行引用。芬兰的编辑则推崇问答的形式，并且喜欢记录，然而我喜爱的是其中少数人所采用的自由对话形式。这些编辑都具有全面看待问题的能力，并且能够分析和阐明它们。

我们和芬兰新闻媒体之间的关系并非总是毫无问题的，这无疑与诺基亚这个全球大型企业在芬兰这种相对较小的经济体中的显著地位有着密切的关联。在另一个方面，由于我是那种为了效忠自己的工作和企业而直言不讳的芬兰人，因此有时表现会显得过于直接。

因为我们是繁荣领域中的一家大型企业，所以投资者们很快就开始计算每个小事件的现金价值了。一个简单的失误就可能会对我们的股价造成巨大的影响，这对于所有上市公司而言都将是种长期的困扰。对于企业而言，错误是有百害而无一利的，流言蜚语也是如此。它们妨碍了企业的日常活动，也为投机者们谋取利益提供了契机。

我还记得一些与自己的见解相左的文章。我的原则是实事求是，因为我很难基于错误的信息或误导的言论去批判某些事情。所有的编辑都声称需要意见反馈，但是现实却呈现出截然不同的景象。媒体所欣赏的对话有时被局限化了，尽管事情的发展已经有所改善。

2006年，我从总裁变为了兼职的董事会主席，我尝试在两种公众形象之间划清界限。在我还是一名年轻的总裁时，我曾享受到来自董事会主席卡西米尔·伊赫恩如斯的特别支持。他不仅明确地定义了自身的职业身份，同时也对我给予了强烈的支持。同样地，我希望退出诺基亚的公共关系事务，而给予康培凯和其他执委会成员以坚实的后盾。在某些文化中，诸如瑞典和美国，企业会希望董事会主席能够更多地现身于公众场合，但是我还是偏爱芬兰模式。

行业第一巨头

1998年6月，我的手机响起时我正坐在办公室里。电话的另一端是移动电话业务部总监佩卡·阿拉–佩蒂拉。"约玛，听着……终于发生了！""什么发生了？""我们已经确信无疑地成为了行业第一巨头。我们六月份的销售额已经超过了摩托罗拉。"佩卡听上去像往常一样轻松自如。

我们终于实现了我曾于1990年在萨罗工厂所设立的目标，我们第一次在摩托罗拉的地盘上击败了该企业。1998年是我们在美国取得突破的一年，我们的市场份额从15%增长到了36%，而摩托罗拉的市场份额则下降至了26%。

"那么，接下来的计划是什么？"我问道。我们都有些不知所措，但我们都认同应当在这个程度上继续努力。佩卡比我更喜欢香槟，因此当我们在几周之后踏上商务旅途时，我们在机场举起了香槟以庆祝我们的成功。这便是我们庆贺成功的方式，在诺基亚，我们一点也不善于向自己的成功致敬。

我们已经挺过了1995年的危机，到1997年时，移动电话的产量已经相对平稳，但是我们的市场份额却略有回落。当年，全球市场的移动电话销售额首次超过了1亿马克。移动电话已成了目前为止最为重要的消费电子项目，其销量已经领先于个人电脑、手表和其他产品。它的增长幅度是任何人都难以预料的。1997—1999年之间，移动电话的销量几近翻了三倍，到1999年末，使用中的移动电话数量估计已达2.78亿部。其中有将近一半位于欧洲。

1998年10月，我们宣布，诺基亚已经成为了世界上最大的移动电话制造商，其占据了约1/4的全球市场。我告诉新闻媒体，这仅仅是暂时性的目标。当然，这对于我和诺基亚中其他人而言都意义重大。十多年的努力工作并没有白费，我们在1992年所作的决定最终得到了证实。诺基亚选择了具有前景的领域，这种前景好到了任何人都难以想象。我们为之付出的代价是辛勤努力的工作，这在如今的很多人看来并不算是工作，而是单调乏味的苦差事。这曾是一段漫长的时光，休息通常都是草草了事，连周末也经常会被工作填满。

成为世界最大的移动电话公司有着多方面的意义。这意味着我们已经赶超了摩托罗拉，其在20世纪90年代中期还并未真正地重视我们。我们已经击败了永远的对手爱立信，其在1991年曾意欲收购诺基亚，直到瑞典人认为实在不值得出资购买，最终撤回了收购建议。我们也超越了曾在1992年急切渴望购买我们网络业务的西门子。我们已经向所有竞争者彰显了我们的领先优势。

此外，我们还显示出了企业是如何走出那曾被媒体刻画为"诺基亚开始走向终结"的危机。危机促使我们在市场的发展中变得更加强壮。如今，我们的物流体系运作甚佳，工厂能够适时适地地供应恰当数量的手机，市场则要比以往成长得更快。1998年，我们售出了4080万部手机，前一年的相应数据为2130万。根据我们对手机产量的测算，增长率几乎达到了100%。我们市场份额的发展趋势也出现了逆转，1997年为19%，一年后便增长到了24%。

1998年，我们的营业额增长了51%，盈利额增长了75%。一年之中，我们的股价已上涨了22%。

诺基亚在90年代早期一直都处境艰难，但是度过了那些艰难岁月之后，公司便开始了史无前例的迅猛发展。我们并不理解发展速度何以如此之快。在这十年当中，员工的数量增加了一倍，营业额增长了10倍，而盈利额则增长了百倍之多。我们的股价上涨了312%，而十年前我们那个还与橡胶靴关联的诺基亚品牌如今已经成为了世界上最有价值的品牌之一。

驱使股价上涨的是对未来成功的期待。在20世纪90年代末以及21世纪初，我们曾取得了宏伟的成就，尽管那个时期科技公司的股价都普遍偏高。上市公司的价值都缺乏坚实的成功基础，股价波动幅度也很大。后来，人们则将会谈论互联网泡沫。当诺基亚的股价在2000年6月20日达到65欧元时，其便迎来了空前的巅峰时刻。

在20世纪90年代，我们重新调整了企业的激励机制。我们曾在1994年引入了第一股票期权方案，其覆盖了约50名员工。新的方案分别在1995年（约350人）、1997年（约2000人）和1999年（近5000人）再次引入。这些方案的参与者覆盖了大范围的人群。

当股价在90年代末期上涨时，第一方案的期权便值得抛售了，此时公司的业绩已有所提升，互联网泡沫也正处于膨胀期。对于芬兰的期权者而言，1999年和2000年是抛售的巅峰时期，许多诺基亚的员工都在那时成为了百万富翁。其中有很多人都不再继续在芬兰生活或工作了。另外，你还应当记住，期权的选择以及它们被赎回的环境是可以由个人决定的。这并非一种0～1000万马克之间的确定选项，而是一种将期权的逐渐增值也计算在内的总收益。

芬兰人很喜欢意外降临的好事。如今，成百上千的高管人员在他们的事业中期发了财，仿佛中了乐透奖一般。快速致富自然会将人们拉离正常的生活轨迹，有些人甚至还无法立刻适应这种状态。奋斗的动力开始在他们的身上逐渐殆尽。例如在萨罗工厂，一些50岁左右的工程师们就曾决定提早退休。

然而，对于那些与我亲密无间的同事而言，期权并未令他们的生活发生什么改变。他们仍一如往常地努力工作，并保持着原有的生活方式。在世界其他地方，有一些与他们职位相当的同僚甚至要比他们拥有着更为可观的收入。五年后，诺基亚的某些重要员工的确离开了公司，但这是因为他们希望去追寻别样的生活，而非仅仅满足于经济上的自由，这些都明确地体现在了他们的选择中，其中的大多数人继续在其他大型企业成为了领导角色，而非前往了悠闲的高尔夫球场。随着诺基亚的迅速壮大，工作满意度才是高管人员的主要驱动力。

在美国文化中，将金钱挂在嘴边是自然而然的事。"你的资产净值是多少？"是一个极其寻常的问题。但是在芬兰，我们对此却常常都是缄口不语。在诺基亚的各个业务部中，这也是一个不会被谈及的话题。主流媒体往往会通过详细报告我们的薪酬情况以及查阅我们的纳税申报单，以此展现诺基亚的内部薪酬体系。

芬兰的诺基亚，诺基亚的芬兰

在临近千禧年时，诺基亚的总部大厅曾是芬兰最具国际化的场所之一。每天早晨都会有世界各地的旅行者拖着行李抵达这里：我们的企业合作伙伴、软件设计师、策略规划师、投资银行家、股市分析师、记者，无疑还有诺基亚自己的员工。他们似乎都满怀着好奇和敬意，拿着自己的手机来留念这幅艺术杰作的景象，其氛围要比赫尔辛基机场更具有国际化气息。他们当中的许多人对诺基亚的了解都绝不仅限于公司的所在地这么简单。当然，世界各地那些使用我们手机产品的人们对手机产地国的了解还是知之甚少的。

当公司开始成长壮大并走向国际时，诺基亚的芬兰渊源就已开始引起了许多人的兴趣。国外的分析师们曾好奇，这家公司或其管理者是否会过于芬兰化。在很多人看来，当时的科技创新大多涌现于美国西海岸硅谷的时代里，诺基亚从其芬兰化的创始源头发展成为了一家全球企业，完全堪称一种奇迹。

诺基亚的领导者必须要重新审视企业与芬兰之间的关系。芬兰对于诺基亚的发展和成长而言是否已经远远不能满足时代的要求？芬兰以及芬兰渊源是否会曲解或限制企业管理者对待全球市场的观念立场？我们是否应当在世界的某个真正的科技活动中心来开展我们的事业？芬兰能否满足我们对创造性和专业性的需求？我们的小型国内市场究竟是优势还是阻碍？这仅仅是我们存有的几个问题。此外，我们还必须考虑，当芬兰对于我们的光明前景和低税收已几乎毫无助力作用可言时，公司如何才能将顶尖人才吸引至芬兰。赫尔辛基并非一座繁华的大都市，并且也决不可能成为这样的城市。

在另一方面，我们也深知芬兰人并不缺乏远大的抱负或成就壮举的野心。这也正是企业之所以能够发展壮大的原因。芬兰的工程师拥有着杰出的工作能力，他们希望生产出世界顶级的产品。此外，芬兰也往往都是新科技的最先采用者，诸如自行车、电力和电话。

尽管存在种种考虑，却仍然不能避免诺基亚和芬兰之间相互依存的关系：诺基亚是芬兰的命运，而芬兰也属于诺基亚命运中的一部分。这些都在90年代末的数据中得到了充分的体现：诺基亚在芬兰的出口份额中占据了将近四分之一，并且企业在国家GDP中也占到了5%以上。诺基亚的影响力是巨大的，有时甚至超越了这些数据所表明的程度。诺基亚为一个刚从经济大萧条中初步复苏的国家带来了全新的自信和勇气，诺基亚也为那些意欲成为本行业世界领军者的企业和个人带来了希望。"在芬兰成就壮举是全然可能的，因为芬兰不像当时许多其他的社会拥有那么多的等级结构和体制阻力。"管弦乐队指挥家埃萨·佩卡·萨洛宁（Esa Pekka Salonen）曾这样讲述着自己的个人经历。

在90年代早期，曾发生了两种对我们非常有益的全球现象：科技在电信领域和自由贸易领域的腾跃发展。对于一家创始于小国的企业而言，这些都为之提供了巨大的机遇，并且我们迅速地抓住了它。

同样，芬兰也需要与其过去挥手告别。在经历了企业的破产和失败后，国家的整体形势暗淡而萧索。芬兰为金融市场自由化和开放欧洲竞争所做出的调整并非没有经受痛苦，芬兰需要一股全新的企业精神和开放的业务观念。诺基亚成功的范例对于这种态度的转变是至关重要的。这里形成了一种良性循环，随着芬兰在世界的知名度逐渐变大，那些具有影响力的人们开始关注芬兰的动态，并从中进行学习。

1993年以后，芬兰的经济增长出现了前所未有的势头。在诺基亚的协助下，税收体制的改革促进了经济的发展。同时，随着芬兰发展成为现代化市场经济体，其对待企业和财富创造的态度也变得更加良性了。

诺基亚在其业务运营领域招引了大量优秀的纳税人，这为芬兰带来了财富。芬兰的新生财富不仅引来了某些羡慕的目光，也招致了某些人的妒忌。归根结底，那些追寻成功的人们都因目标的实现而富裕起来了。我们在芬兰所创立的成功典范使许多人在后来开始效仿追随。

俗言道，并无永远常胜不败之理。在20世纪90年代，诺基亚和芬兰曾是电信科技领域中的领军者，但是，在接下来十年所发生的互联网革命中，他们的角色却发生了改变。如今，美国已经成为了新生的内容、服务和应用程序的发源地，而芬兰人却还无法完全理解这个新世界，更别提成为世界的主宰者了。这种形势自然而然地会对诺基亚造成影响，我们也应当更好更快地向全球专业化靠拢。

因此，芬兰的局限性便突显出来了。在芬兰的环境中，诺基亚可以称得上一家大型企业，这从人们对该企业的讨论中就能反映出来。诺基亚的重要性有时会被夸大，有时又会被低估。芬兰人慢慢地才了解到，尽管诺基亚具有芬兰渊源，但是企业的所有决定都是为了应对世界性的竞争。此外，诺基亚的成长发展也将某些企业高管人员推上了国际舞台。有些人热衷于此，可是对于多数人而言，这仅仅是种累赘。置身于公众的关注中心并非属于诺基亚的文化理念，并且无论如何，我们都还有太多需要完成的事情。执委会成员的经营目标在于，让各个分公司跻身于芬兰最大的企业行列之中。

我一向都为诺基亚的芬兰渊源感到自豪。如果诺基亚的成功促进了芬兰的发展，这对所有人都会是无与伦比的精神嘉奖。然而，我也了解公司不能持续地拘泥在芬兰的地域或规模中，因为诺基亚终有一日会征服芬兰走向世界。

这些年以来，我们自己对待诺基亚营业所在地的态度在不断发生着积极的改变。随着中国对我们的重要性日趋显著，仅花费七个半小时的时间前往纽约和北京显然已无任何抱怨之处可言。忽然间，在赫尔辛基设立总部仿佛也变得并没有那么糟糕了。

迈向新一代千禧之年

1999年的那次会议始终都令我难以忘记。六月，我参加了由艾伦公司（Allen & Company）在爱达荷州太阳谷组织的一场会议。这是一场由来自商业和文化界的高级商务人士、重要的投资者以及其他有影响力的人物所参与的年度聚会。一年前，我曾代表诺基亚在该会议上发表了演讲。至于当年，最有吸引力的演讲者则应属苹果公司的总裁史蒂夫·乔布斯（Steve Jobs）。

史蒂夫·乔布斯是科技信息领域的一位天才，在20世纪70年代，他和斯蒂夫·沃兹尼亚克（Steve Wozniak）共同创建了苹果公司。在80年代中期，乔布斯的团队研发出了麦金塔计算机（Macintosh），这曾是当时轰动一时的大事。1985年，乔布斯离开了他所创建的公司，并且开始作为一名企业家重新起步，创建了名为NeXT的新公司。此外，他还开始自己出资成立并在后来领导了皮克斯公司，其制作出了首部纯电脑动画片《玩具总动员》。1996年，苹果公司宣布收购NeXT，因此乔布斯也作为咨询顾问重新回到了该公司。那时，苹果公司正处于严重的困境，其时任总裁吉尔·阿梅里奥（Gil Amelio）在1997年6月被迫离职。史蒂夫·乔布斯被任命为总裁是出于临时考量的决定，但是，从2000年起"临时代理"这一词语便从他的头衔中被删去了。

在爱达荷州的会议上，乔布斯并没有谈论苹果的产品，而是讲述了皮克斯制造的电影。乔布斯在宽敞的舞台上从一边踱向另一边，描述着《玩具总动员》中的那些玩具如何在计算机的协助下变得活跃起来。他穿着自己标志性的牛仔裤和高领套头衫，戴一副圆形眼镜。他像一名在篝火旁讲故事的人那样亲切而有魅力地谈论着电脑动画的科技基础。

后来，我们又在类似的场合中相遇过几次，并且我们曾经还通过电话交流过可能的合资经营事宜。乔布斯恰巧是一位异常优秀的绝对主义者，对他而言，一切事情均被划归为"非此即彼"，折中的选择或妥协决不会被纳入他的考虑范围。苹果的产品和服务是令人赞叹不已且无可匹敌的绝佳之作。他近乎狂热地笃信于他所做的事情。我们起初曾寻求可能的合作，但事实很快便表明，诺基亚并不值得这么做。那时，据传苹果公司的经营陷入了困境，并且正在起草一些利益相关的协定。

虽然我们没能一起合作，但是乔布斯的确曾对我产生了重大的影响。他的背景使他得以透彻地理解四样东西：设备的技术构成、用户体验、内容以及外观。这些要素的结合能够产生尤为出众的强大效果。

诺基亚在90年代的成长速度意味着，公司的每个人都必须全力专注于生产、销售以及改进企业的业务流程。我们建立了新的工厂，招纳了来自世界各地的新员工。我们在1998年的员工数量已突破4万名，而截至2000年，诺基亚的员工人数则已经超过了5.8万人。我尽已所能地保持着与员工之间的联系，并且曾多次走访诺基亚位于世界各地的办公场所和工厂。如今，诺基亚至少已经像曾经的大西洋学院那样兼具多元文化了。在我召开的那些员工会议中，文化差异便能够明显地体现出来。芬兰人完全能够接受直呼其名或是直接对事务的组织方式给出意见反馈。但是在亚洲，总裁会被视为极其重要的人士，我的来访往往会被理解为有人做错事了，这与我的本意简直是南辕北辙。而这样的僵局也是需要逐渐去化解的。

移动电话市场的发展显示出了空前的势头，甚至连诺基亚也忙到了焦头烂额的程度。我们需要在芬兰和其他那些我们进行产品研发的国家去寻求我们所能找到的每一名产品研发经理，我们需要更多地了解市场营销、物流和销售的人员。此外，我们还需要越来越多的优秀管理者来协调管理企业上上下下的所有部门。市场的发展使我们倾注了所有的人力物力，我们在掌控并适应这种发展势态，并且让所有的机械都充分地运转了起来。我们绝对不能错失市场发展所提供的任何一个机遇。

1998年，我们把握住了正确的立场和方向，尽管我们或许本应更具有决断性。事后看来，我们很容易说，我们没能将移动电话业务的盈利足够多地投资到新的科技领域中，而这在21世纪或许本会引发一场新的发展。我们在许多领域中都曾涉足过早，我们跟随着事态的发展，并且想要一马当先。但是，有时却最好等待，待时机成熟时再采取更加大胆的行动。

诺基亚十分重视科学研究和产品研发。在2000年，我们的员工有两万名以上都致力于产品研发，其大约占据了芬兰员工总数的三分之二。我们的研究中心曾经产生过许多新的发现和新的问题解决方案，我们的专利证书能足足装满一个公文包。我们曾接二连三地推出优质精美的机型，并且我们在网络领域中的地位也相当强大。

然而，公司在未来仅仅制造手机是远远不够的，这些手机还必须要具备能够使它们从竞争对手中脱颖而出的软件。我们认识到了这一点，并且相信我们能够借助自己的研究中心发展出实力强大的软件专业技术。但是后来，我们不得不承认自身能力是有限的。

20世纪90年代，诺基亚以前所未有的速度发展壮大起来。芬兰的悲观主义者确保我们不会为诺基亚设想一下不切实际的未来。于是，我们开始考虑公司的下一个发展阶段，我们明白，仅单独的移动电话业务并不足以将我们带入下个世纪。

第四章

成长发展及其终结

盈利预警

2001年6月12日，一个时代结束了。更确切地说，这个时代在一个月之前就已经落下了帷幕，只是等到六月它才为人所知。6月12日，诺基亚发出了盈利预警。我们解释说，企业销售额的增长率已不足10%，而在四月末我们却仍然期望能有20%的增长幅度。这种情况对账本底线造成的影响是，该年度第二季度的盈利额将会比之前的预期值少15%～20%。

相比于诺基亚的那个有些出人意料的"夏日惊喜"，股票市场的情况则更加令人失望。在我们发布声明后的15分钟里，我们的股价盘旋式地下降了15个百分点。换言之，公司的价值在顷刻间丢掉了230亿欧元。因此，我们的市值平均每分钟减少15亿欧元。盈利预警是芬兰新闻媒体极其偏爱的消息，也是世界财经媒体的报道重点。

芬兰的夏季是活力焕发的巅峰时期。树木都缀满了浅绿色的叶子，诺基亚总部周围的海面上也是波光粼粼。人们的思绪都正在飞向即将降临的假日时光。再过几个星期就是仲夏了，那时芬兰的夏天便会真正开始。在赫尔辛基的市中心，冰激凌店将会生意兴隆，当季第一批新鲜的土豆也随时都可能抵达港口下游的露天市场。新鲜的土豆和鲱鱼是芬兰当地的一道特色菜，不妨想象一下，如果培根和鸡蛋或者熏三文鱼和奶油干酪只有在夏季才能买到将会怎样。

然而在诺基亚，我们还有其他需要考虑的事情，我和自己的团队正在试图弄清当时的实际情况。我们是否又将面临着阻碍？我们能否克服困难？如果不能，我们又能否绕开它？或是说诺基亚是否必须要经历转型？

在发出盈利预警的当天晚上，我曾答应会在一场由通信专家于赫尔辛基召开的全球会议上进行讲话。在这些参会人当中，某些是技术专家，某些则是高级管理人员，他们都希望听听我对这次盈利预警将会作何解释。我试图让自己显得轻松自信且从容不迫。"我想要明确地指出，我们仍然对企业的未来抱有信心，并且相当确信我们正处在正确的轨道上。可是，尽管我们的企业运作良好，但是经济增长的放缓却造成了一定的损失。"我说道。接着，我继续讲道，"企业必须要生产人们真正需要的产品，移动通信服务必须要贴合个人需求。"

此外，我还试图解释道，我们已经进入了一个新的纪元，并且我们依然坚信前景将会明朗。然而，无论是我自己还是诺基亚的任何人都并不十分清楚前方会是怎样的一幅图景。失去了迅猛发展势头的诺基亚将会变得如何？没有了连续的挑战又将怎样？莫非要迎来一种节省开销、严格追求效率以及让部门间展开资源争夺的情景？

我了解，成长发展之于企业就像氧气对于人类那般重要。成长发展并非仅仅意味着销售额的增加或确保股东们的股息红利，其重要性也缘于许多其他的因素。人类的整个生活历程是生理和心理方面的双重成长，他们应当去探寻那些最有益于自身的事物，去更好地自我实现，逐步地向完美靠拢。一家企业的成长发展恰恰能为人们提供这样的机遇。

倘若企业不再成长发展，那么其员工也会变得故步自封，他们已经失去了努力奋斗的理由。如果企业的领导者未能设立足够远大的发展目标，那么希望员工去尽最大的努力就纯属天方夜谭。他们是绝不会这么做的。实验室中的研究人员不会再去费尽心思地探寻各种可能性，市场营销人员也会完全乐于接受广告公司对新宣传活动的初始提议。对于人事部的成员来说，他们则会将本应精挑细选的人才招募过程变成大而化之的员工择选。产品的测试流程不会再严格而周密，抵达市场的移动电话可能会出现故障甚至引发十足的危险。

停滞不前的公司终将会变得枯萎干涸。为了获得可观的盈利额，公司或许会被迫削减支出，从而产品的研发过程将会受到影响，产品的质量也会由此被打了折扣。当这种情况发生时，公司的市场地位便会一落千丈，濒临灭亡的危机也将再次于不远处招手呼唤。这样的循环螺旋会逐层深入，直到新的管理策略或新的业主将公司挽救，抑或是所有痛苦最终被仁慈的灭亡所终结。随后，股东们将勉为其难地应付残留的工作，为这家再无可能继续发展的企业画上终章的句点。

诺基亚曾享受过长达十年左右的飞速发展，或许我们本应在控制发展速度方面做得更多，或是本应对员工规模的快速壮大进行更为慎重的思索。又或许，我们本应从全然不同的角度来审视这个组织机构。我们可以重新审视曾经作出的许多决定，但是诺基亚中的每个人都深深晓得发展成长是种怎样的感受。企业在20世纪90年代的发展之快是前所未有的，其使得每个人的心跳都加快了跃动的频率。企业曾设立了自己的宏伟目标，或者说似乎设立了。而其中的许多目标也均已实现。

我们仿佛是一台高效的机器，为它的所有者们带来的收益要比同行领域中的任一家公司都多。我们也成为了世界上最有价值的品牌之一，来自全球各地的杰出有为青年都曾争先恐后地想成为诺基亚的一员。

到了21世纪初，购买移动电话的人已经不像原来那么多了。更准确地说，消费者的人数已不再增加。2001年春季，我曾估计当年的世界手机销量约为4.05亿部，该数量与前一年几乎不相上下。网络业务的销量也未能帮助诺基亚延续曾经的辉煌岁月。2001年7月，我嘴上说美好的日子会在下一年再次降临，但是我心里却并不确定。

诺基亚是一家自信、高效且盈利性强的公司，其对于自身的市值和价值都有着敏锐的直觉。这样的地位是通过公司员工的努力工作甚至是个人牺牲而创造出来的。许多员工也因此得到过具体的奖酬、期权和奖金，这些都曾为诺基亚的员工带去了大量财富。然而，随之而来的强烈自我价值感可能会导致心态上的自满自足和工作上的松懈怠惰。当我们在20世纪90年代末招纳大量员工时，并非所有的应聘者都愿意尽力而为或者超越自己，因此这也并非总是企业内部才存在的缺陷。每个不断壮大的企业都应当任用那些愿意精益求精的人，虽然从效率的角度而言这却并非总是好的。

安西·范乔基给出过一个形象生动的例子："如今这的确发生了，诺基亚现在已经完全官僚化了。一个家伙来到了我的房间，我问他是做什么的，他告诉我自己是一名来电铃声专家。想象一下吧，我们竟然连专属的来电铃声专家都有了！"

我们的某些新员工只想从诺基亚烘培的那个迷人的蛋糕中攫取一小片，这些人只看到了飞速发展的繁荣岁月，而缺乏那种为公司初期成长奠定基础的自我牺牲经历。一旦企业停止了发展，这些人便会迷失方向。他们会拖慢诺基亚执行改变的进度。分析师们曾在2001年夏季写道，诺基亚将不再会"永生不灭"。诺基亚绝对不会永远繁荣，但是公司的很多人却仅仅经历了那些昌盛的岁月，他们无法理解企业兴衰无常这个道理。在经济史中，享誉盛名的大型"永生不灭"的企业比比皆是。然而，如今唯一能令人记起的除了企业名称之外便再无他。

2001年，互联网泡沫破裂，大量企业都重新回到了起点。运营商曾将现金成卡车地运往全新的移动通信网络领域，但是，他们那宏伟的计划最终就像这些投资一样于顷刻间不见踪影了。

当时的诺基亚内忧外患，危机重重。在公司内部，我们仍然遵循着曾在20世纪90年代末将我们引至成功之巅的相同路径。我们完全没有觉察到世界已经发生了改变。我们的竞争对手都已纷纷将资金投入了生产研发、新手机的设计以及开放新市场这些方面。那时，韩国三星公司的市场份额已经开始增长。在中国，本土公司的境况也都在蒸蒸日上。移动电话的平均价格已经开始跌落。只要手机的价格便宜、功能有趣、外观靓丽，满足那些北京或东京的年轻女孩想要在街上展示和使用的需要，那么其销量便会保持良好。移动电话似乎已经便宜到了那种完全能够因心血来潮而重新购买一部的程度。尽管如此，手机却还是需要变得更加复杂化。人们，尤其是企业，需要的是那种能够被用来工作、阅读电子邮件以及浏览互联网的手机，这类手机需要一些新增的特性和附带软件。诺基亚是一家手机制造企业，而如今，我们也必须要成为一家软件公司。

任何一家渴望成为全球化软件企业的公司迟早都会面临微软公司的挑战。分析师和记者们纷纷已经开始将笔锋指向了微软和诺基亚之间相互抗衡的这场重大争斗。于是我们便由衷地相信了比尔·盖茨（Bill Gates）于1999年在日内瓦的世界电信展（ITU Telecom World）上所宣布的微软意欲挑战诺基亚的宣战声明。我们准备在这场似乎难以避免的争战中谋求胜利，但是在此之前，我们则必须要考虑如何使公司重新发展成长起来。

在21世纪早期，诺基亚曾招纳了两万名具有重要学术背景的员工。他们都是善于思考的人，他们也的确对自己的薪水和其他津贴感到满意，然而这却并非是激励他们的真正动力。这种真正的动力应来自于公司远大宏伟的目标、企业的成长发展以及那股将他们快速引向更强挑战的前进力量。如今，我们必须要寻求能够带来挑战的方法，否则就会为将来留下后患。那时，公司那些最优秀的人才可能会在我们等待挑战的过程中，就已经转身离开了。

时机的掌握决定一切

  总裁负责管理高管层的人员更替，总裁的变更则由董事会决定。然而，总裁无论如何都该明白其任期时长的极限节点。在现实中，许多总裁都想尽可能地坚守自己的权力，哪怕他们已经失去了自己的激情、精力甚至是管控能力。董事长的工作并不简单，每天24个小时或许都忙不完。即使你已经工作多年，你也必须要让自己保持对新事物的热情。倘若你想保持良好的智性活动和健康状态，那么你就得留意自身的能量极限。

  截至2001年，我担任诺基亚总裁的时间已有十年之久，而我在诺基亚工作的时间则已经长达十六年。诺基亚这家公司完全不同于我以往任职的任何一家企业，我在这里积累了广博的见识和丰富的经验，对于一家领先科技企业的总裁而言，十年是一段相当漫长的任期。在此期间，我们的竞争对手们都曾经历了频繁的领导更替。其原因之一无疑是，企业的董事和股东并不满意这些领导者的表现。但是对我而言，这种问题却并不存在。

  我已经向董事会传达了两种信息：我的任期至少会延续至2003年，以及我认为自1999年起担任总经理的佩卡·阿拉–佩蒂拉应当来接任我的职位。康培凯也是一位杰出的候选人，他当时是公司的财务总监。这便是我托付给董事会的"最后遗愿",以防我遭遇什么严重的变故。

我在2001年夏季就已经开始和董事会探讨这些问题了,虽然我身为董事会主席,但是决定我未来的人却并非是自己。我和董事会成员进行了交谈,其中起着决定性作用的人是董事会副主席兼人事委员会主席保尔·柯林斯。董事会根本不愿讨论2003年的总裁换届问题,并且他们也无意将佩卡·阿拉-佩蒂拉选为我的继任者。

"好吧,那么我建议让自己留任至2006年。我会为此签订书面合同并进行公开的声明。"我对保尔·柯林斯说道。董事会似乎十分支持我的这项提议,因此我们彼此之间便达成了将任期延续至2006年的协议。正式的声明将会在2001年十月份作出。新闻媒体将此事描述为"不同寻常"的现象,这或许是因为别的企业似乎都更乐于更换总裁而非让其连续留任。对诺基亚的董事会而言,他们希望确保我会继续留任几年。董事会认为,在行业的动荡时期一位熟悉的领导者会让人心有所安。

改变的时机选择将会决定一切。时机成熟但改变失误可能会使一家成功的企业走向彻底的覆灭,而改变得当但时机不妥也无益于企业,其导致的结果是机遇的缺失。或许市场并没有准备好接纳这次改变,又或许消费者并不乐于购买新的产品。

如果一切都取决于时机的掌握能力,为什么总裁不能适时地作出最佳决策?决策的时机掌握归根结底只是个直觉问题,其中并不存在强制或客观,一般或特殊的原因。在企业内部实施一项重大改革决非是民主性的决定,负责进行这种改革仅仅是企业领导的职权。对这些领导者来说,最为重要的任务往往就是对执行决策的时机把握。

在诺基亚的业务活动区域中,每天都会发生各式各样的变化。科技在改变,千百万人的消费模式在改变,竞争对手们的运营方式也在改变。这些变化共同促使诺基亚成为了世界最具吸引力的办公场所。我曾在企业发展中途加入其中,并对之产生了一定的影响力,因此我已经别无所求。

我曾在企业确实需要改组整顿和彻底转型的时候去试图掌握所谓的决策时机。在某种程度上，改革有着绝对的价值：员工不会再懒洋洋地倚靠在优美办公室的舒适座椅中，因为排斥改变是人类的天性。若是不去谋求改变，我们则绝无可能前进发展，人类的自我发展将会陷于停顿。这便是我为何曾多次不厌其烦地实行领导岗位的轮换以及对诺基亚的领导结构进行改变和重组。如果企业陷入了危机或者即将面临困境，那么实行改革便是件容易的事。那时，每个人都会理解改革的必要所在。由于传统的办法已经被现实挫败，因此为了光明的前景而另谋佳法便势在必行。危机是促生改变的最佳催化剂。

最为困难的是，在一切看似都进展良好的情况中觉察到改变的时机，以及随之将改变付诸实践的执行力。当数据状态良好、营业额正在上升并且盈利持续走高时，哪怕仅仅谈论改变也是相当困难的事。同样，要替换一名从未有过失败经历的管理者也并不容易。尽管如此，倘若旧式的方法无法在相应的地方继续起到作用，那么推陈出新或许就是唯一的明智之举了。

人人都安全吗?

2001年10月，世界媒体都正在关注着一些比诺基亚的总裁换届更为重要的事情，因为2001年9月让世界在顷刻间变得截然不同了，甚至那些最具权威的人也开始产生了不安之感。

9月11日，诺基亚于芬兰时间下午两点对企业的最新业绩情况作了初步汇报。不久后我便坐在了七层的办公室里。窗外的大海周围满是一幅秋意浓重的景象，远处隐约可见一两艘漂浮的帆船。我通过电脑关注着诺基亚在业绩汇报后的股票行情，我们对数据的状态感到满意。我们已经声称，企业的盈利额将会符合我们之前的预期。投资者们完全可以信任诺基亚。我们希望得到大家的肯定和支持，而事实也很快地印证了这个愿望，股票价格上涨了10%。我们曾承诺将在四点为分析师、投资者、编辑以及其他任何希望参与的人召开电话会议，纽约时间则为上午九点。

该次电话会议由康培凯负责，我则会继续透过电脑屏幕关注诺基亚的股价动态。这一回，我的心情相当怡然自得。但是，等到差两分四点时，股价却突然发生了骤降。注视着屏幕的我瞬间开始变得焦虑难安。"他们究竟对投资者讲了些什么东西啊？"坐在办公室里的我在心中呐喊着，这里既没有电视机也没有汤森路透的新闻。我往往都会尽量避免让房间里出现这类东西，以使自己的注意力不会被头条新闻轻易地俘获。而此时，头条新闻却恰恰成了我的工作之本。

我成功地在芬兰新闻服务的传播消息中找到了一条新闻条目，简直令人惊骇不已。该消息声称，纽约世贸中心遭受了飞机的强烈撞击，以致世界各地的证券交易所发生了普遍性的股价跌落。大约五分钟之后，又有新闻报道了第二架飞机冲入世贸大楼的消息。随后，我便急匆匆地冲向了隔壁会议室的电视机前。那天晚上我们曾召开过多次会议，但是，我却自始至终都在关注着电视上连续播报的新闻。

我打开电视机后出现了一个芬兰频道，财政部长正在对国会评述着芬兰经济的优势和劣势。之后，反对方的领袖开始进行详细的论述，该发言结束后则又是财政部长对其预算案的辩护论证。这些政治家的言论都一如往常，仿佛完全没有任何事情发生。他们似乎已经步入了全球动态的消息封锁区。但是，我却决不能错过纽约所发生的事情。接着，我便跑向了我们通信部主管劳里·基文能所在的六楼。他的团队正好调到国际频道，其正在播放着大量令人震惊的恐怖袭击图片。五点钟时，芬兰电台仍然在播放预算案的讨论，虽然确实曾有消息一带而过地显示了纽约的灾难。然而，它却仅仅将此事件称为"飞机撞击"。

我立即在办公室召开了小型的紧急会议，参会人员包括我们的贸易策略负责人威利·桑德巴克、一名经验丰富的外交官以及康培凯。我们致电了执行委员会的每位成员，以核实我们的员工在灾难发生时的具体情况。诺基亚在曼哈顿的办事处共有20名员工，我们在九点左右了解到，那个周二上午有12名员工在公司里，他们均平安无恙。我们也曾联系过其余的8名员工，他们也并未受到伤害。到了第二天，我们才真正确定了公司没有员工搭乘过事故航班。

我们躲过了这次恐怖袭击，其中曾有上千人失去了生命、健康或挚爱的人。诺基亚的人是足够幸运的，为此我们都满怀深切的感激之情。我们的某些员工在灾难日的上午可能造访过世贸中心，因为公司的许多商业客户都在那座双塔大楼内办公。

在诺基亚，我们需要向大家传达人人平安的信息。对于灾难可能造成的影响，世界各地的员工则是众说纷纭。他们已经开始向我们寄送自己对这一问题的评论、质疑和观点。当我看到那些图片中已变得经狼藉不堪的熟悉地貌时，确实感到相当震惊。曼哈顿下城已经变成了一片满是流离失所者的硝烟废墟。当时，我的家人大多都在国外旅行，我也曾确认过他们的安危。我的妻子丽萨正在和她部门的一些公职人员前往马德里，电话接通时她已身处西班牙，那里的气氛也是紧张而阴郁的。

我曾答应过女儿在那天晚上和她共进晚餐。一方面，我认为自己在这样特殊的夜晚应当和团队成员一起留在诺基亚；而在另一方面，由于丽萨的外出，家里已经没有食物能让我填饱肚子了。同时，安娜或许也非常希望在这样的夜晚见到她的父亲。她一整天都在辅导年轻的体操运动员，六点左右某位教练曾告诉她纽约发生了"不可思议的事"。

"这是我们这代人中所发生的最为重大的事件，因为它的确将会改变世界。可是不幸地，这也是件相当消极的事。"在轿车载着我前往赫尔辛基市中心的途中我曾这样想着。市中心似乎相当空旷，人们都回到了家里观看电视新闻。每一个尚能坐在亲朋好友身旁的人都开始珍惜这样的时光。此时，很多人都正在熟悉而安全的屋檐下躲避灾难，国际化进程在那天陷入了停滞状态。同时，人们对不同文化间的贸易、发展和文明对话的信仰也似乎在瞬间泯灭了，一切都已经被纽约恐怖爆炸的硝烟灰烬所遮盖。

来总部接我的司机在开车穿越了几座大桥之后便抵达了赫尔辛基。随着继续前进，太阳开始位于波罗的海的海平面上。矗立于赫尔辛基主干道两旁的树木上仍然留有叶子，夕阳的最后几束光线将这些树影映在了瑞典剧院那堵朴素的白色墙壁上。到达那家开张不久且风格绝妙的意大利餐厅Via时已经比约定的时间晚了几分钟，我们选择了靠窗的位置；我背对窗口而坐，能够环视整间餐厅。这里没有多少人，在座的人都没有太在意我，这种情况在芬兰餐厅中并不常见。或许是，这些人有其他需要考虑的事情。我们点了炒菜，虽然上菜的速度很快，但是我却完全没有尝出食物的地域特色。我们谈论着，如果美国关闭国门或者从世界其他地方撤离将会造成怎样的后果。

当时我的儿子正在圣弗朗西斯科出差，他参加的会议进展得很顺利。身处西海岸的人仅仅知道纽约发生了"飞机事故"。晚餐时，我们仍然没有他的音信，因此我们都有一些担心。我曾试图消除自己的担忧，但是我并没能彻底地摆脱它。

我曾给曼哈顿打过几通电话，出乎意料的是，我轻而易举地就联系上了我的朋友。彭帝·库里的状态良好，并且乐于分析恐怖袭击对世界未来造成的影响。当时，大多数移动电话网络的工作状态都非常好，只有一个网络停止了运作，因为其主要的天线和其他设备都安装在世贸中心里。我向安娜道了晚安并在九点半左右回到了诺基亚，我查阅了我们发布的公告并且给所有员工发送了一封电子邮件。一个小时以后，我便回到了空荡荡的家里，开始观看CNN新闻。

我在午夜来临前获悉了我的儿子与他妻子的消息，现在，我终于确定了分散各地的全家人都是平安无恙的。

到了第二天早晨，世界已经发生了变化。各种企业都开始考量起他们所接受的安全防范措施。旅行受到了限制，并且在我看来，自己所接受的安全保障完全被过度强化了，这意味着我已经不能再像往常那样自由地行动了。某些人将会对我的行踪了如指掌，我的一举一动都会受到密切的监视。想到这些是绝不会让人特别舒服的。

但是，那天早晨也仍然有许多事情在如常地进行着。根据早先的约定，我将会于九点在劳工部的研讨会上发言。我在八点一刻致电劳工部的人事主管，询问研讨会的召开是否会受到这种特殊形势的影响。这位行政人员似乎认为我在说废话。"当然会如期举行。"他说道。因此,我便前往研讨会作了演讲。为了铭记纽约恐怖袭击的那些受害者,我们曾为之进行了短暂的默哀。

我想尽快地讲一些不那么沉痛哀伤的事。我说这次事件的确是一出悲剧,它可能会改变我们与世界的相处方式、我们的工作方式以及人们彼此间的沟通往来。然而,现在谈及该事件的最终影响还为时过早。在这场悲剧的迷雾中,保持积极的心态才是最为重要的事情。虽然知识型社会在某种程度上而言极易受创,但是其却具有那种能在危机中推动社会的新生力量。

"昨天整晚我在芬兰都能毫无障碍地联系上曼哈顿的朋友,我们应当确保这样的情形能够在未来存在于各种各样的情境中。"我对着电视摄像机说道。后来,这句话被一些主要的晚间新闻节目所节录并播放,以取悦芬兰的新闻观众。几天之后,我竟真的为此遭殃了。某个可能是记者的人开始表示不满,他指责我竟然会在全世界都陷入悲痛的时候进行市场营销宣传。他几乎完全不能理解我想要表达的含义。尽管如此,我还是被贴上了贪婪资本家的标签。我被描述成一名只顾销售手机的冷血者,甚至在越来越多心怀怜悯的灵魂都纷纷开始为大规模的死亡惨剧而哀悼时也依旧不依不饶。这与我的本意简直是大相径庭,但是我却并未能享有回应媒体谴责的权利。

在我看来,整个研讨会本应延期举行。继恐怖袭击发生之后的那个上午,整个事件的余音似乎仍在芬兰弥漫着,尽管其将会在后来对芬兰人、美国人、穆斯林和基督教徒产生真正的影响。我不清楚接下来将会发生什么,但是我明白这绝对不会是太好的事情。我在那天上午就已经充分感受到了这些。

当我在研讨会上的讲话结束之后,我便回到了诺基亚继续关注世界形势的进展。如今,世界的形势发展似乎已经有所改变,这意味着诺基亚的明天也不会再延续星期二的模样。现在,我们必须要对改变的内容和程度作出快速的评估。

根据曾经的安排,我们将会于下周分别在曼谷和新加坡召开董事会会议。首轮的电话慰问已经确保了我们客户的生命安全,他们都很重视诺基亚的此次来访，这是个不错的迹象：无论是顺境还是逆境，诺基亚都会去关怀它的客户。我在那个星期三决定让会议如期进行。周四我再次彻底地考虑了所有事情，并且和我的管理者同僚进行了交谈。到了星期五，我取消了之前的决定：策略会议和董事会会议都将在芬兰举行。这是最为安全可靠的选择。忽然间，芬兰似乎成了一家大型企业总部所在地的绝佳之选。

恐怖袭击本身并没有给诺基亚的计划造成任何影响，会议并不会改变我们对市场基本面所设立的目标和持有的观点。但是，我们确实开始更加密切地关注数据状态，并且削减了部分预算。全球经济的发展从四月份起就已经开始逐渐放缓，可是如今又产生了另一些讨论主题：恐怖袭击对于经济发展的前景将会造成怎样的影响？美国的经济衰退会恶化到何种程度？这对于世界其他地区的经济发展意味着什么？恐怖袭击所造成的冲击将会持续多久？对此，我的看法相当明确。恐怖袭击将会对全球经济产生持久而深远的影响，这绝不是件小事。董事会不愿坚守立场或果断决策，但是他们终究会认识到这么做的重要性。

在召开董事会会议之前，我们对许多日常事务进行了考量。我们决定，应当为那些恐怖袭击的受难者给予某些援助。我们将会协助国际青年基金会为那些失去单亲或双亲的孩子们设立一项百万美元的基金。此外，我们至少还会发动员工进行捐款。

恐怖袭击的发生也影响了诺基亚的商旅计划。我们在美国拥有8000名员工，他们如今都受到了严格的安全管控，需要适应全新的商旅规则。另外，我们也要确保供应链能够维持下去。我们在美国的生产将会遭遇什么？我们损失了少许的产量，但是几天以后一切便重回正轨了。

我们做的首件事情便是重新审视企业的市场营销活动。我们通过电视和报纸的积极宣传来销售"通讯器"，之前的宣传内容为一名企业董事长手中挥舞着手机，跳跃着冲过一扇玻璃门，以致玻璃碎片纷飞四散。我决定尽快地取消这种宣传。世界上已经有足够多的碎片，并不需要诺基亚为这片残迹添砖加瓦。

在诺基亚内部，大家曾对袭击事件的影响讨论了一段时间。我们的员工曾在电子邮件中发问，为什么世界会变成现在这副模样。人们忧虑而恐慌，同时也表现得十分消沉：诺基亚低迷的工作士气已经持续了十天左右，因为最近的这些恐怖事件对人们的心理造成了冲击。忽然间，世界似乎已经不再像我们以往所憧憬的那般迷人了。世界似乎在顷刻之间变得令人胆战心惊、危机四伏且不可预知。人们并非总会讲出自己的想法，但是我只要环顾四周就能看到公司中的一片消沉景象。我们以往的精力和热情早已不知踪影，大家都开始将伦理问题看得比本职工作更为重要。

在21世纪初，我曾亲历了对全球化的谴责之声不断高涨的过程，那时全球化已经成为了改变世界发展的强大助力。在热那亚，曾有15万名年轻人联合抗议那些主张全球化进程的人。这些人包括政界要员、企业巨头的领导以及那些支持他们的国际组织机构。毫无疑问，我也属于被抗议的这一群体。虽然诺基亚从未名列最差的五家企业之中，但是这或许是因为诺基亚的产品帮助了那些游行示威者组织自己的活动。我估计我们的产品在这类人群的覆盖率约为70%。包括壳牌在内的那些石油公司似乎名列抗议榜之首，紧随其后的是一些服饰公司和医药巨头。芬兰的林木业也承担了一部分的抨击谴责。2001年夏季，我曾询问过两位最有名的芬兰政界人士，反对国际化的运动究竟意义何在？接下来又会发生什么？他们并没能回答我的问题，他们只是说一切看上去都糟糕透顶。

杰弗里·萨克斯（Jeffrey Sachs）曾在《纽约时报》上写道，当游行者发起抗议时，国际化进程的捍卫者们决不应当为他们的盟友领路。在八国集团[1]按此行事并加强了安全防卫措施以后，游行者们便开始将攻势转向了企业和企业领导。

1　八国集团，指八大工业国，美国、英国、德国、法国、日本、意大利、加拿大及俄罗斯的联盟。

批评家们并没有对全球化进行过足够多的讨论，在捍卫全球化进程之前，也没有人会试图了解反对者的声音。在我看来，若是缺乏这种经济全球化的强烈势头，世界是绝无可能繁荣昌盛的。但是，我们也应当听听反方的那些批评家们的意见。如果企业把事情搞砸了，那么客户对企业的理解便会立即荡然无存。尽管从工作士气的角度而言，企业令其员工感到失望才是更加严重的问题。民主和经济福祉一向都是携手前行的，如果市场扩张到全球性的规模，那么民主将移动通信的影响在世界传播开来的可能性就会更大。

然而，诺基亚只是一家企业，它只有在盈利发展的前提下才能施恩行惠。虽然诺基亚不会以自己的盈利为代价去拯救世界，但是我们会尽量作出力所能及的贡献。

有些人认为，企业的唯一职责就是不惜一切代价地谋求利润。而与之相对的极端观点则是，企业应当无私地行善，完全抛弃功利心理。在我看来，这两种立场都是片面的。企业的职责在于创造利润，同时也要承担起某些更高意义上的责任。否则，盈利的状态必定难以长久，公司也将会走向衰败。

世界应当对企业及其领导者抱有合理的期待，但是这种期待不应超越他们的能力范围。高管人员的工作是想方设法地为企业谋求利益以及让企业持续发展。那些通常凭借民主选举而任职的政界人士则是为了去平衡各方利益。他们承担着自身的职责，并且需要响应他们的选民。企业领导是无法取代政治家的，这将会双双毁掉政治和商业生涯。

有时甚至连交谈都变得困难了。2001年，我受世界银行的邀请去参与一些事务，其总共请来了约十名企业领导。世界银行行长詹姆斯·沃尔芬森（James Wolfensohn）希望谈论世界的未来形势。在轮到我的一位美国同事发言时，他曾使用了相当不满的语气。"你频频谈起的这个国际社会究竟是什么呢？"他讥讽道。如果你来自于北欧国家，那么国际社会就会是个清楚明了的概念，但是美国人对此却并不认同。我的同事向这位世界银行官员诠释了国际社会的定义，但是这似乎并没有令该行长感到满意。

诺基亚需要更新

诺基亚的发展已经陷于停滞状态，我们又开始重新面临着谋求自身发展和企业成长的基本要务。2001年末，我组织大家进行了讨论，旨在让诺基亚尽可能全副武装地去应对未来的挑战。五人团队曾在几周之内频繁地召开了多次会议。其间，我们提出了各种各样的基本性问题：诺基亚应当做些什么？应当如何对企业进行组织规划？怎样促生企业的未来成长发展？思维理念和人员如何在公司内部最佳地流动循环起来？我们应该如何确保自己的产品能够贴合消费者的需求？

我决定将对诺基亚进行改组整顿，这次我希望改变企业的基本结构。几年以来，诺基亚一直都是被划分为两部分：移动电话和移动电话网络。我们长久以来都是凭借一个单独的机构向世界的移动电话客户提供服务，但是我们却并未考虑客户的真正需求。此外，我还坚信诺基亚需要在软件领域发展得更为强大，我们必须要为对抗微软做好充足的准备。

在这些会议中，我们不会发生争执，也不会有任何人对他人提高嗓门。我们往往采用的都是充分详细的交谈方式。一旦有人趋于愤怒或是理应让步，我们便能很快地觉察到。我们已经一起工作了十多年之久，相互之间都知晓各自的脾气和每一丝神态，我们对于谁先开始发言以及谁作总结陈词都早已心照不宣了。

萨里·巴尔德奥夫曾将我们五人的关系比作持久的婚姻关系，大家无需多言便都能够心领神会。对我们而言，这既是优势也是劣势。这次对诺基亚进行的重要改组整顿是我们五个人最后一次合作。我们曾经历过许多风险，创建了一家伟大的企业，而现在，我们则必须要为新时代做好准备。

我曾用不知休止的提问来烦扰这个团队。"如果我们将移动电话和网络合二为一会怎么样？我们能否取得更大程度的发展，能否为运营商提供更好的服务？"或者："如果我们将两个业务部细分为四个会如何？"又或者："让诺基亚按照地域来组织规划而非根据业务领域，这样一来我们或许就能在顾及当地文化方面做得更好。"我继续提出自己的问题，并且让其他管理者给出反驳论点，以致我们得以摒弃那些不可行的方案。在进行了多次会议后，速写板上已经记满了各种图表和想法，我们也由此作出了最终的决定。全新的企业结构已经被规划完成。

我们并不需要咨询师的帮助，因为我不相信这些人会重视企业对基本策略的商议内容。在咨询服务行业中，我是一位名声极差的客户。某位咨询师曾对我说，当他向企业领导销售自己的分析意见时，他连一张纸也不会带，因为企业领导根本不能或者不愿阅读一个字。他这么说是想表明，半数的高层领导都从未翻过书本，无论是为了业务还是娱乐。因此，咨询师们需要具备那种向外行人推销"专业性理论"的能力，他们会将"新一代的伟大理论"销售给他们的客户，仿佛这些客户是围坐在篝火旁的"石器时代人"。然而，这种伎俩却并不会对我奏效，我需要的是辩论和证明的完美书面呈现。如果你需要阅读几本书，那么就带上它们，埋头钻研吧！

诺基亚曾经聘用过一些咨询师，但是他们的工作仅仅是在我们完成自己的基础工作后才开始进行。我的经验是，咨询师所提供的大多为策略执行的意见，策略的谋划创建则是企业领导的任务，他们必须将策略呈现给公司的所有者和股东代表们。在彼此交谈商议后，董事会将会最终批准该策略。通常，董事会并非是谋划策略或作出重大的组织变更的场所，除了在某些小型企业或是那些活动在极成熟领域里的企业中。否则，策略的促成主要还是经营领导者所应担负的责任。

"在过去的十年里，这家公司的所有决策都从未借助过外界的帮助。认为咨询师会比我们更好地处理当前的挑战完全是无稽之谈，还是让我们亲自主导公司的命运吧。"这便是我对同事们所说的。

某些咨询师和管理大师确实曾影响了我们的思维。我之前已经提到过加里·哈默尔以及他那些引发我们寻求新思想的理念。我一向都会鼓励大家去阅读各种各样的新书，以从中进行学习并学以致用。但是，同时你也要拥有自己的想法并且能够得出自己的结论，无论好坏。

诺基亚成为管理大师们所密切关注的那类企业已经有很长时间了，这些人会向我们袒露自己的想法，但是比较常见的情况则是他们询问我们。这使我们对诺基亚与其他企业的运营方式产生了综合性的概念。管理大师们会将自己的观点进行总结，编入书中或是发表在《哈佛商业评论》的文章中。我常常能在上面读到诺基亚的工作方法，以及与其他公司的比较。然而，企业的文化和环境才会最终决定观念理论的使用方式和适用程度。

诺基亚的新型组织结构于2001年5月初开始启动。在芬兰，人们在六月末就已经纷纷开始了暑期休假，我想要在这之前有所收获。这次改变的程度是巨大的，分析师、投资者和记者们都注意到了。毫无疑问，诺基亚的员工也不例外，他们都在尽可能地适应这种新模式。

我们将那个规模庞大的移动电话分公司细分成了九个更小的单元，价值约为280亿美元的营业额被分配其中，当中的某些似乎更像刚起步的企业，而非隶属于世界最大的移动电话公司。这些分区单元的名称表明了我们所选择的方向：时分复用多址单元、码分多址单元、移动电话单元、移动项目产品单元、成像单元、娱乐和媒体单元、商业应用程序单元、手机功能强化单元、移动通信服务单元。前两个单元专注于两种标准的手机：TDMA手机和CDMA手机。TDMA正在逐渐被淘汰，但是其对于诺基亚在美国和拉丁美洲的业务区而言仍然是相当重要的。至于CDMA手机，诺基亚的相应市场份额实在还微不足道，而这种标准的重要性则正在与日俱增，尤其是在亚洲国家。我们在这方面的科技还有待继续完善。

移动电话单元是整个企业的核心，其任务在于集中生产高质量的GSM手机及其衍生机型。该业务单元在接下来的几年里必须要为公司创造出半数以上的利润。移动项目产品单元专注于某些国家的市场开发和发展机遇的探索，诸如中国、俄罗斯和印度。其制造的手机应当具有低廉的价格。此外，我们也希望该单元能联合当地运营商开发出一些成本廉价的服务项目。

成像单元当时正要发布期待已久的拍照手机，机型编号为7650。该单元的任务是设计另一种拍照手机，其在诺基亚的研发进程曾一度相当缓慢。娱乐和媒体单元将要研发那种能够提供音乐播放功能、游戏平台以及其他媒体内容的手机。诺基亚的5510机型刚刚上市，其兼具音乐播放器和其他一些媒体应用程序。但是，这款手机的销量却不如预期的好。

商业应用程序单元致力于开发专业人士使用的手机和应用程序。对此，我们的主要产品便是"通讯器"。其销售情况还没有显示出什么好势头，但是它对于品牌推广却是相当重要的。

剩下的两个单元，手机功能强化单元和移动通信服务单元，专注于移动电话的所有配件，诸如耳机、保护壳和音箱。在"诺基亚俱乐部"上，我们将会创建一个核心客户的社群。这些人能够获取特殊的服务、应用程序和铃声，同时这也能增强客户对诺基亚品牌的忠实度。

我们的新型结构足以充分地诠释出企业未来的发展趋势。由于我们拥有着种类繁多的客户，因此我们不能再向这个庞大的群体毫无区分地销售着相似甚至完全相同的产品。曾有一段时间，我们仿佛就像是20世纪20年代的福特公司，其向所有的顾客均销售那款"清一色黑"的T型汽车。当通用汽车公司开始为顾客呈现出多种选择时，诸如雪佛兰、奥兹莫比尔和凯迪拉克、福特的市场主导地位便随之走向了终结。如今，市场已经被划分为各种不同的分区，如果顾客想购买一辆新车，他们根本无须将自己对通用汽车的信赖目光转向别的厂家，而只需选择通用旗下的其他品牌便可。我们认为，移动电话市场也会沿袭着类似的演变途径，就像许多产品从20世纪20年代起所发生的那样。世界已不再是一片纯粹的灰色区域，其已经因纷繁的品位和欲望而成为了一块五彩斑斓的调色板，许多新的机遇也因此在其中萌生了。我们的改组恰恰将这些机遇推至了发展的前沿。

比尔·盖茨携手诺基亚

2002年我们开始意识到，诺基亚在移动商务领域中无疑已经拥有了一名新的竞争对手。这便是位于美国雷德蒙德的微软公司。

微软公司是从2000年的阴霾中开始崭露头角的。那时，这家企业曾宣称欲涉足两种新的商业领域。第一种是游戏机领域，此举旨在去支配家用娱乐设施和电子设备的市场。否则，索尼就会继续在家用电子设备领域主宰一切。微软的第二个目标为移动电话领域，其不希望让诺基亚来统治软件市场以及消费者的灵魂。这或许并非是微软的原话，但是从诺基亚的角度来看，我们就是这样理解微软的意图。微软公司曾经宣称，属于他们的时代即将来临，可我们清楚，这对他们而言将是一场艰苦的战斗。

对于美国企业而言，微软已经成为了20世纪90年代的象征和丰碑。此外它也发展成了一个市场巨头，凭借着程度各异的成功之举继续在发展的道路上攻守兼备。这家公司在世界各地均注重于源代码的保护和企业权利的维护。在文化方面，微软与诺基亚并没有太多的共通之处，它是一家纯粹的软件公司，其现金流量源自授权范围内的资金收付。在价值链中，微软控制着一个横向因素，即软件。而在另一个方面，诺基亚得以发展壮大的倚赖因素则是企业的产品，即移动电话。随着手机功能的日趋复杂化，我们也为之研发出了越来越多的复杂软件。到2000年时，我们的移动电话已经堪比小型计算机，特别是我们的"通讯器"已经实现了与计算机和微软软件的互操作。倘若信息能够在"通讯器"和计算机之间轻松自如地传送，那么这款产品绝对是为管理者量身打造的。

我们曾积极地寻求着可能的合作领域。佩卡·阿拉-佩蒂拉和他的团队曾与微软公司进行过商讨，他们共同探讨出了一种方案：办公室专用的具有互联网连接功能的无线电话。该项目于1998年启动，但是很快就夭折了，因为这种产品的市场需求量明显偏低。后来，我们又达成了一项协议，即诺基亚的智能手机能够在Microsoft Outlook的环境下运行。协商的过程并未产生特别艰难的环节，因为双方均能从交易中获取大量利益，于是我们很快便达成了协定。这只是一项普通的业务决定。

1999年，微软的创始人兼董事长比尔·盖茨推出了Stinger手机，他承诺这款手机将会在2001年末上市。微软正在试图战胜诺基亚的竞争者们，至少它曾和摩托罗拉、索尼爱立信进行过商谈，可最终却并未能如愿。但是，它却与三星在某种程度上达成了合作的协议，他们将会在Stinger的生产过程中进行合作。然而，这款手机自始至终都没能上市，其墓冢里埋葬着那些中途夭折的科技项目。

微软曾表示过为移动电话提供软件的意愿，但是我们却希望亲自完成软件的研发。移动电话的制造商已经为此设立了名为塞班的软件公司。当我们了解到微软的企图时，便开始更加用心地专注于塞班的软件研发。我们的首个研发成果是拍照手机7650，于2002年上市。索尼爱立信、西门子和三星等其他企业也曾向塞班投入了大量资金。

当微软发觉其实力不足以与塞班相抗衡时，便再次改变了策略方针。这一次，微软开始专注于操作系统。诺基亚对此作出的反击为，召集了"开放式移动通信架构论坛（Open Mobile Architecture Forum）"的所有成员，这些人是来自于移动电话市场和其他领域的200名从业者。这个姿态高调且立场鲜明的举动使得微软不得不知难而退，从而放弃了想要独自支配手机软件市场的美梦。

与微软竞争绝非易事。我们拥有竞争所需的资源，但是却再次面临了文化差异问题。最大的障碍存在于软件开发社区中。微软能够动员百万名软件研发人员，而我们的能力极限不过十万人而已，通常的水平甚至只有五万左右。在这一方面，塞班要严重地落后于微软。

我最初结识比尔·盖茨是在爱达荷州太阳谷的一次年度会议上，该会议云集了IT界和媒体界的众多管理者。我对盖茨并没有产生什么特殊的印象，他看上去似乎完全符合我的期望，相比于领导员工他会更加关注科技。我曾邀请盖茨来芬兰做客，他也的确莅临了诺基亚的新总部，在讲述了自己的一个成功事迹之后他马上就将这里称为了"幻灯片的宫殿"。在芬兰，我们毫无疑问是微软的最大客户，幻灯片或许在我们的工作中有些过于突显。有时，我会禁止大家在策略规划的工作中使用幻灯片，因为这样一来，独立思考就会被轻而易举地取代。

我们在会议室里坐了一个半小时，盖茨刚刚结束了欧洲的达沃斯之旅，他是从布鲁塞尔来到芬兰的，那里曾有一名比利时的无政府主义者用奶油派袭击了他的脸。如今他仍然能感到略微的胆战心惊，至少他在那天早晨还难以产生愤怒的情绪。不久之后，我收到了一封此次会见的感谢信，其同时表达了希望与诺基亚进行合作的意愿。

1999年6月，我和丽萨在奥里维西的夏季别墅度过了短暂的时光。我们开车沿着芬兰的乡村前行，田野被小片的树丛分隔开来，上面有一些默默啃食青草的黑白色奶牛；阳光十分耀眼，芬兰正处于盛夏时分。周围满是一派闲适宁静的景象。这时手机响了起来，电话那头是直接从雷德蒙德打来的比尔·盖茨。

"诺基亚竟然一直都在对抗微软！"他对着电话怒吼道，接着他继续滔滔不绝地讲了一小时十五分钟。我不得不将车停靠路边，以免发生事故。丽萨当时十分震惊，因为我通常都能在聊天中插上话，但是这次我却只能始终沉默着。比尔·盖茨向我控诉了诺基亚在通信标准的某些方面所采取的一些有失公正的做法，当然我对此完全是一无所知。当通话最终结束后，我便重新启动了汽车继续前行。

一个月之后，我在太阳谷的会议上再次见到了比尔·盖茨。他对那通电话向我表示了歉意，他解释说自己搞错了公司：做出恶劣行为的是爱立信而非诺基亚。

2002年，我又一次来到了太阳谷。仲夏过后，我曾给比尔·盖茨发了短信，告诉他我希望能在这次会议上见到他。7月12日下午两点半，我们坐在了酒店中一间名为"智者房间"的小会议室里。比尔·盖茨随身携带着自己的专有武器，一部笔记本电脑。我则带着诺基亚的新款手机7650，这是一款拍照手机，塞班曾为之研发出了某些功能出色的软件。不过，虽然你能够用摄像头拍照，但是你还无法将照片发给其他人。

我将这部全新的手机放在桌上，盖茨的面前则放着他的便携式电脑，其中无疑会装载着微软的最新软件。此外，桌面上还放着两瓶矿泉水。我们透过各自的金属框镜片看了看对方，盖茨便开始说道："市场的当前形势看上去并不太好。"我对此完全赞同。世界还在从2001年的恐怖事件中逐渐恢复，科技似乎已经失去了吸引力。没有人想知道"新一代的伟大思想"会是什么，或是这种思想是否会诞生。"在事态好转以前，其仍会继续变糟。我们可能还要经历三年的低迷时期。"盖茨预言道。第二天，英特尔的董事长安迪·格鲁夫则更为简洁地说道："世界是个非常糟糕的地方。"

毫无疑问，那些世界一流科技公司的董事长们在2002年夏季绝不会洋溢着乐观主义情怀。尽管如此，我对自己和比尔·盖茨的交谈仍然感到满意。如果我们早在两年前就开始和微软讨论合作事宜，那么我们一定会变成他们的盘中餐。我们所期望的状态是与旗鼓相当的对手竞争。我们对开源软件的保护策略以及我们与众多制造商的合作策略已经收到了成效。此外，我们也设法实现了对软件开发的持续控制。微软或许已经开始明白，移动电话并不像笔记本电脑那么简单。

在一部移动电话中，软件和设备本身的内容几乎是无法区分的，你根本无法辨别软件和硬件程序之间的明确界限。移动电话早已开始变成了一种个人产品。其中，设计、性能、软件和用户界面会被尽可能地压缩至一件小产品中，并且也包括品牌。诺基亚在此方面拥有着精湛而纯熟的技术，但是其对于微软而言则全然是陌生的领域。微软是一家软件公司，它所研发的产品具有普遍性的受众群体。诺基亚则是在尽其所能地制造那些能够在竞争激烈的市场中吸引个体消费者的迷人产品。

我们认同比尔·盖茨对世界的看法，即几乎世界的方方面面都在变糟。手机运营商的行为恶劣，诺基亚的竞争对手们的情境也是每况愈下。同时，我们自己也面临着一些问题，但是我却不愿对比尔·盖茨如此坦诚相告。"如果我们的行为或争执破坏了市场的完整性，以致单一的移动电话市场不复存在，那将会是让人遗憾的事。"我说道。盖茨建议我们去讨论微软的哪些行为曾触怒了诺基亚，我也让他回答了类似的问题。

"微软令我不快的原因在于，你相信你们能够将生产个人计算机的价值链应用在移动电话领域中，但是这两者完全是截然不同的东西。我们的垂直整合模式是专为生产能够真正吸引消费者的手机而设计的。"我说道。我并没有指出微软所采取的方式是与诺基亚展开敌对，尽管事实的确如此。

"在许多决定中，你所选择的相关标准都并非是微软模式。你已经为你的手机选择了Java科技和RealPlayer媒体播放器。"盖茨继续说道。"的确如此。"我用温和的语气回答道，"但是，我现在坐在这里正是为了重新审视这些问题，这才是和睦相处的意义所在。"我说道。我们在这些令人头疼的问题上周旋了二十分钟左右，随后我们便在记事本上草草拟定了未来的探讨方向。此外，我们还约定让佩卡·阿拉–佩蒂拉和佩蒂·科恩尽快联系微软的相关人士商谈策略。

两年前，微软曾企图凭借其当时的地位控制移动电话软件市场，其后果可能会将诺基亚推入大海。问题仅仅在于比尔·盖茨会为此选择什么样的大海。如今，他的方式已经改变，这家世界一流的科技公司已经失去了往日那种傲慢自负的思维方式。

在我们讨论的过程中，盖茨曾在两个瞬间表现出了心神不宁的状态。第一次并不是很明显，第二次则是他朝我吼道，诺基亚在三个月之前曾支持过一项对微软的法律起诉。我们当时甚至不得不询问法律顾问的意见，是否应该让微软牵涉到诉讼案件之中。我的结论是，诺基亚应该不会牵涉到微软和美国联邦政府之间的法庭纠纷之中，这并非我们的分内之事。然而，或许是我们的代表人曾无意间在走廊说了什么，以致刚好被比尔·盖茨听见了。

最后，我询问到微软为何终止了与索尼爱立信的合作。他们的合作曾于几年前开始启动，但是却在不久后突告终结。"合作不会有任何前景，我们绝不可能与一家不断瓦解的公司联手。"盖茨坦言道。直截了当是盖茨的最大优点，我正是因此才开始了解他的。我明白，与他联手要好过与他敌对。我也清楚，如果我们谋求合作的努力未能奏效，微软就会从某处弄来五十辆左右的坦克将诺基亚彻底碾碎。比尔·盖茨是安迪·格鲁夫那句名言的典型代表，即"只有偏执狂才能生存"。微软的经营方法一直都极端残忍，但是，他们却创造出了那些借助于微软软件来进行工作整理的全新方式。相比于1998年的初识，我对比尔·盖茨那清晰的思维和顽强的意志力所怀有的尊重程度已经大大提升了。然而，四年以后我便明白，微软并非是不可战胜的。

"我们认识到微软在无线领域中决不可能赚到钱。"如今盖茨这样说道。我深深地吸了一口气。我明白，诺基亚已经抵达了至关重要的环节。在漫长的讨论之后，我们握住了彼此的手。我拿起了自己的手机，比尔·盖茨则拿起了他的笔记本电脑，两瓶矿泉水仍然留在桌上。当我和盖茨来到太阳谷的餐桌前时，房间内升腾着一股平静而祥和的气氛。

重回现实

我们已经对诺基亚进行了重新部署，以便让企业能够把握成长发展的新机遇。我们相信，这九个新的业务单元将会为我们带来发展。

五年之间，我们都在翘首期待发展，我们并不清楚当前的危机还会延续多久。我们的首要目标在于增强软件开发能力，由此我们便能够研发出更多复杂的软件。我们认为，你应当能够用移动电话去阅读电子邮件、拍照甚至是调节你的心跳。

我们曾一度准备和微软争夺无线领域中的霸权，倘若我们未曾采取恰当的策略，那么我在2002年夏季会见比尔·盖茨时就绝无资格与之较量。我们已经在与微软的抗衡中制胜而出，尽管我们还不清楚最终的结果将会如何。2002年末，微软的英国合作伙伴都改变了立场，该公司起诉微软窃取其商业秘密。这两家企业曾共同致力于智能手机项目，但是，他们的合作关系却恰恰在产品即将上市时终结了。

我们似乎并未受到这次攻击的牵连，《经济学人》当时曾刊登过一篇新型信息科技的文章，其内容并没有涉及具有微软软件的笔记本电脑，而是关于诺基亚的新款手机。虽然我们在这场战斗中一直表现出色，但是出于某种原因，我们却未能觉察到真正的战争正在别处拉开序幕。

企业往往会因为过于注重短期前景而犯错，我们的错误却缘于相反的原因，我们对五年后的世界形势考虑过多，以致我们疏忽了一年后的事情。我们相信，客户的需求将会转向更加复杂、智能化程度更高的手机，至少在成熟市场中，功能简单的手机会被逐渐淘汰。我们希望，廉价的手机能够支配那些发展中的市场，并且我们已经设立了专注于该类市场的业务单元，其正是世界移动电话市场中的一切发展源头所在。

2003年2月，我们启动了诺基亚的一条全新生产线，其所生产的手机具有游戏功能。我们将这款产品称为N-Gage。将产品范围从手机拓展至游戏机领域一直都是诺基亚的梦想。你可以通过在新手机上安插软盘来加载游戏，其看上去会更像一部游戏机而非手机。这款产品主要面向16至35周岁的人群。除了游戏功能以外，这款手机还兼具广播、音乐播放和网络浏览的功能。出于技术性的原因，这款手机的设计导致人们在打电话时会显得有些奇怪，因为你得将机体的狭窄边缘对着你的耳朵。

N-Gage拥有着巨大的营销预算，该产品由安西·范乔基的团队设计，他是诺基亚里唯一能称得上营销专家的人。在诺基亚，几乎没人愿意或敢于在市场营销方面对安西提出异议。我们曾在伦敦眼声势浩大地推出了N-Gage，它是位于泰晤士河畔南岸的一座巨型摩天轮。

对于那些我们本认为会醉心于N-Gage的人而言，他们对该产品的反应却普遍都极度糟糕。年轻人认为它就像一个"变异的墨西哥卷饼"。作为手机，它那庞大的体积着实过于笨拙，而你拿它打电话的样子看起来也是荒谬至极的。此外，令人难以满意的还包括产品的游戏选择范围过于狭窄以及其他一些方面。我甚至曾亲眼目睹了一位13岁的男孩在看到我们这款出色的新型游戏手机后，便建议他父亲卖掉诺基亚的股份。

我们尝试着勇敢面对这种情况。我们为市场营销投入了更多的资金，当然也收到了一些积极的或至少是中立的舆论评价。另外，我们也开始考虑还能对N-Gage做些什么，以及为什么会产生当前这种局面。或许是，我们没有充分地理解我们那些新的客户群体。抑或是因为，让诺基亚从移动电话转向游戏机领域并不如我们想象的那般容易。我们相信自己创造的新型产品能够改变游戏规则，并且我们曾一度确信自己已经成功在握。然而，我们的客户却并没有这么认为。

毫无疑问，N-Gage的销售数据远远不如预期。我们学到了许多新的经验，尽管其中的某些着实代价高昂。在财务方面，N-Gage让我们损失了约3亿欧元。但是值得一提的是，诺基亚当时的现金流量约为每月5亿欧元。N-Gage是我们在那些年中最大的单项个体投资项目，虽然它没有取得成功，但是，其却在一定程度上帮助芬兰引入了许多游戏设计领域的精英企业。在最近的几年中，Rovio和Supercell等芬兰企业已经再次充分地显示了芬兰能够跻身于领先水平的实力。

我们的失误并非缘于所承担的巨大风险，而是资金损失问题。我们的失误在于，没能把握更为廉价的机遇来承担巨大的风险。诺基亚的巨额盈利意味着，我们现金储备的积累已经相当庞大，以致证券交易分析师们不断要求我们说明资金如何才能回到其名副其实的所有者股东那里。

2003年，我们着力生产的N-Gage和其他多媒体产品均使我们付出了高昂的代价。我们在那年春季也曾推出了一款新型的多媒体手机，但是其同样没有获得多少成功。或许，我们又一次地行动过早了，因为游戏和媒体内容是晚些时候才在手机中普及的。

2003年，我拥有了长达两周的暑期休假，这是前所未有的事。自1980年起我就再也未曾享受过这样宁静的假期了。我们曾于2000年购买了一栋新的度假庄园住宅，其坐落于赫尔辛基东北方70英里处的湖泊旁。当我凭窗眺望湖面时，便意识到自己是多么需要一个假期。另外我们还买了一只宠物，泰瑞（Teri）。训练她似乎要比经营一家全球化企业还要难。她的整个身体都散发着小动物的生机活力和难以驯服的野性，而这些特质在诺基亚里却是罕见的。

我曾在诺基亚内部发起了重大的组织改革。我认为，将移动电话业务划分为九个更小的单元已经足够，其不久应当就会为企业带来全新的发展。但是，如今我却必须承认自己错了。我原本应该对整个诺基亚进行彻底地改造，而非仅仅调整移动电话业务区的组建方式。此外，新成立的业务单元也一度在将我们引向错误的方向。但是，在这两者之间本来仍然存有着我们力所能及的领域——由价格适中的手机所占据的重要市场，可我们却并未足够重视它。

而最为重要的是，我们在2003年早期与移动运营商之间的关系已经恶化。他们希望我们能够像其他制造商一样生产那些符合其需求的手机，但是那却并非我们乐于采取的方式。运营商们希望为手机配置专业的软件，诸如高分辨率的彩屏以及其他高品质的性能。我们曾不断地提供大量的新式手机，可是其在2004年以前却一直没能符合要求。此外，也有许多运营公司认为诺基亚的实力已经遥遥领先于普通企业。这些公司都存在着自己的难处，因为3G网络还未能完全为他们赚回投资成本。

在诺基亚的竞争对手中，很少有那种对运营商唯命是从的企业。我们已经发展得如此强大，以致我们的每位竞争对手都只有一个目标：攻占诺基亚的市场份额，从而颠覆诺基亚的市场地位。对此，我们也曾为竞争对手们创造过某些机遇。每一种失败的或先机被抢占的新产品、每一次客户投诉或者批判性的评论报道无疑都会为三星和摩托罗拉的董事会议间中增添一些欢笑。

在实行组织改革的同时，我也作出了另一项决定。无论发生什么，我都会于2006年离开诺基亚。倘若董事会和我自己都愿意的话，我的任职合同仍有可能继续延长，但是我最终还是决定去做些别的事情。在2003年时，我还完全未曾料想到自己此时的具体决定。如今，我希望再一次重建诺基亚的往日辉煌，只有这样，我才能够将公司交付至继任者的手中。另外，我对自己的分内之事似乎已经无法再怀有足够充沛的热情，并且五人团队的合作时间也已经够久了。

诺基亚需要进入一个全新的阶段，我们必须要为此做些什么。身处此般境地的我并不会对此感到陌生，我曾经两次为企业扭转了局面，我曾实行过惊人的企业改革，并且曾在必要的时机充分地做出了必要的行动，这是令我感到满意的。当然，这一切绝非我一个人的功劳：佩卡、马蒂、萨里、康培凯以及安西·范乔基、佩蒂·科恩和其他某些人都曾贡献过自己的力量，这些人曾在诺基亚看似即将撞上地面的树丛时将企业重新推回了至高的巅峰。

　　在面临危机的时刻，利害攸关的方面要比以往更多。诺基亚被历练得越来越强大，而这也早已成为了我们的终生事业。对我们而言，承认诺基亚会在经济史中走向没落只是一种荒诞的传说。我不想让自已在经济史中成为一名走向没落的总裁。他曾将诺基亚抬升至统治者的地位，但是后来又让一切落入了竞争对手们的手里。不，我绝对不希望这样。

再次改组

诺基亚需要再次彻底地改进革新，我必须要向我们的每名员工明确地传达出企业的发展方向。你每次绝不能向企业成员传达过多的消息，一家企业往往应当懂得把握当下和眼前的机遇。当诺基亚在2003年开始专注于那些直到2006年才成熟起来的工作领域时，它便由此逐渐被赶超了。应当记住，对于任何一家企业而言，其组织结构和支持机构都应当根据前线业务的情况来设计。如果我们从1992年就开始调整企业的汇报系统和物流体系，那么我们则决不会获得十年后的那种市场地位。但是，我们因此也不会遭遇1995—1996年的困境。

企业不能通过这样的方式动员它的员工："整顿好组织机构，我们就能期待发展了。"员工是无法在各种不同的目标之间取得平衡的，诸如一方面要促进发展，另一方面又要调整体系结构。企业不能将其员工引导至自相矛盾的境地，让他们踩住刹车踏板的同时又想加大油门。权衡未来得失是高管人员的工作，这些人应当在企业看似即将撞墙的时候，而非已经撞上之后，去改变前进的方向。

20世纪90年代末，诺基亚的营业额产生了迅猛的增长。或许，我们本应更早一些对企业的发展程度感到知足，而留出一些精力去改进我们的系统。但是，当人们正沉浸于新的胜利之中时，往往很难让他们停住前进的脚步，并转而充分利用这些杰出的新产品或是这些新的胜利去拉拢中国市场。企业绝对不会像重视有所创新或销售产品的人那样去重视系统开发人员，其很少会将某个开发出了内部财务结算新系统的人，与一名刚售出一百万部手机的销售人员等同视之。平衡这些不同的因素便是企业董事会的职责。作为总裁，该项责任最终还是会落在我的肩上。

2003年3月，我开始拟定新的组织结构。每天早晨，我的核心团队都会来到我的会议室。那时，白天已经开始迅速地变长，太阳会在早晨七点左右升起，而在人们下班回家后的一两个小时左右重新落下。芬兰的春天对于一切新生的事物而言都是个美好的时节，因为日光的强度正在一天天地快速积累。我们在记事本上草拟了一些可能的模型，但是并没有考虑每种模型的具体成效。我们的讨论重心仅仅在于，什么结构才是诺基亚的最佳之选，而并未考虑接下来的人员安排及其工作内容问题。职位的人员安排将会在不久之后进行，我希望能够与每个人单独面谈。对于人员的去向，我自己已经有了一些想法，这将会在之后趋于明晰。

这些讨论进行得相当顺利，其将我们的改组计划快速地向前推进着。我们选择了一种简单但极具前景的矩阵式模型。很多人都认为，他们如今是在与同事们携手共建诺基亚的美好未来，而非以往那种相互竞争的关系。这将会为我们召唤来一个新的成熟阶段。

8月11日，我便明确了哪些人将要变更他们的职位。在某种程度上，我也得明确地指出自己的继任者是谁，因为全新的结构部署会对诺基亚的掌权者造成某些影响。有些人的地位将会强于以往，而另一些人的地位则会原封不动或是明显弱化。然而，我并不希望让新闻媒体猜测我的继任人选，实际上，该人选在原则上应是矩阵模型以外的人。五人团体中的两名成员将被排除在外，即马蒂·阿拉胡赫塔与萨里·巴尔德奥夫。萨里和我曾约定，她会于2004年离开诺基亚。而马蒂则将会担任策略总监，后来他又成为了通力电梯的总裁。

新组织结构的内部相当简洁，其包含了四个业务区块：移动电话、多媒体、网络以及为商业客户提供服务的企业解决方案。此外，矩阵模型还包括一些跨业务的交叉支持功能。康培凯将负责领导移动电话业务部，安西·范乔基则负责管理多媒体业务，他将在该领域中全力专注于智能手机方面以及与娱乐、音乐和图片相关的服务方面的工作。至于萨里·巴尔德奥夫，她还将继续管理着网络业务。

佩卡·阿拉-佩蒂拉将会转而掌管市场营销、销售、物流和采购的全球化业务团体。佩蒂·科恩将成为诺基亚的新任首席技术官，负责所有的技术发展工作。在服务推广方面，我们会招募新人去负责向商业客户推销企业服务的工作，惠普公司的玛丽·麦克道维尔（Mary McDowell）便是我们在后来选择的人。另一名美国人瑞克·西蒙森（Rick Simonson）则在九月接替了康培凯的财务总监职位。

我们的新型结构体系于九月末正式推出，并且在2004年一月初开始全面启动。在九月到十二月期间，诺基亚中成千上万名员工都在仔细考虑着自己的未来，他们在这个全新的组织机构中寻求着新的工作和老板。那些新部门的负责人曾为此展开了常有的地盘争夺战。并非每个新老板都能拥有足够优秀的人才去开启新的事业。例如，在康培凯的那个"普通"的移动电话业务部门外，天资非凡的人才确实没能形成长长的队伍；而与之形成鲜明对比的是，安西·范乔基的那个"不同寻常"的团队，似乎吸引了大量雄心壮志的人。尽管如此，诺基亚的业务重心却仍然是移动电话单元。然而，艰难的时期还并没有结束。

客户发起反击

成功是最大的危险。成功会潜在地促使大型企业产生自满自负情节，一旦某家企业成功地改变了市场规则，它就会相信自己有能力让辉煌的历史接二连三地重复上演。一家成功的企业会自以为能够充分地理解客户需求，它坚信自己了解欧洲、亚洲和北美洲的人真正需要什么。企业的董事会成员会通过那些精雕细琢的幻灯片来了解客户基础的演变过程和发展趋势。一家成功的企业会在应当谈论如何切实地满足客户需求时，转而巧妙地谈论起如何引导客户。

很多记者和分析师都曾认为，诺基亚将无法继续维持这种超高的盈利水平。移动电话的价格正在下降，因此他们认为，诺基亚也不得不顺势降低其产品售价。但是，我们却认为自己能够引导客户去使用更加昂贵的手机，从而保障我们美好的未来。

2003年，我们推出了游戏手机N-Gage和拍照手机，但是我们却忽视了那些价格适中的手机。一方面，我们认为成熟市场的未来将属于价格昂贵的手机；而另一方面，大众市场的廉价手机则决定着发展中国家的市场前景。我们相信，我们了解客户、市场以及未来的发展趋势，这些都是我们竭尽全力去试图控制的。由于我们已经取得了成功，因此我们便放心地延续着过去一直坚信的生产模式。诺基亚已经成为了一家令人自豪的企业，我们并不想去效仿他人。对我们而言，凭借自身力量而产生的每一种观念和创新成果都是我们的荣誉，强烈信赖自己的专业水平和做事能力无疑是非常重要的。但是，假如我们曾经能够足够虚心地跟随着竞争对手们的步伐和客户的需求取向，那么我们或许将会做得更好。

客户甚至会让最大的企业变得警惕起来。移动电话市场发展迅速，任何稳固的地位顷刻间就可能发生转变。某地有人想出了新的手机制造方法；某地的人们开始追随新的时尚风潮，他们要求手机必须具有某种特定的形状和颜色；你的客户在世界某处发明出了拍照手机的新用法；你的某个竞争对手开始采用了全新的分销系统。种种可能，不一而足。

电信运营公司是诺基亚的重要客户，我们的网络部门会向他们销售移动电话网络。正是经由这些企业，我们的大量手机才得以售出，而他们也越来越强烈地要求我们将手机按照他们的标准量体裁衣。各个手机制造商都纷纷根据自身的希望程度或能力限度遵循了运营公司的愿望。

移动电话的运营商和制造商们曾就谁应当主导客户而展开过一场冗长的辩论。在诺基亚的移动电话业务部里，关于这一问题也曾出现过相互冲突的观点：比例较大的传统保守派认为，运营商的地位在很大程度上相当于那些制造铁路轨枕的企业。他们的观点在于，运营公司并未给客户带来任何附加价值，客户的体验完全取决于具有众多有趣功能的优质手机。运营商所提供的服务并没有显著的意义，因为客户所关心的服务和内容都已经在手机的制造过程中完成了。诺基亚曾涉及过许多直接将新内容装配至手机中的项目，2005年制造的手机电视便正是这样一个范例。

当然，有很多人确实理解移动运营商在商业领域中扮演的角色。将近50%的手机都是由运营商售出，运营商目睹着市场的动态，并且能够理解它们。他们的详细意见是值得聆听的。

2003年夏季，运营商的担忧传到了我们的耳朵里。他们对贸易关系采取了更为严厉的态度：诺基亚正在迅速地成为他们的"头号公敌"。他们的一名代表曾亲自来到诺基亚告诉我们，他们希望购买翻盖手机。而诺基亚当时唯一能提供的，却只有那种熟悉的"直板"机。

诺基亚早已开始设计翻盖手机，但是进度却太过缓慢。我们曾再次决定完全凭靠自己，我们以前没有为中等价位市场生产过翻盖手机或折叠式手机，我们曾试图向企业伙伴解释我们遇到了许多技术难题。但是在2003年以前，我们却并未足够重视他们的担忧。

九月，向诺基亚抗议的运营商代表越来越多，很多运营公司都担心诺基亚会搬起石头砸自己的脚，因为它改进了"诺基亚俱乐部"的观念。客户将能够直接登录诺基亚的网站页面，而非只能抵达运营公司的网页。我们的这个首创举措决非旨在与运营商为敌，但是却很容易被他们这样理解。

移动运营商协会董事会GSM协会，每三个月召开一次会议。2003年末，这场会议在米兰举行。在这次会议上，几个大型运营商曾向诺基亚公开宣战，他们的宣战宣言为"消灭诺基亚！"，该短语无疑没有比实际含义更多的修辞意味。尽管如此，其还是在运营商当中引起了反响。

我们在移动运营商领域的一位朋友后来曾再次联系了我们，他满心担忧着诺基亚的未来，如果诺基亚与运营公司之间的关系难以改善，不知道将会发生什么。他主动向我们告知了那些运营公司的困扰。他从米兰打电话给马蒂·阿拉胡赫塔，告诉他死亡的威胁正从四面八方向诺基亚涌来。马蒂很重视这次通话，并且立即在移动电话业务部中对此展开了重新评估。虽然运营商们的担忧已经在诺基亚备案，可是我们的响应速度却远远不能令人满意。

最大的运营公司之一沃达丰（Vodafone）是这场反对诺基亚运动的倡导者，其轻易地便拉拢到一些小型企业与之为伍。2004年2月，运营商的暗箱操作在戛纳的会议上达到了顶峰，这场年度会议在当时曾聚集了100多家移动运营商。有人曾在戛纳的年会上提问，运营商的所作所为是否合法。律师对此则表示了明确的看法：这并非是企业联合，而是煽动式的勾结行动。诺基亚还得返回学校去为这即将到来的结果认真地学习这沉重的一课。

翻盖手机侵吞市场

如果我发觉事情进展得并不顺利，我的胃部就会产生相当难受的感觉。我会在自己必须作出盈利预警时产生这种感受，哪怕每个人都已经竭尽了全力。当我受到不公平的谴责或是当我曾经信任的人背信弃义时，我也会产生这样的感受。

有时，当直觉告诉我事情正在朝着错误的方向发展时，我也会感到不舒服。如果某些事态超出了我的掌控范围，我则会因此恼羞成怒。我一向都会尽可能地将目光放长远，以预先防范任何可能引起不确定性的微小问题。

我们在2003年已经决定改变方向。在诺基亚的领导力经历了重新部署之后，企业的结构形式已经彻底焕然一新，成千上万名员工也已被妥当地编排至新型结构中。我们作出了大量或大或小的决策。与此同时，《商业周刊》则正在谈及着我们曾经的辉煌史。在其对世界最具价值的品牌所整理的年度调查中，诺基亚名列第六位。诺基亚被认为是欧洲最具价值的企业以及世界最有价值的移动电话公司，我们的盈利和市场份额始终都保持着很高的水平。然而，在几个前线市场中我们却似乎正趋于战败。

2003年11月，我接受了《华尔街日报》的采访邀请。他们问我在夜里得以保持清醒的原因。我回答说，自己的睡眠一向很好，甚至在飞机上也是如此。我说自己正在考虑未来三四年中将会发生的事情。在1999年和2000年，每个人都曾相信科技会取得胜利，直到2001年9月11日的事件改变了一切。因此，我的担忧在于，诺基亚的组织结构是否能够解决未来几年中实际发生的每种始料未及的改变。我并不清楚这些改变具体是什么，但是我认为，最可能带来惊喜的是科技领域或者诺基亚的竞争对手。

虽然这是种不错的猜想，但是当我们进入2004年时，我却仍然丝毫不清楚前方会有什么等待着我们。一月初的时候，一切看上去都状态良好。我们在2003年第四季度的表现令人满意，业绩成果继续维持着长久以来的攀升趋势。当我在圣诞假期结束后回到诺基亚时，企业的士气普遍高涨。在一月的首个星期中，我们的订单簿仍然被填得满满当当。

事态在第二个星期里发生了恶化，我们没有收到多少订单。手机的销售情况未能满足我们的期望。在接下来的一周，事态仍然未见好转。这种迹象并非是开启新年的好兆头，于是我很快地便意识到某些方面出了差错。

这类情况也有着自己的独特魅力，我由此便得以开始干劲十足地卷起袖子解决问题。当身处这种状态时，我往往会对周围的人抱有很大期望。他们都应当肩负重任，付出超乎常人的努力。但是，变通和失败也是被允许的。如果人们已经为了危机全力以赴，那么再因错误而惩罚他们就会显得不通情理。在诺基亚，我总会试图在自己的要求和工作所能激发的积极性之间取得平衡。倘若我们没有对员工提出适当的期望和要求，那么我们就将会一事无成。可是，如果员工无法从自己的工作中获得乐趣，我们也会很快地失去一些优秀的人才。在这两者之间取得平衡绝对是至关重要的。

当企业身处危机时，总裁的职责便在于通过自己的行为举止来显示出什么才是重要的。他需要前往那些必须做出改变的地方，也需要坦承企业的失误之处以及自身的失策之处；但是，他还必须要朝前看，不忘着眼于未来。当大家开始着手应对危机时，他则必须要对综合的业绩成果提出要求。总裁的决策应当合理适当，每位企业成员都必须贡献自己的力量，但是要求却不应过度。在面临危机时，没有人会希望领导者表现软弱或失去理智。

不久之后，移动运营商发起的威胁攻势便显现出来了。诺基亚在欧洲的市场销售份额通常为50%左右，他们决定将这一比例削减至30%。一些主要的大型企业正在减少他们的购买量，但是规模较小的企业还仍然延续着以前的购买水平。在我们对部分抵制行为的影响程度进行了计算之后，我们发现，诺基亚在欧洲的市场份额已经在六个月中下降了12个百分点。二月份的戛纳会议曾向诺基亚传达过一个消息，我们也的确实实在在地收到了，诺基亚在数周之内便从自己的宝座上跌了下来。运营公司的智能武器已经凭借其摧毁性的力量击垮了目标，我们的市场份额已从2003年的38%跌至了2004年的32%。

于是诺基亚开始为此补习功课，我们开始以一种全新的姿态和运营公司进行商谈。如果我们仍像从前那般自负，这些商谈则是绝无可能有进展的。我把与众多运营公司协商的任务进行了分配，我让那些经验最丰富的同事直接向我汇报他们与指定运营商的商谈结果，我自己则跳上了飞机，赶去拜访那些最为重要的运营公司。我在沃达丰的总部与之详细地讨论了我们的问题，我希望让他们明白，我们对此十分重视并且正在为他们的担忧作出具体的调整。

假如我们能够将自己的困境全然地归咎于我们与运营商之间的关系，那么一切就简单多了。不幸的是，我们还必须要对镜自照。我们会在其中看见自身的大量缺陷：不够充足的产品种类、存在缺陷的工作流程以及自负的态度。最为重要的是，由于我们过分地专注于盈利额的保持，以致其彻底切断了我们对市场扩张的关注。

我们忽然发觉，自己已经置身于中等价位手机市场的竞争氛围中。实际上，中等价位的手机在那时才开始出现，其对我们所有人而言都是种耳目一新的现象。这类手机的竞争实力并非体现在全新的应用程序上，而是在于它们的设计和物理特性。它们被称为翻盖手机或掀盖式手机，因为打开它们会借助于合页的连接方式。

为了摧毁诺基亚，我们的竞争对手曾尝试过多种不同的方法去改变游戏规则。如今，掀盖式手机确实为他们带来了成功。这并非是技术上的一次跃进，而仅仅是为那些使用"旧式"科技的客户们提供了一种与众不同的体验。此外，我们的错误也关乎于企业内部的一些问题，并且我应当为此承担责任。2003年，马蒂·阿拉胡赫塔全权掌管着移动电话业务部，而安西·范乔基则负责产品的研发，他会直接向马蒂汇报工作内容。从后见之明的角度而言，这种安排无疑成了阿喀琉斯之踵。

无论在过去还是现在，马蒂和安西的领导方式都是截然不同的。马蒂这名策略家喜欢根据工作的实际完成情况来得出结论，而安西则会像一枚巡航导弹那样飞速地直奔目标。马蒂的工作基于直觉以及对市场动态的密切关注。安西则是智能手机的忠实信仰者，他根本不相信翻盖手机会取得成功。他认为，我们应当生产少量的翻盖手机，以满足运营商的需求。但是，他实际上却认为翻盖手机只不过是一时的风尚。后来，事实证明他是正确的。然而，这种看法在我们的竞争对手正凭借翻盖手机侵夺诺基亚的市场份额和盈利额时却是完全无济于事的。我们唯一清楚的便是，诺基亚在市场上并不具有其本应生产出的那类手机。

马蒂·阿拉胡赫塔肩负的任务是生产诺基亚自己的翻盖手机，但是，马蒂和安西在所需的投资数量、新产品的投放市场或必要的资源分配方面却未能达成充分的共识。最终的结果是，我们没能生产出足够多的畅销手机。在这场特殊的比赛中，我们已经被淘汰出局。

亚洲的制造商们，特别是三星，凭借着翻盖手机赚取了可观的利润，亚洲和亚洲之外的年轻人都十分喜爱这类产品。这并非仅仅是诺基亚的问题。当时，我们的主要对手摩托罗拉也凭借着一款名为"摩托罗拉锋芒（Motorola Razr）"的手机重新东山再起。美国人将大屏幕、轻薄的机身和翻盖式外壳进行了巧妙地结合，当所有这些经过市场营销的宣传包装之后，无不透露着非凡的卓越才华。"锋芒"手机起初是针对于市场顶层的那些富有且精通科技的客户群体，后来摩托罗拉降低了产品的售价，其结果也充分印证了他们这一举措的正确性。这款手机设计于2003年，在2004年上市，到2006年时其使用人数已经多达5000万。最终，锋芒手机的销量为1.3亿部，其创下了翻盖手机的销售记录。

在诺基亚的近代发展史中，我们不得不第二次考虑对翻盖式手机进行拆卸剖析，因为摩托罗拉已经震惊了我们。上一次是佩蒂·科恩于1989年在诺基亚的奥卢工厂里拆解摩托罗拉的手机。这次，我们无须拆解手机，因为我们已经看到了问题所在。

在2004年，诺基亚最后终于成功地为欧洲市场生产出了一款翻盖式手机，但是却晚了六个月。有些人曾预言，用不了几年，世界的移动电话中就将有半数为翻盖式机型所取代。翻盖式手机已经成为了一种危险的掠食野兽，当诺基亚开始试图驯养它时却已经为时过晚。我们的首款翻盖手机毫无竞争力可言，然而，三星不仅实现了业绩的腾飞，并且已经进入了运行轨道，翻盖手机则是其动力之源的提供者。如今，他们的产品已经发展到了第三代甚至是第四代。三星懂得如何给中等价位的手机填满种种能够吸引客户的特性：摄像头、大屏幕以及那些易于使用且运行良好的设计特征。突然之间，诺基亚的手机已经不再具有吸引力了。

我们曾再度认为自己能够改变游戏规则，并且让其他竞争者束手就擒。当我们决定制造翻盖手机时，我们希望自己的产品能够独树一帜。因此，我们研发出了一种新式的合页连接。我们试图将两步并作一步，直接跃升两个阶段。可是，新款手机的推出明显太晚，而我们想出的这些昂贵的解决方案也未能令客户满意。他们并不会为我们在翻盖手机的精良工艺上所具备的教育资历而额外买单。

我们本应用更长的时间去慎重考虑客户的真实需求。当我们回望过去，会发现客户似乎并非是想要翻盖手机这种确定的款式，他们想要的不过是新颖和不同的样式而已。假如某位客户曾在一两年前花100欧元购买了一部手机，那么我们就应当推出一款品质更优的手机，售价定为200欧元。但是现在，我们所提供的却是一款价格为500欧元的精品机。正是由于我们所犯的基本性错误，才使自身成了受害者。

我的痛苦变得愈发强烈了。移动电话业务部的责任已经被移交给康培凯，并且我信任他的能力。盈利预警已经指日可待，其将会砍掉我们数十亿的市场价值。此时，新闻媒体认为我身处的境况和几年前完全相同。我们必须要为此做出重大的补救行为。

企业的总裁绝对不能推卸自己的失误之责。4月6日，我召开了电话会议，以向股东们解释我们当前的形势。前一天，我曾前往亚特兰大去拜访一名重要客户——辛格乐（Cingular）。晚上，我又从那里飞往了纽约。我在凌晨五点醒来后便开始阅读报纸，七点钟在半岛酒店吃了早餐，并且在那时了解到自己将会迎来漫长而艰难的一天。当地的财经新闻比较匮乏，只看到了鲁伯特·默多克（Rupert Murdoch）的新闻公司和诺基亚的相关消息。我明白诺基亚将会引来大量的关注，并且都是消极的。最糟糕的一点在于，我根本无法对任何人作出承诺。我所能做的便是重复那些曾对投资者们说的老话：事态依然在掌控之中。我们正在补救错误，这次危机远不如1995年那次严重，但是，我却并不清楚盈利何时会增加，或是增加到哪种程度。我唯一能做的，也正是我想做的，便是信任我们的新型组织体系。否则，我们就会面临更严重的灾难。我的胃部持续灼痛了三四天，至少我的身体明白究竟发生了什么。

我们所做的第一件事是直接从书本搬来的。如果你的产品卖不出去，那么你就应当降低价格。我们的手机包装精美且定价昂贵，我们能够承受降价销售，尽管这或许会有悖于我们的传统原则。降低售价将会阻止我们的市场份额被击垮，虽然这绝对不是竞争对手们喜闻乐见的。此外，我们的盈利额也会因此受到威胁。

关键的问题在于，我们要让机器充分地运转起来。我们要组建产品经理的核心团队，这些人负责设计那些将被投入我们各个市场中的新型手机。产品经理的职责在于，确保我们能够在设计阶段早期了解到客户的需求。举例来说，如果我们打算生产一款售价为150欧元的手机去开发市场，那么产品经理就要决定，对设计应当进行哪些调整以及哪些方面应该被摒弃。产品经理的工作是由数不胜数的小决策构成的，其为新产品在目标市场中的沉浮奠定了基础。

在90年代中期，我们每年大约会推出三款新手机。到了21世纪，这一数据则至少增加了40%。十年前，产品经理兼具着巨大的权力和责任。对当时的诺基亚而言，每一款新手机的推出都是件大事，其能够决定企业在未来几年的命运。如今，产品经理的工作已经变得更加平凡了。

我们宣布诺基亚即将研发全新而复杂的多媒体手机，这为我们带来了一次新的创新激情，当我们研发N-Gage时也无疑出现过这种激情。公司为这些尚未准备好上市的产品投入了最有价值的资源，此外，我们也简化了设计。但是，我们这些中等价位手机所具有的易用性和其他特性还并没有达到帮我们赢回市场份额的水平。

现在，产品经理们必须要以全新的态度专注于新的任务。康培凯从各个方面对移动电话业务部的传统智慧进行了质疑，他绝对能够客观而理性地提出问题。此外，他也几乎通晓一切相关知识，并且能够产生巨大的威信力。他不希望听到那种诺基亚为何没有生产翻盖手机的陈词滥调，他会提出一些基本的问题，直到与他谈话的人不得不承认曾经的做事方法确实缺乏理性的考量。产品经理们会被安排至不同的岗位，去招募更多的新人，同时我们也必须要寻找一些新的专家。

2004年春季，我召集了所有的移动电话产品经理。我在会议开始后，便尽可能地坦言相告。我尽量坦承自己和诺基亚所犯的错误，并且强调这些对于整个企业而言有多么重要。可是，我又一次看到了张张严肃的面孔。大家都明白，这意味着诺基亚的未来再次陷入了危机。

事态逐渐地开始有所好转。生产新型翻盖手机的决定是在2004年春季作出的，产品的上市则是在下一年。6101这款手机性能优良且销量可观，并且彰显了诺基亚的学习能力。在此之前，康培凯已经开始扭转整个企业的思维方向。效仿优秀的思维模式并不应当被禁止。

设计、颜色、性能和营销模式都是会为普通消费者增添附加价值的方面。如果客户希望他们的中等价位手机中具有摄像头，那么诺基亚的工作便是去设法制造摄像头。如果美国人仅仅对翻盖手机感兴趣，那么诺基亚就必须要生产它们。我们诺基亚的人力求合理，但是世界各地的客户却并非都会与我们芬兰人具有相同的认知。最后，我们则必须承认，客户的消费才是让企业运作起来的关键因素，并且这或许也是他们始终正确的原因。

三次危机

在希腊文化中，"危机"一词的原始含义为转折点。当其作为医学术语时，含义则仅仅为岔路式一分为二的可能性：患者或者康复或者死亡，这种诠释也同样适用于商业领域，尽管对病症的诊断却并不总像医学界那样准确。在商界，只有事后才能真正指出问题的根源所在、谋事者的欠妥之处或是一家大型企业为何会名利双失，不仅失去了市场地位，也丢失了企业的信誉度和品牌的影响力，以及为何会挫败企业自身的高管人员。或者更加直接地说，企业高管人员何以导致了企业的失势和自身工作的失败。后来，当新的时期来临时，却没有任何人希望重提曾经那些糟糕的岁月，或是详细寻找往昔岁月中的失误之处。

在20世纪90年代到21世纪期间，诺基亚曾至少经历过三次危机。1992年，企业的现金流出现了枯竭状态，企业正处于即将沉落的边缘。这是一次显而易见的危机，有两个事实为此次危机敲响了警钟：瑞典银行家不愿继续对诺基亚给予财务援助，以及爱立信在1991年最终决定取消收购计划，因为诺基亚当时的情况极其糟糕。

1995年，我们又遇到了新的危机。在此之前，我们一直都处于快速发展的阶段，就像在后院里建造的飞机腾空起飞了。正当我们因飞机的平稳升空而开始庆祝其飞行成功时，我们却听到了警报的声音。飞机的引擎开始停止运转，方向操纵装置似乎也失灵了，因此我们不得不进行紧急着陆，以修复我们的飞行器。故障的原因在于，我们的系统难以承受过于强烈的发展势头。我们在八个月内让一切重新恢复了正常，并且不久后飞机便再次升空了。假如我们那时没有成功，那么诺基亚将会不复存在，从而你也就不会在这里阅读这本书了。

2001年，我们再次和现实展开了斗争，虽然用"危机"来形容这次的情况或许会有些言过其实。这次的势头远远不如上次的强烈，取而代之的则是更为激烈的竞争、更具市场前景的产品以及要求更多的客户，无论是个人消费者还是运营公司。移动电话的市场确实在成长发展，但是诺基亚的市场份额却似乎在逐渐变小。此外，令诺基亚苦恼的原因还在于，其无论在日本市场还是美国市场中都不够强大。诺基亚并没有足够地关注这些市场的技术要求，即CDMA标准。

从2004年3月到6月，诺基亚又一次登上了"病危名单"。我们犯下了非常严重的错误。我们设定了错误的目标，并且失去了我们的某些客户，包括运营公司和个人消费者。对一家企业而言，最坏的事情莫过于此。而我也为此承担了自己的责任。

2004年的危机表明，无论其他人怎么说，我们都应当对自己的立场保持冷静而审慎的头脑。然而，这却并非意味着逃避现实、客户、市场以及合理的科技。创建一家大型企业意味着谦逊、务实、灵活、警觉和敏锐的反应。虽然诺基亚犯了错，但是重回正轨却仍有可能。我们在2004年春季发现，企业是可以被引导的；如果需要，我们仍然可以改变航行方向。

到六月份时，我们的业绩数据仍然未见改善。我们在七月发布了当年前六个月的业绩成果，我们的股价发生了进一步地暴跌。但是，七月也是一个转折点。我们在该月的首个星期中还没有看出这一点，可是到了第二个星期，当所有芬兰人几乎都开始休假时，诺基亚的数据状态似乎开始有所好转。或许，我们在这场战争中已经获胜了。

那一年，我们并未设法去为自己的失败找理由。我们改变了企业自身的航向，但是，想实现稳定的改变还仍需耐心等待。到2005年时，我们重新回到了发展前进的轨道上。在2006年初，我们成功地提升了企业的市场份额和盈利额，诺基亚再次成为了一家向前发展的企业。这总共花费了一年半的时间。

无论如何，我们都从早先的危机中学到了某些东西，尽管其中最为重要的一点不过是，危机从不会彼此相似。1992年，我们并没有时间在不同的抉择之间进行权衡。诺基亚的现金流正在濒临枯竭，我们当时的财务总监康培凯和我不得不去恭敬地拜访各个银行。我们必须要为公司的未来建立起信心，尽管我们自己的信心常常都会所剩无几。那时，公司的规模较小且经营状况糟糕，如果资金和信心统统流失殆尽，那么诺基亚就会彻底灭亡。当我们最后终于筹到了一些资金时，我们又开始担心公司或许会被收购，因为它已经变得相当廉价了。

1995年，我们曾全力地应对企业发展极限的问题。我们没能预先做好充分的准备，从而失去了对企业的控制力。在八个月的时间里，佩卡·阿拉−佩蒂拉和佩蒂·科恩被专门指定将企业带回正轨。如果我们失败了，那么诺基亚的故事也会随之骤然终结。正是由于这次危机，我们才懂得了如何配置一家全球化企业才能使其可持续地发展下去。

2004年，我们还是同行领域中的佼佼者，可我们却因自负、目中无人以及自我封闭而抵达了危险的边缘。我们的实力曾一度强大到我们的客户和企业伙伴开始将诺基亚视为一种威胁。我们曾经未能足够耐心地听取电信运营商们的意见，当危机过后，我们也变得更加敏锐和善解人意，并且开始沿着正确的轨道驶向新一轮的变革。

合理的想法、错误的假设以及成功的囚徒

有人认为，诺基亚曾经因为无法理解世界在2004年及之后的发展趋势而被推上了审判的被告席，但是我却一点都不赞同这种说法。我们了解世界正在发生着什么，我们的失败之处在于未能有效地运用我们的知识。我们作出了错误的决策，没能足够慎重地考虑事情，以致我们没有抵达自己想去的地方。此外，我们也是自身成功的囚徒。在我们意识到2004年的危机之前，诺基亚的业绩成果是令人满意的，甚至是卓越的。2007年，我们也曾创下了史上最佳的业绩记录。没有人会想到，仅仅在一两年之后，这家企业又将会创造出史上最差的业绩纪录之一。

然而，一切都要从2004年说起。一年以前，我们曾规划了一场彻底的组织整改，旨在紧跟移动电话市场的动态趋势。随着市场的演变，每家企业都会试图预测其发展方向、变化速度以及变化的强度。我们相信，智能手机领域正处于苗壮成长的阶段。我们对这一领域怀有着相当强烈的信念，以至我们专门成立了专注于该领域的新业务部门，并且为产品研发和市场营销投入了大量资金。结构整改的目的在于，确保我们生产的产品能够符合新市场的需求。诺基亚的移动电话单元NMP（网络管理协议），已经在企业内部发展

得相当强大，其能够生产大量的移动电话，数量已取代了质量。物流、采购和销售统统运作良好，NMP已经成为了一台高效的机器。

但是，这台高效的机器却无法生产出诺基亚极度渴求的新型产品。如果生产线仅仅旨在满足那些早已存在的需求，那么新的想法就会无处容身。此外，诺基亚的结构自1998年起就基本再也没有变过。随着其他的业务单元逐一停止了运营，最终仅剩下了两个单元：诺基亚移动电话和诺基亚网络，其建设网络并向运营公司销售它们。这两个巨大的业务单元就像是企业内部的小企业，其总经理的经营风格就如同总裁一般。

我们需要一个全新的组织，NMP将会在其中被一分为三，移动电话单元、多媒体单元和企业解决方案。诺基亚已经默认，智能电话和中等价位手机是构成当今市场的两大重要区块。此外，在新型的矩阵式结构中，市场营销将不再被视为单独的功能部门，而是会被垂直地整合至新的业务单元中。关于技术工作，我们也对之进行了相同的安排，这或许是一切活动中最为重要的导航者，我们对诺基亚的工程师重新进行了分配部署。这种改变令某些人感到高兴，而让另一些人觉得别扭。

实际上，该新型组织机构并不具有独特性，这种结构模式在各行各业的大型企业中都随处可见。矩阵式组织主张让不同部门的人员共同进行决策，以便人们能够了解彼此的观点。这要求人们对公司的整体利益具有充分透彻的理解，其并非仅仅等同于单独业务部门的利润或成功。此外，这种模式也能让高管人员亲临工作现场，因为那里总会存在着一些只有最高管理者才能够定夺的事情。最后，矩阵式组织促使了分歧和热情的产生，这些对于创造性而言都是极为重要的。

某些人曾认为，诺基亚在后来遭遇的困境是由2004年所引入的矩阵式组织结构而导致的。我并不认同这种看法，尽管并非所有的诺基亚高管人员都能在该新式组织结构中有效地行使自己的职责。或许是，我们未能对人员进行充分的培训，抑或是因为权利斗争引发了一些问题。此外，我自己或许也没能在这个新型的结构体系中以最适合的方式工作。企业的某些人可能曾一度为了我的位置而明争暗斗，以致他们的行为也由此开始受到了影响。

如今，我认为诺基亚在2004年所经历的组织调整是正确的，并且是对旧式企业的一次改进。尽管如此，我们却并没有取得巨大的成功。问题的根源或许在于，组织毕竟是由人构成的。

2004年，诺基亚的一连串历史走向了终结。那些洞察力敏锐的人都觉察到了这一点。自90年代早期开始，企业已经逐渐形成了其特有的文化，那些与企业息息相关的领导者们已经将这些文化延续了许多年。毫无疑问，我也是这些领导者当中的一员。而当我宣布卸任时，情况却发生了变化，尽管这个问题绝非仅仅与我有关。继此之后，许多其他的高管人员和部门主管也都产生了变化，人们都在忧虑自身的未来，走廊里的讨论声比以往更加频繁，并且这次大规模的改组调整已经把许多人推离了他们的舒适区。

十年之间，诺基亚所有的关键人员都曾为这家企业贡献了巨大的力量。截至2004年，佩卡·阿拉–佩蒂拉在诺基亚的时间已经长达20年之久，马蒂·阿拉胡赫塔27年，萨里·巴尔德奥夫21年，康培凯24年，佩蒂·科恩18年以及安西·范乔基13年。这些杰出的人才已经用他们自己的力量和人格品质建筑起了企业的伟大形象。在企业内部，他们都是栩栩如生的传奇人物。当然，媒体曝光、成功事迹均会与此有着某些关联。五人团体和其他某些高管人员绝不仅限于领取薪水的员工这么简单，他们都是体现企业价值的人。

当我于2003—2004年对诺基亚的领导力结构进行最后一次重组时，我或许没能更多地考虑到这些员工的重要性。他们都曾帮着规划新式的组织结构，没有这些人参与的未来将会是我无法想象的。但是，这种情况却在不久后成为了现实。到2006年时，佩卡·阿拉–佩蒂拉、马蒂·阿拉胡赫塔、佩蒂·科恩以及萨里·巴尔德奥夫全都已经离开了诺基亚。此时，我的角色也变成了董事长，康培凯则接任了总裁一职。

高层领导的人员变动是巨大的，这或许是因为我们在改组调整时缺失了太多心照不宣的理解。某些人员离职是早先就约定好的，但是有些却令人感到格外吃惊。无论如何，最终的结果是，只有康培凯、安西·范乔基和我留在了那个从90年代中期起便一直领导着诺基亚的核心团队中。我并非是想轻视那些在诺基亚成长起来的新一代领导者，他们曾在企业改组过程中乘势而上。但是，这种切断过去的改变结果或许太过于唐突了。很多员工或许都轻易地相信着，好日子会继续在前方滚滚推进，他们和企业都将会继续满心欢喜地前进。

我们希望创建的结构体系并非旨在局限企业的个体领导者，我们的目标是成为服务于世界最佳移动设备制造商的世界最佳组织机构。任何人都未曾料到，企业的重要管理者会离职，就这样带走了他们的专业知识、活力、思想、工作经历和领导能力。或许，我们本应多作一些努力，以至少留住他们当中的某些人。

当然，我确实也犯了其他的错误。新型组织结构要求总裁更加细致入微地参与到企业的管理活动中，我的办公桌上开始频频游走着重要性越来越小的事务。在新式结构体系中，我本应更为密切地关注着机械的运转，但是我在心理上却早已将自己转为了董事长的身份。我意识到了这个问题，并且也竭尽全力地做了努力。然而，通常的状况却是，我根本没有时间关注这些事情。

企业往往会过早或过迟地行事，诺基亚的改组重构既太迟也太早。直到后来我们才明白，我们确实倾注了合理的想法，但是总体而言却还是时机过早。我们相信市场需要价格昂贵且性能较高的手机，但是我们却错了。直到晚些时候，运营公司才能够提供那些使智能手机具有吸引力的服务。苹果iPhone也仅仅是在2007年才登上市场。

新型组织结构并非仅意味着全新的领导力，我们的工作方法也必须要发生改变。我们一直都在合理地处事，可尽管如此，收获的成效却仍然甚微。于是，我们便开始去做一些新的事情，这是苹果、谷歌和微软在后来都会实行的。

"旧式"诺基亚已经制造了许多基本产品，并且也曾在必要的时候对它们进行了改造，然而，我们还想基于这些基本产品去专门研发一些软件平台和新产品。如今，这样的改变趋势似乎是不言而喻的，但是在当时，诺基亚的想法却完全是划时代的。这一改变是诺基亚一直延续至今的。此外我也理解，软件领域那时也正在逐渐变化。以前，每部手机或每一系列的手机都拥有自己的定制软件，但是如今，我们却得着眼于涵盖内容广泛的软件平台。我们需要根据软件的兼容要求来设计手机，而非根据手机来定制软件。这便是我们希望通过改组重构而实现的一种前进性的重要变革。

　　我安排了佩蒂·科恩负责这项工作。在新型组织结构开始实行的最初阶段，结构的变更曾为我们带来了卓越的成果。2006年，诺基亚宣布其即将推出一款名为N95的智能手机，手机外壳是滑盖式的，此外其还具有我们首次推出的500万像素的摄像头。

　　这款新机型于2007年正式上市，这恰恰是在苹果对外宣布了其自主研发的智能手机iPhone之后不久。史蒂夫·乔布斯曾于2007年1月在美国的商品展销会上谈及了这款手机，其上市时间则是在6月末。

　　因此，一场角逐便在诺基亚这位行业霸主和苹果这位挑战者之间展开了，获胜者的奖品是全球的智能手机市场。很多人都将赌注押在了诺基亚身上。我们懂得如何对手机进行设计、制造和营销，我们的基础设施在同行中是超群绝伦的，你在任何国家、任何网络以及各种情境中都能信心十足地使用我们的手机。诺基亚的工程师是世界出类拔萃的优秀人才，我们已经征服了世界的所有市场；虽然我们在美国的市场份额曾一度略有下降，但是我们也曾竭尽全力地迎头赶上。假如任何一位关注移动电话领域行情的人在2007年被问到，谁将赢得这场决斗，答案都是显而易见的。诺基亚绝对是无可匹敌的最佳之选。

诺基亚能否成为一家软件公司？

当企业遭遇困境时，其面临的问题往往都是全新且不可预知的。实际上，这些问题会在一段时间内挥之不去，并且主要体现为悬而未决的问题、疏忽大意的思考或是考虑不周的决策这些形式。每家企业都会试图避开艰难的问题，而领导者的工作在于及时地发现这些问题，并去努力地寻求合理的解决方法。否则，这就会逐渐发展成为巨大的忧患。纸上谈兵的解决方式绝对不够，你必须要设法将你的决策和方案付诸实践。

企业应当具有随机应变的能力，有时甚至需要极其敏锐的反应力，就像帆船在抢风行驶，调转航向必须要进行得相当平稳、迅速、冷静审慎而果断坚决，否则船体就会发生倾覆。只有你对自己的决定具有十足的把握，你才能快速地掉转航向。犹豫不决和意见分歧将会拖慢决策的进程。由于未能提早作出决定，风势或许会变得越来越猛烈，帆船可能早已撞上了暗礁。

这一切正是我们在2004年到2007年间所经历的。我们想要改变方向，却不知道该从何着手。与此同时，我们所有人也都正沉浸在我们过去的丰功伟绩中。

我们一直都认为，诺基亚正在从一家制造企业转型为服务提供商，这要求我们在软件设计方面具有更为强大的专业技能。我们清楚，成为软件公司是诺基亚的必经之路。我们曾在企业内部谈论过这件事，并且将其告知了媒体。此外，我们在很早以前也曾先于我们的竞争对手宣布了互联网不久后便会被装进人们的口袋里。而事实也正是如此，只不过比我们的预期晚了很多。

诺基亚从未拥有自己的操作系统或是企业内能够开发操作系统的业务部门。诺基亚曾经是作为电话设备开发者的形象而发展起来的，我们已经通过在1998年收购一家恰好等待售出的小公司而获取了一个操作系统的模板。该公司的总部位于英国，名称为塞班。它是由诺基亚、爱立信和摩托罗拉共同购买的。

塞班最初是以一家名为宝意昂的公司创始成立的，其主要生产小型掌上电脑。该公司最成功的产品之一是Psion Organiser，其包含一个数据库和一个电子记事本。在宝意昂将其软件技术和塞班共同出售给移动电话公司之后，它仍在继续运营。2012年，摩托罗拉最终收购了其原始公司的遗留部分。

到了21世纪初，手机已经不再仅仅是手机那么简单了。它们是携带大量应用程序的高度智能化设备，它们已经变成了计算机。那种能够为用户提供最佳使用体验的手机将会成为胜者。在这场战斗中，操作系统便是一切的核心所在。

虽然安西·范乔基和佩蒂·科恩对很多事情都分歧颇多，但是他们对这个问题的看法却是如出一辙。他们都相信，假如我们能够将塞班软件作为我们附加应用程序的基础，那么我们便会因此具有一定的竞争优势。假如我们能够借此方式创造出一款智能手机，那么其必定会成为极其成功的畅销佳品。我们已经确定的核心想法是，最终将Linux操作系统作为这款价格不菲的智能手机的软件基础，其在某些方面完全能够取代塞班。这种思路最终便促生了MeeGo操作系统。

自然而然地，我们会为此产生犹疑：塞班能否在软件领域中具有很强的竞争力？我们曾在2005—2007年间就这一问题展开了强烈的企业内部讨论。

在诺基亚，让每款机型具有专属的操作系统是我们由来已久的惯例。如今，我们则尝试作出了改变，从而让单一的软件平台能够支持许多不同机型的通用操作系统。虽然这种基本想法简单明了，但是这却需要对企业内部的文化观念实行重大的转变。要实现这一点则绝非易事。"移动电话人群"必须要进入智能手机时代。

我在软件领域中实在算不上一名专家。因此，我就必须倚赖于自己的那些关键咨询顾问，佩蒂·科恩和安西·范乔基。佩蒂·科恩要比诺基亚的任何人都清楚产品的制造过程以及产品的工作原理，同时佩蒂·科恩也并非是新软件时代中一名技艺生涩的新手，他的经验主要来自于20世纪90年代和21世纪初。此外，他还是我们高管团队中最了解软件知识的人。至于安西，他则能够对我们的产品及用户需求有着综合性的理解。

当再次回首往昔时，后见之明又轻而易举地形成了。无论是我们——安西·范乔基、佩蒂·科恩和我，还是马蒂·阿拉胡赫塔和康培凯，统统都不是软件专家。我们能够提出犀利的问题，但是要作出回答的话，我们却还得依赖企业中下一级别的专业人士。软件领域在未来的五年或十年中将会发生什么？诺基亚如何才能最大限度地转变为一家软件公司？假如转型成功，结果又将会如何？我们应当做些什么？在2004—2007年期间，我们曾一度迫不及待地为这些问题寻找着一些具有信服力的答案。

诺基亚确实需要一些在其内部成长起来的软件专家，他们能够对软件领域具有深切的理解，能够解决这些焦灼的问题。但是，我们却并不具有这类人才。实际上，甚至在整个欧洲似乎都找不到这样的人。在2001年时，我们曾谈到过增强企业的软件专业实力，并且我们那时确实已经开始极力应对这个问题了。

首先，我们运用了某些从20世纪90年代所习得的积极经验。我们通过引入芬兰无线电技术领域的一流人才，而增强了移动电话和网络的产品研发实力，并且我们也和高等院校在这一方面展开了密切的合作。最典型的例子是乔治·尼尤沃，他于1993年加入了诺基亚，并且成为了企业的首席技术官。作为世界一流的数字信号处理研究者，诺基亚的所有先进技术都曾留下过他的指纹。他的研究成果也是卓越非凡的，绝对能够堪称世界领先水平。

我们试图在软件开发方面延用这种方法。诺基亚从高等院校和综合性工艺学校招纳了一大批教授学者和重量级的研究人员，他们曾在诺基亚研究中心或个人的业务部门里尽心地研究了一两年的时间，但是，这次的结果却是收效甚微，甚至完全一无所获。

2005年前后，我们开始真正地理解自己正在面临的问题，我们试图去招募更多经验丰富的软件专家。此外，我们也增强了研究中心以及美国产品研发工作的实力。然而，结果却仍然收效甚微。使用这种方式是完全不可能在短期内发展出一支实力强大的软件专业团队的。

在诺基亚的智能手机中，塞班操作系统一直被使用到了2011年，从那时起企业便宣布将改用微软操作系统。

第五章

总裁意味着什么?

一月的决定

圣诞节刚过，我就作出了许多重大决定。通常情况下，我都会一直休假至一月的第二个星期。当我在2005年1月重新回到诺基亚总部十七层的办公室时，我便清楚自己继续担任企业总裁的时日将不会太长。实际上，我获悉这个事实已有一段时间，但是我却未曾向任何人透露。现在，是时候准备卸任并选择继任者了。我感到如释重负，但是我也了解这并不会是个轻松容易的过程。

我也希望能够尽早地卸下总裁这个重担。我曾在2003年考虑过离开，但是这会让我看似是在逃避那些刚刚开始的困难。公司的董事会恳请我继续留任，于是我便与他们通过协议约定，我会至少留任至2006年，那时我将凭自己的意愿决定离开与否。

并非每个人都会严肃地看待这次协议，但是它对我而言却相当重要。在我看来，这似乎意味着我已经尽职尽责地履行了诺基亚总裁的义务，并且自此以后我实在无法再为企业增添更多有意义的价值了。此外，我也认为诺基亚需要经历一些明确的改变：企业应当为新人提供机遇；执行委员会需要变得更具国际化；而我也希望去做一些与众不同的事。2005年1月，我对于这种事究竟是什么还仍然毫无头绪。

在我被选为诺基亚总裁时，公司的时任股东、芬兰银行和保险公司曾邀请我在一间灯光昏暗的会议室里交谈，他们请我接任这一职位。这便是芬兰企业于20世纪90年代早期仍然在承袭的做事方式。他们不会面试其他候选人，甚至根本不会考虑其他人选；也没有人会问，新任总裁将来自于企业内部还是外部。现在，甚至还有某些芬兰人希望继续采用这种方式来选任诺基亚的总裁。对此，我完全持否定态度。我希望去慎重而仔细地考虑其他方式。我希望为候选人提供面试的机会，也希望将外部候选人的可能性纳入考虑范围，虽然我清楚诺基亚内部确实存在着许多杰出的总裁候选人。

当诺基亚的新型领导力结构在2004年初开始启用时，很多人都认为这是角逐下任总裁职位的第一阶段。毫无疑问，企业的转型并非是为了让潜在候选人展开激烈的竞争。但是，全新的组织结构也的确为他们提供了展示竞争实力、主观能动性与合作能力的机遇。佩卡·阿拉-佩蒂拉、康培凯和佩蒂·科恩便是其中最重要的几名候选者。马蒂·阿拉胡赫塔首先成为了策略总监，后来则于2004年秋季离开了公司。萨里·巴尔德奥夫也曾决定将于2004年末离开。因此，他们便不再被考虑在竞选范围内。

当董事会副主席保尔·柯林斯在为董事会所考虑的人事事务进行筹备时，我和他讨论了新总裁的选任问题。他完全是现代管理流程的一名与时俱进的追随者，并且在一开始就直截了当地对我说，"你应该全然地回避这次选任流程。"

然而，他还是提出了一个请求。他问我能否编写一份由五到十名有望成为继任者的内部候选人姓名表。我用了半天时间来仔细考虑这些人选，我给出的列表包括佩卡·阿拉-佩蒂拉、康培凯、安西·范乔基、佩蒂·科恩、提莫·伊哈莫蒂拉（Timo Ihamuotila）和玛丽·麦克道维尔。我希望让董事会去综合权衡职位资历的优势与新兴力量的优势。佩卡、康培凯和安西均身居要职，佩蒂·科恩的升职比他们实现得略晚，玛丽和提莫则属于新生力量。这是一份很好的列表清单，其为董事会的后续工作提供了充足的资源。

之后，董事会的工作便是分别面试这些候选人。到了某个特定的阶段，我们会请来咨询师帮我们判定这些企业内部候选人能否满足国际化的要求。如果他们的实力不够，那么我们就必须要考虑外部人选了。

董事会组建了一个工作小组来负责选任流程的主要工作，小组成员包括保尔·柯林斯、玛乔丽·斯卡尔迪诺（Marjorie Scardino）、佩尔·卡尔森以及外加人员班特·霍姆斯特朗（Bengt Homström）。候选人面试时我没有在场，因此我并不了解每个人的表现如何。然而，工作小组却请我为每名候选者分别用一页A4纸写出他们的优势及有待改进的方面。

整个流程中唯一真正的意外出现在3月19日的那个周六，佩卡·阿拉–佩蒂拉告诉我，他无意担任总裁。他经过自己的深思熟虑以及和家人的充分探讨之后，最终认为自己并不具备胜任此职的必要热情。他将会在那年的晚些时候离开诺基亚。接受佩卡的声明对选任流程而言并不容易，他在1998年已经被任命为副总裁，一年后当我被任命为董事长时他又成为了总经理，之后他便毫无疑问地成了总裁继任者的候选人。

当我在2001年告知董事会自己有意在2003年卸任总裁一职时，我就曾将佩卡视为我的继任者。在董事会否决了我的提议后，我便同意将自己的任期延长至2006年。佩卡要比我年轻许多，我们已经一起共事了多年。我重视佩卡杰出的策略掌控才能以及在企业中的优秀领导能力，对于他的这个决定，我感到既失望又难过。我不禁会想，佩卡本来应该以追求总裁一职为己任。在另一方面，我也十分尊重他的决定和果断。他并不希望像个媒体关注焦点那样将自己的所有时间都耗费在公众视线中；但是，作为诺基亚的总裁你就无法避免这些。这便是该职位不太讨人喜欢的特征之一。

在佩卡退出之后，选任过程便需要加速进行。若是佩卡已经在原则上作出了离开诺基亚的决定，那么我们就必须要在七月份的董事会会议上更加快速而有效地定夺出新任总裁的人选。如果我们顺利地实现了这个任务，那么我们就不必浪费多余的时间，也不会在企业内部引发不确定性。董事会成员于7月26日和27日在伦敦聚首，被置于议程之首的便是总裁的委任事宜。在经历了深思熟虑之后，工作小组便将列表的候选人数削减至两名，其中康培凯占据着更强的优势。此时，董事会还希望另行探究一个问题，即诺基亚是否应当由一名年轻人来领导。我也表示，应当对这种选择进行审慎的考量。

随着会议的继续进行，我同保尔·柯林斯探讨了诺基亚应当看重经验还是年轻人的潜能。董事会明显趋向于经验说，对此我也毫无反对意见可言。于是，康培凯便被确定为我的继任者。康培凯就在附近，董事会希望的话便可随时与之进行交谈，但是，进一步的面谈显然已经毫无必要。董事会十分了解他，而工作小组也已对他进行过全面的考察。

诺基亚已经任命了新的总裁，他将于2006年6月正式上任。我对这一决定承担着部分责任，尽管我根本没有参与正式的选任流程。此外，我们还讨论了我的个人角色问题。我曾宣称，希望在截然不同的领域中做些与众不同的事。保尔·柯林斯告诉我，董事会希望我继续担任他们的董事长，但也同时强调了，为康培凯提供必要的空间去创建他的管理团队和组织以及发展他的策略和计划亦是尤为重要的。

起初，我全然不喜欢这种发展模式。可是几经劝说之后，我便同意了，而这仅仅是在我的职责被明确地限定为兼顾媒体、投资者以及企业内部的利益之后。因此我们达成协议，我的董事长角色将等同于卡西米尔·伊赫恩斯于20世纪90年代在诺基亚的身份。我每周将会花一两天的时间参与诺基亚的事务，我的工作重心在于，对总裁扮演一名给予支持鼓励但又不乏挑战性的谈话官。2006年春季，领导职务委任委员会的玛乔丽·斯卡尔迪诺在企业的股东大会上宣布了这项安排。

我的所有继任候选者都十分优秀，某些人甚至是出类拔萃的。我为自己的企业感到自豪，它培育出了一批能够承袭前辈工作的人才。我认为，我们已经作出了正确的抉择，尽管曾经确实出现过某些意外的变故。此外，还令我感到满意的是，一切都已经按照常规彻底地完成了。我们也曾像面试那样委托外部人士对候选人的优劣势进行过综合的分析，我们需要彻底地了解这些人，对于商业界中的一种最为艰巨却又最具吸引力的职位而言，没有任何人能够平步青云。

八月初，世界各地的媒体便获悉了谁是我的继任人选。与此同时，我们也宣布了被任命为董事会成员的康培凯将从2005年10月1日起具有实际的执行职权。虽然我的总裁任期会一直持续至2006年6月1日，但是我希望让康培凯负责规划2006年的工作。

8月3日，佩卡、康培凯和我一起坐在总部礼堂的讲台上召开新闻发布会。当时，礼堂里或许存在着淡淡的忧伤气息，这是种一个时代即将步入尾声的感受，当然这也意味着新时期的开始。佩卡坦诚地谈及了他作出决定的背景缘由，他希望自己在诺基亚工作了这些年之后能够做些与众不同的事情。他解释说，自己的身体里其实并没有接任总裁的满腔热情。在康培凯看来，他确信自己有能力带领诺基亚进入下一个发展阶段。我和这两位同胞，这两个近在咫尺的人，已经为诺基亚共同打拼了十五年之久。他们都属于世界商业领袖中的精英人士，坐在他们中间的感觉很好。对我而言，也是时候开始做些与众不同的事了。

我们的新闻发布会是公开而诚恳的，我以为，那些外国记者们会怀疑这幕后正在上演着某些复杂的情节。没有人会像佩卡和康培凯那样开诚布公地讲述着自己的动机和企图。记者们似乎都相信了他们的话，因为没有任何人对他们提出质疑。我们三个人都坦言了自己的真实想法以及作出决定的过程。

两周之后，又出现了更多的新闻。《金融时报》的首页上写着"壳牌石油攫取了奥利拉"。壳牌已经决定任命我为董事会主席。一家猎头公司曾在3月给我打过电话，那时我已经给出了初步的肯定答复。当我在夏季晓得诺基亚即将顺利地移交至我的继任者手中时，我便确认了自己的这个意愿。那时，我真是喜不自胜。在壳牌，我将会有机会实践我长久以来对全球经济和能源领域所持有的兴趣。从高中时期的自然学会俱乐部以及后来我在20世纪70年代的石油危机中产生的经济意识复苏，直到我担任世界最大能源公司的董事会主席，我已经走过了相当漫长的旅程。

二十一年零几个月

当一位领导者宣布卸任后发现他的权威逐渐衰落时，人们便称之为"跛脚鸭"现象。虽然诺基亚在职务交接期间发生了许多事情，但是还没有迹象表明我会彻底失势。

在2005年和2006年，我们曾作出了一些有关网络业务未来的重大决定，其造成的改变是显著而巨大的。移动运营商已经开始将其网络运营及维护的业务进行外包，因此我们的服务业务便呈现出了明显的发展势头。诺基亚提供的服务已经不再仅仅限于基站和其他网络设备，其还包括对这些内容进行关怀维护。网络需要以持续不断的研发工作作为后盾，虽然我们的业务成交量并不算多，但是，只要是我们承揽的业务则都会实现得相当出色。当时，向运营商销售服务、设备和软件的竞争形势正在日趋激烈。我们已经击退了我们的竞争对手，尤其是爱立信以及那些在中国涌现而出的新兴企业。我们已经彰显了自身的某些实力。

在诺基亚内部，也发生了一些变化。曾于20世纪90年代末加入诺基亚的澳大利亚人西蒙·贝雷斯福德-威利（Simon Beresford-Wylie）接替了萨里·巴尔德奥夫的职位。萨里之前负责移动电话网络部，这个部门似乎就像萨里一手创下的企业，其拥有一支尽忠职守的小型团队作为支持后盾。对西蒙·贝雷斯福德-威利而言，接替萨里的职位绝对具有十足的挑战性。

市场已经向我们传递出了一种明确的迹象，即美国公司朗讯可能会被出售。我们对之进行了密切的关注，当这种推测得到证实时我们便立即采取了行动。朗讯是从美国电话电报公司（AT&T）脱离出来的独立企业，其作为一家上市公司曾在20世纪90年代博得了投资者们的偏爱。该企业胃口极大，曾通过收购一家国际化企业而成长起来。但是，朗讯在21世纪初却遭遇了困境，并且被迫消解掉了某些非核心的业务单元。

协商谈判开始于2005年早春时分，我同朗讯的董事长帕特里夏·鲁索（Patricia Russo）见了面，之前我曾对她略有所闻。鲁索在IT领域拥有长期的从业经验，她从2002年开始领导朗讯公司。她被视为美国最具影响力的女性领导者之一。后来，协商谈判便在企业领导者和财务人员之间展开了。我们十分了解朗讯的前身，也相当清楚它属于哪种类型的企业。

在担任诺基亚总裁的时期，我并未进行过任何重大的收购事项。在很大程度上，我们一直都是在自然地成长，因此我自然而然会对收购事宜倍加谨慎。就通常意义而言，他们这类企业取得成功的概率不会太高，因为他们的收购往往都蕴含着错误的初衷，扩大妄自尊大的自我价值感。管理者往往会对收购或吸纳一家企业以及成功地融合两种企业文化所需的资源和精力有所低估，经济史中满是些兼并失败的惨剧，有时甚至会彻底拖垮收购方企业。或许，我的潜在警惕性还源自于诺基亚曾在20世纪80年代进行的小规模收购盛宴。为了清理该场盛宴的残羹剩饭，我曾耗费了漫长的时间。

我们目前的情况或许要比当初略显复杂，朗讯的股东们已经认定这家公司无法凭借自身的力量而存活下去。如果诺基亚没有购买，那么我们的某个竞争对手也会买下它。我们晓得，朗讯还在同另外两家企业协商收购事宜。一家是法国公司阿尔卡特，另一家可能是摩托罗拉或爱立信，但是我们还不能肯定。

在我思考是否应当购买朗讯的同时，我也在考虑着诺基亚网络业务的未来。美国人那种简洁而清晰的处事思维一向都为人称赞，他们往往以为，若是自己没有购买能力，那么至少还能卖出个好价钱。这个国家的商业是由一轮又一轮的交易和贸易构成的，因此商店往往都会处于营业中的状态。在欧洲，情况就会略有差异了。例如，西门子就很少会出售它的旗下企业。

诺基亚是否应当出售其网络业务？如果你在2005年春季如此询问一名证券交易分析师，那么答案是绝对肯定的。这样可以释放出部分资金，并且能够为这个领域注入更多的活力。当然，诺基亚也会由此而成为一家纯粹而简单的移动电话公司。事实上，唯一可能的买主是西门子，可我个人向来都对之神经过敏。

然而，朗讯却需要一个快速的答复。我们的最初印象是，这家企业的固定成本太高，并且配备有相当精良的职员，员工总数为三万人，营业额为70亿欧元。我们愈发详细地审视这家企业，这种印象便愈发明晰而肯定。就有利的层面而言，该企业在美国的市场份额正在增加。但是，消极的因素也在日益明显化。朗讯需要经历全面的改组重构，那些分布在世界不同地区的无盈利部门应当被关闭。像通常那样，我们应该对该企业资产负债表上的众多债务打上问号。

在经过艰难的深思熟虑之后，我们认为，购买朗讯对诺基亚或其股东而言都并非是明智之举。这便是董事会在复活节前夕作出的决定。当我们作出了该否定性决策时，我们便明白将要在网络市场中发起一系列的变革。既然我们已经迈出了第一步，那么就应当继续完成后续步骤。2006年4月初，朗讯宣布将与规模是其1.5倍的阿尔卡特合并。

时间证明，阿尔卡特并未从这次交易中获得其预期的利益。企业合并的潜在机遇并没有像大多数情况那样得以实现。阿尔卡特不得不把被朗讯浪费掉的股东资金记录在案，这些资金如今已经成了可供朗讯的股东们去享用的活水之源。这又是一个平凡的故事。

在这一切结束后，我们便完全毫无理由去惋惜曾经对朗讯作出的决定。但是，我们也是时候开始谋划下一步行动了。因此，我们在2005年的春季和夏季便启动了与西门子的协商谈判，这对诺基亚而言是一个熟悉的经历。在80年代，诺基亚将其非凡的技艺出售给苏联的这个事实曾引起了西门子的兴趣。1986年，西门子的总裁安东·哈什欧滋奈尔（Anton Hasholzner）曾提议让我们在电话科技领域联手合作，但是这次交谈最终却并未能达成共识。20世纪90年代早期，西门子又一次登门拜访，其希望购买我们的网络业务。后来，我们则决定拒绝这个提议。如今，我们再次开始探讨着全新的合作方式，即联合企业。西门子拥有许多其他的联合企业，诸如计算机公司富士通西门子或博世西门子家用电器集团。可是，对我们而言，这种合作则意味着一段全新的旅程。

协商谈判在两个层面上继续进行着。我和西门子的总裁克劳斯·柯菲德（Klaus Kleinfeld）探讨了经营理念和总体的发展方向，诺基亚网络部门的负责人西蒙·贝雷斯福德–威利则与西门子的德国同级主管讨论了运营方面的问题。在这一年的春季和夏季，我们在大多数问题上都达成了极好的相互理解。但是，我们却在一个关键的原则问题上产生了分歧：应当以怎样的方式领导公司？西门子凭借其以往的企业合作经验强调，公司的运营应当确保母公司双方具有等同的权力和责任。我们对此并不赞同。我们警告说，这种模式将会产生两个公司总部，这会造成监管的不确定和权力职能的重复。因此，规模经济便无法形成。

在圣诞节和新年之间，我去了瑞士滑雪。我对着魅力无限的阿尔卑斯山风貌凝视了一段时间，思索着一些完全无关于诺基亚的事情，直到我的手机响起来。电话另一端是诺基亚的待任总裁康培凯，他在十月份已经开始兼管负责运营工作。通话期间，我们决定了不应接受西门子建议的领导模式。除非其同意让诺基亚负责管理新生的联合企业，否则我们绝不达成协议。春季，我们探讨了一些实际问题，西门子最终也认可了我们的思维方式。2006

年6月19日，我们宣布了联合企业的成立，其名称为"诺基亚西门子网络（NSN）"。在新闻发布会上，诺基亚的代表人是康培凯。当时，我正因壳牌的商业事务在加拿大出差，了解着当地的油页岩项目和油气田。

新成立的公司会将诺基亚和西门子的大多数网络运营业务合并在一起，诺基亚和西门子各自拥有新公司的一半份额，其于2007年4月1日开始正式营业。正式营业被推迟的原因在于，西门子陷入了商业贿赂的丑闻当中。诺基亚的西蒙·贝雷斯福德-威利担任新公司的总裁，从而诺基亚便获得了我们曾经要求的掌舵者之位。西门子则将其投资视为了纯粹的财务决策，其会在时机适当时取消该项决策。最终，诺基亚也确实买回了西门子所拥有的那一半份额，并在2013年春季成为了该公司的唯一所有者。

在我担任总裁期间，为NSN交易进行筹备是我所做的最后一件大事。2006年5月31日下午，总裁办公室及其连带的会议间被移交给了康培凯。我则转到了诺基亚总部的另一个房间，其距康培凯的办公室相当远。既然我想到了这些，我也随之回想起了自己在那天完全未曾拜访过总裁办公室，然而康培凯却来访过我的房间。

搬运而来的条板箱在我的房间里已经堆放了好几个星期，里面全是些书籍、报纸和相片。此外，我还将一幅陪伴我很久的重要画作带到了这间董事长的房间里。这是我曾在顺境和逆境中都会观看的画作，画的作者是阿克瑟利·加仑-卡拉雷（Akseli Gallen-Kallela），他是芬兰文化界中一位赫赫有名的人物。像搬迁过程中常会出现的那样，用了很长时间才得以使这幅画作倚靠住墙壁，等到真正挂起来则又耗费了数月时间。

我曾收到过许多诺基亚同事的电子邮件，它们都被收集到了一本小册子中，其中的每条消息都特别温馨。然而，在我担任董事长的最后一段时光里，公司却产生了悲伤的气息。我们的一名同事，董事会成员爱德华·米其林（Edouard Michelin）于五天前不幸意外去世了，这的确是个让人震惊的消息。

我们应该如何去欢送一名已在诺基亚工作了二十一年零几个月，而如今却正处于事业收尾期的员工？适度即可。我曾说明过，诺基亚的文化没有空间容纳繁复的礼节仪式，我希望自己也不例外。四点钟，康培凯、我的秘书和我举起了各自的香槟酒杯。整个过程的持续时间不足十五分钟。等待运走的板条箱当晚便从总裁的房间被搬到了位于大楼另一部分的董事长房间里。欢送结束后，康培凯便成了后续工作的掌舵者。

第二天早晨，我就已经身处赫尔辛基机场了。飞往阿姆斯特丹的航班于8:15起飞，我于当地时间10:35抵达了海牙。我已经在这座城市买下了一间公寓，同意会在每周抽出两三天时间处理壳牌的商业事务。

在我的总裁任期走向尾声的那几个月里，我的忙碌程度毫不亚于从前的十四年。芬兰杂志《商业生活》的商务通讯员安娜–丽萨·利吕丝（Anna-Liisa Lilius）曾报道过我总裁生涯的最后一百天。当她开始采访时，她对于我仅仅为她腾出两分钟的时间空当而倍感震惊。或许，我在未来能够提供多一些的时间。

14年的诺基亚总裁生涯，我学到了什么？

诺基亚的发展历程关乎于多个层面：公司是如何初具规模并随之发展壮大的，诺基亚的年轻领导者们又是如何在芬兰经济史中肩负起重大责任的。对诺基亚而言，它是个经历了多方面成长和发展的地方。我担任了14年的企业总裁，这在该领域中委实称得上一段格外漫长的任期。

"这些是我的处事原则，如果你不喜欢它们，那么我还有些其他的。"格劳桥·马克斯（Groucho Marx）说道。他很少会表现出严肃的态度，他对价值观念和企业文化的谈论有时会被视为一种似是而非的漫谈。因此，最高领导层必须要以身作则地示范出，制定及遵循一些明确的原则标准不仅意义重大而且适当合理。每家企业都希望争取到优秀的员工，而企业的形象、价值观念及领导力文化在吸引杰出人才方面是至关重要的。

"Maailma alkaa Arlandan lentokentän takaa"是诺基亚在20世纪90年代早期的宣传标语，那时芬兰语还仍然是我们的工作语言，这句话的含义是："世界将从阿兰达机场起飞。"之后，政治变革及更为广泛的外交往来拉近了我们与其他陌生文化的距离。这些变化全被囊括在了"世界是平的"这句话中。这意味着，芬兰应当将整个世界与国内市场等同视之。高层管理者必须具备国际化的视野和思维，并且应确保企业能够清楚地知悉哪些事是实现全球化成功所势在必行的。因为这些都是力所能及之事。

当一家企业处于成长发展期时，其是健康而良性的。企业员工因之获得的鼓励性奖金也是丰厚可观的。远大的发展目标起着非常重要的激励作用，但是抵御发展中的艰难困苦也是必不可少的。一家国际上市企业不可能始终保持着一成不变的工作方式，我们从诺基亚的发展史中习得的最为重要的一条经验便是，应当在宏大的发展目标和程式化的工作行为之间谋求平衡。

一家企业最具价值的资产在于员工的头脑。作为总裁，管理员工是我的职责所在。我曾试图充分地了解最高管理层的300至400名管理者，同时也会与我们的所有业务区保持联系。工厂、研究实验室和餐厅是比董事会议室更好的沟通交流场所。那些才华卓越的员工在机遇降临之前根本无法彰显出他们的杰出才能，这也是我之所以将某些年轻人提升至高位的原因。此外，我们也尊崇教育背景和专业技术，并且大力倡导持续性学习。虽然直觉和创造力委实重要，但是倘若你想作出正确的决策，那么仔细地研究和透彻分析也是不可或缺的。

领导力关乎探讨交流。作为总裁，我曾尽力地去慎重对待企业内部和外部的交流问题。被公共关系所诱导是轻而易举的事，因为你得与媒体打交道。一家企业的地位绝不会像那些天花乱坠的文章所吹捧的那般强大，所陷入的危机也从来不会像那些尖锐至极的言辞所描述的那般严重。

担任总裁是一项非常孤独的工作，拥有一些坦诚而知心的谈伴便相当重要。我常常会同惠普公司的卢·普拉特（Lew Platt）、戴尔公司的迈克·戴尔（Michael Dell）、英特尔公司的安迪·格鲁夫以及太阳微系统公司的斯科特·麦克尼利（Scott McNealy）倾心畅谈。然而，仅有企业外部的互动还不够，你也需要在企业内部拥有一些能与你坦诚交谈的伙伴。这也是企业为什么应当在合理的工作流程基础之上建筑一种鼓励性的开放式文化体系。没有人能代表总裁作出决策。虽然咨询师和投资银行家属于重要的建议方，但是你必须要极度留心，决策的意愿和权力应当严格地由企业内部人员掌控。随着企业的不断发展成熟，咨询师往往都很容易用花言巧语去取悦企业的高管人员。我会尽量地保持高度敏锐的意识，以防企业落入圈套。

值得一提的并非仅仅是咨询师，某些高管人员对外部社会似乎也缺乏着全面而透彻的理解。他们不清楚政治家如何解决问题，也不会同工会成员或工人代表进行交谈。我一直都在设法与芬兰和国外的政界精英保持交流，我担任芬兰全国学生联合会主席的那段时期曾帮助我更好地理解了外部社会。当我说与政治家交谈时，我并非意指商界人士的决策应当取决于政界人士的意见，或是他们应当像政治家那样为人处世。我曾经目睹了卡利·凯拉莫和西莫·沃里莱赫托担任总裁的方式，见证了他们的成功、失败以及肩负的压力。但是，我却只是在亲身经历后才真正理解了这份工作的内涵。

中国是与众不同的

当我从诺基亚总裁一职卸任时，中国已经成了我们最大的市场。我们在移动电话领域的市场份额为31%，已经远远超越了我们的劲敌摩托罗拉。我们的成功绝非仅靠运气，因为在诺基亚的发展史中，涉及中国的长幅篇章早已有之。早在20世纪50年代，诺基亚就曾向中国出口过电缆。到20世纪80年代时，电缆制造机和计算机网络便取代了电缆的位置。十年后，诺基亚则开始向那里出口移动电话网络和手机产品。1985年，诺基亚在中国设立了首个办事处。

我们在20世纪90年代初了解到，中国人当时正在慎重地考虑应当选择哪种数字移动电话标准，而诺基亚和爱立信自然会推荐他们使用GSM。中国人最终作出了正确之选，诺基亚也于1994年在中国售出了首部GSM手机。

中国人或许很早就曾决定，他们那种资源短缺且难以维护的固话网络不值得勉强维持下去。假如他们这么做了，那么对全球经济的影响将是巨大的，罗马俱乐部曾在20世纪70年代预估过，中国的所有固话网络将会耗费掉世界的全部铜储量。中国人在早期就已作出定论，未来将属于无线网络，于是这个国家便腾跃式地进入了一个新纪元。然而，最终的结果却是固话和无线网络二者兼有。在90年代中期，中国在诺基亚的那些美国竞争对手们的强烈游说下也采用了CDMA网络。

在90年代中期，我们认为中国市场也将会成为移动电话的决定性战场。中国的经济当时正在蒸蒸日上，一批繁荣的中产阶级也随之应运而生。中国的年轻人都想要时尚的手机款式。我们抵达中国时曾赶上了好年头，于是我们便试图去做一些基础的工作。我从1988年的首次中国之行中所学到的最重要的一课是：你必须要彻底地了解这个国家。如果一家企业想了解该国的市场形势，那么总裁就应当亲自去拜访那里的政治家、政府官员以及中国企业的管理者。这是任何企业获取所需信息的唯一途径。通过与中国人交谈，你能够获得该国政治和经济的相关信息。对我而言，中国的经历一直都是我脑海中历历在目的回忆。我亲眼目睹了这个世界的新兴经济体是如何积蓄动力的，以及中国的决策者是怎样看待世界又是如何将想法付诸实践的。

诺基亚与中国的交往并非是单向的。90年代，中国人也对诺基亚产生了很大的兴趣。我至今还清楚地记得，他们对诺基亚进行首次"国事访问"的情景。1997年4月10日，国务院副总理吴邦国抵达赫尔辛基机场，他的团队希望花两天时间与诺基亚共处：分别在赫尔辛基附近的埃斯波和芬兰北部的奥卢各停留一天。中国人希望了解，诺基亚是否愿意在拓展GSM项目方面用充足的资源来与中国合作。我非常清楚地记得那次会面，因为我的母亲恰恰在前一天过世。中国贵宾用优雅的言辞恰如其分地讲述了这个请愿，就如同他们对待中国文化中最受尊崇的母亲那样。后来，我与这位副总理成为了很好的朋友。

在我的中国之旅中，我也曾试图多次接触普通人和平凡的场景。对许多市区城镇的走访让我更加清楚地勾画出了未来的图景，这些都是报告或幻灯片演讲无法带给我的。

在诺基亚，我曾与萨里·巴尔德奥夫分享过我对中国的兴趣。她建立起了我们的网络运营业务，并且成为了中国方面交易业务的世界级专家。我们会经常探讨诺基亚如何才能在中国取得成功。我每年都会前往中国三四次，萨里则更为频繁。我们曾共同创建了一种适用于决策者、企业家和普通人的独特网络，我们通过中国的管理者和员工获悉了这个国家社会氛围。

在2001年的中国之行中，我倾听了一位天赋非凡的年轻中国女性的诉说，那时她刚开始在诺基亚工作。凭借着她那一流的教育背景，她完全能够在任何一家国际企业中谋得一职，但是她却选择了诺基亚。原因是，"在这里有机会成为总裁"。她的看法听上去并不假：诺基亚之所以能够吸引杰出的中国人才，是因为它的官僚主义风气或社会等级现象少之甚少，甚至连美国公司都无法达到这种水平。在诺基亚，升职的速度会更快，公司的氛围也较为随性。

然而，诺基亚远行至中国市场的情形并非总如2006年那般辉煌灿烂。诺基亚在中国拥有三个办事处，当中国的制造商开始开设移动电话的分销网络时，我们便发觉自己受到了威胁。于是，我们也快速地找到了销售手机的新渠道。几年之间，我们已经拥有了70名分销商，而不久之后，中国那些最重要的城区中也都出现了我们的身影。此外，我们也开始生产一些更贴合中国市场的手机，其允许我们采用某些中国式元素。

中国的领导者很快就明白了，仅靠工业生产并不能为经济提供持久而可靠的基础。当就业机会不断增多时，中国人确实感到高兴，但是在产品研发领域中，那些存在于国际企业和中国同行企业之间的合资企业却被视为更优之选。对于那些能够在产品研发方面同时提供就业机会和发展机遇的企业而言，它们便有望在竞争日益激烈的市场中争取到更多的市场份额。

中国的手机制造商已经与国际企业展开了激烈的抗衡。出于本地保护主义的原因，中国政府愿意支持这些制造商。于是，我们不得不快速地改变了自己的策略。我们对中国乡镇营销网点实行了强化措施，我们剔除了某些中间环节，以确保我们的销售任务能够抵达那些真正的销售人员。当时，摩托罗拉还未参与这场游戏，因此我们的市场份额便呈现了涨势。

2004年，诺基亚在中国区的销售总额约为30亿欧元，诺基亚已经成为了移动电话市场的领军者。作为中国的移动电话网络供应商，我们也同样保持了自己的领先优势。2005年，我们的销售额已经攀升至39亿欧元。我们在中国拥有着近5000名员工，我们已经在世界发展最快的市场中取得了胜利。诺基亚的成功持续了几年，但是到2008年时，形势便发生了改变。那时，苹果的iPhone征服了中国市场，而中国本土的移动电话则采用了安卓操作系统。

　　我从中国还学到了什么？那就是，中国人（实则还包括其他亚洲人）非常重视与客户之间建立长期的关系与承诺。此外，中国还要求企业具有极强的竞争精神，假如一家企业想要从当地那些野心勃勃的企业中脱颖而出，这便是必不可少的品质。你需要生产出新兴中产阶级乐于购买的杰出产品。然而，最为重要的则在于，谨记中国绝对不同于其他市场，其并非是欧洲或美国的拓展分支。像其他公司一样，诺基亚若是希望在未来赢取中国市场，那么它就必须将此铭记在心。

总裁的痛苦

对高管人员的委任有时也会出现差错，据某位领导学大师估计，这种出错率约为30%。对总裁而言，该失误率甚至会更高。但或许绝大多数失误都会被悄无声息地掩埋起来。总裁的更换与员工离职不一样，尽管员工离职的确是大型国际化企业中存在的现象。卸任的总裁将会用更多的时间与家人共处、转向新的工作内容、担任新的董事会职位甚至会成为其他企业的总裁。

总裁倾注于其分内工作的时间已经比以往更少了。五六年之后，企业与领导者之间的关系便会达到瓶颈期。领导者需要自我更新，他们应当在思想及工作方法上推陈出新。匆忙的交谈已经令他们的生活变得愈发困难，一名总裁必须要在恶劣的环境中持续战斗。一家全球企业的领导者或许仅在一周之内就要走访三个大洲，虽然他可能会因此而酬劳颇丰，但是我们每个人的生命却只有一次。

我已经历了人生的酸甜苦辣。我体验过至高无上的成就感，也了解当企业因深陷危机，而使其股东、员工以及每一位曾对企业的辉煌前景确信无疑的人沮丧失望时是怎样一种感受。有几次，我自己都想彻底认输，但是这种感觉却从来不会持续太久。

我们无从提前预知谁将会成为一名优秀的总裁，其原因是多方面的。在你开始真正践行之前，你根本无法知晓这份工作会牵涉哪些方面。许多董事会成员都曾见过工作时的总裁，他们认为，自己即使无法做得更好，但至少也能和该总裁胜任这份工作的水平相当。一名优秀的总裁会让工作显得得心应手甚至毫不费力，这就像一名成功的运动员所表现的那样。然而在实际中，这却毫无定论可言，不过是某些人能够比其他人更善于快速地掌握这个尴尬的事实。可很多人却从未能领悟到这些，尽管他们确实是被指任的总裁。

　　一名新任总裁往往都会因其办公桌上所堆置的众多事务而感到震惊，其中约有70%的东西是他绝不希望看到的。这些并非是重大的要事，恰恰相反，它们大多都是些琐碎而令人头疼的事情。最终，这些事情可能会演变为某些危及到企业品牌和名誉的重大威胁。也可能是，企业恰巧及时地解决了某些一直悬而未决的问题。

　　在竞争高度激烈的全球市场中，决策的延迟可能是灾难性的。企业中那些举足轻重的管理者会对总裁的能力或缺陷得出自己的结论。一家企业的领导力可能会在极短的时间内瓦解坍塌，没有人能够独挑大梁，至少这在国际企业中是不可能的。这仅仅是总裁失败的一种方式，此外还存在着没有数百也有几十的多种失败方式。

　　当诺基亚在2004年的失败后开始整改产品研发的结构体系时，我曾将目标设定为，让企业在2006年重回稳步前进的状态。当时，我也希望接下来的一年能显示出好势头。因此，新任总裁，即我的继任者就应当从高处着眼。他不能将时间耗费在惋惜过去的失误或是试图纠正它们这些方面，我会竭尽全力地为他创建出一个最佳的起点，然后再将荣誉的指挥棒交付给他。

　　一切都要比我当初的设想出色很多。2006年秋季上市的N95推动着企业从2007年进入了2008年，或许还能继续走得更远。N95彰显了诺基亚席卷智能手机市场的卓越实力，直到那款将互联网装入口袋或置于手掌上的iPhone改变了一切。对此，我们已经谈论了很多年。

诺基亚在2007年的业绩成果为史上最佳，11月时其股票价格已经近乎达到了30欧元。这些杰出的成就应当归功于企业在中国以及其他地区的强大实力，而美国则是我们的市场份额唯一发生下降的地区。总的来说，诺基亚在移动电话市场的占有份额徘徊在40%左右。回顾从前的业绩便知，诺基亚这回是又创新高。

这或许将新任总裁康培凯的工作变得过于容易了。他实现了2006年的预算后，便在来年春季接任了这个责任重大的荣耀之位。虽然2007年的发展势头也相当强烈，但是公司的固定成本也在快速增加。对于新任总裁来说，预言诺基亚仍将会保持强有力的地位完全是件轻而易举的事，因为数据的状态一直良好，并且仍呈现着上升趋势。但是，这却是一种欺骗性的景象。其原因在于，2007年辉煌业绩的基础工作是预先就已被充分奠定妥当的。

游戏改变了

当史蒂夫·乔布斯于2007年6月在美国推出iPhone时，我们在森林另一片区的竞争地位便被强烈地撼动了。等到2008年末，iPhone就已经遍及整个世界。回顾过去，便能轻易地发现诺基亚的自满情结。我们懂得如何制造移动电话。事实上，诺基亚的某些人曾坚信苹果绝无可能赶超诺基亚的市场份额，他们甚至会认为苹果根本无法生产出一款功能完善的手机。iPhone在生产初期遇到的一些麻烦也曾佐证了这个观点，诸如天线故障问题。对诺基亚而言，其在移动电话制造方面的丰富经验则完全能够将这类问题最小化。

在2007年时，我曾充分地寄希望于执行委员会的分析能力，相信他们不会被自身的杰出成就蒙蔽双眼，并且我也希望去学习一些别的东西。当时，世界正在经历着多方面的发展：科技进步、设计领域的新潮流以及手机使用方式在消费者群体中的快速演变。这些都在拼命地飞速向前发展着，并且它们均对全球移动电话市场的竞争形势产生了一定的影响。我不清楚在自己担任董事长期间还必须要尝试开发多少种机型。如今，我则希望去尽力解决iPhone的降临给诺基亚造成的混乱。

随着秋季的临近，我决定对诺基亚的高管层进行一次调查。我同他们当中的十二人进行了交谈，询问他们是否将iPhone视为一名具有威胁的竞争对手。在这十二人中，两个人认为iPhone毫无威胁力可言，因为我们的塞班操作系统要优于苹果的iOS系统。其他十人则认为，我们不应对iPhone掉以轻心，其完全可能发展成一名实力强大的竞争对手。他们当中的某些人曾公开发表过一些不适宜的言辞来表达自己的观点。调查的结论是显而易见的，诺基亚的大多数要职人员都对苹果在智能手机的市场角逐中，是否已脱下了那副铁手套而保有着十足的警惕心。

有些书早已谈论过iPhone的成就，而这样的书籍也无疑会越来越多。该产品的触屏是一次伟大的胜利，其总体设计独特、实用且简洁。iPhone仅此一次便彻底地显示出，最重要的方面并非在于工艺、材料或甚至是iPhone那无法由使用者更换的手机电池。是的，绝不是这些。最重要的是那些应用软件、程序以及iPhone用户为其手机所购买的服务，这些内容包含的用户体验能够让一部手机变得与众不同。这种完善的手机生态系统是诺基亚从未能亲自创造出来的。"诺基亚俱乐部"或许曾指明了正确的方向，但是我们却未能走得长远。

如果你购买了一部iPhone手机，那么你所购买的绝不仅仅是一部手机，而是一张能够让你在这个快速发展演变的世界中畅通无阻的通行证，其会为你提供数字化的通行入口。这部手机能够与其他的苹果产品完美地协作，iPhone所提供的内容是诺基亚力不能及的。尽管如此，当我回想起iPhone的成功，才发现其远非是一蹴而就的。在2007年，iPhone首次发售时销售得相当缓慢，我仍然会感到安慰。但是，到了2008年春季，每个明智的人都清楚iPhone将会成为杰出的产品。

我们诺基亚的人自然也意识到了实际的形势。既然如此，我们当时为何没有在相应的方面有所行动？其原因是多方面的。在诺基亚，我们的惯例是，新任管理者在其工作的最初18个月中，会由上任管理者来引导。其实际意味着，新任管理者的工作会继续围绕着上任管理者所推出的产品进行。在另一方面，诺基亚的成功从来都并非仅依赖于一款产品，而往往是取决于一系列产品。

我个人对诺基亚产品种类的影响一直延续到了2007年，尽管我在上一年6月就已经从总裁一职卸任。那时，企业的发展情况仍然保持良好，因为我们制造出了潜力最佳的塞班手机N95。诺基亚的一切事务似乎都处于掌控之中，而我们也并未意识到任何威胁。

诺基亚很早就已开始采用塞班作为其智能手机的操作系统，而塞班也曾一度在变化的手机市场中奋力挣扎。诺基亚仅拥有48%的塞班份额，其他的所有者那时还不允许我们持有半数以上的份额。因此，在某种程度上而言，诺基亚属于其他塞班股东的因徒。然而，他们的兴致已经有所减退，所以诺基亚最终便得以彻底地掌管这项业务。诺基亚曾决定让塞班成为一个免费的源代码供应商，由此便形成了塞班基金会。诺基亚和其他某些业主曾将各自的操作系统程序移至塞班社区，以致让开放的源代码促进软件运行，同时促进服务领域的创新。开放式的塞班社区于2009年春季开始启动，由于某些协议的约束，其并未能公开所有的软件程序。尽管如此，2010年的代码发布规模也是有史以来最大的。

2007年，董事会接受了芬兰经济史中一项最大的交易。诺基亚收购了NAVTEQ公司，其是世界最大的地图公司之一。这项交易的总价值为54亿欧元，我们是以现金方式支付的。这项交易于10月宣布，虽然售价似乎确实过高，但是却明确地反映了诺基亚的策略意向。数字化地图及应用程序的重要性必定会不断增加，并且将会在网络服务中提供一种全新的视角。消费者们需要用自己的手机来搜索事实、服务甚至是彼此的位置信息，总而言之，他们希望抵达自己的目的地。诺基亚的地图将会让其手机用户的生活变得更加便捷。

在德国遭遇的困境

塞班并非是诺基亚存在的唯一问题，尽管其本身就已经有够多让我们头疼的问题了。但是，我们还存在着其他的困扰。诺基亚再次需要关闭德国波鸿的一家工厂。

2007年，波鸿唤醒了我们旧日的回忆。在这辉煌的十年之前，诺基亚就曾在那里关闭过一家工厂。那时关闭的是一家电视机工厂。如今，德国的移动电话工厂对我们的全球产量已没什么贡献，董事会一致认为该工厂已经不再具有竞争力。在这里继续设立工厂并非明智之举，并且其所需的维持费用也使我们感到犹豫，因为我们不久前才向罗马尼亚，确切地说是特兰西瓦尼亚，投入了巨额资金。然而，我们却完全能够预知，宣布这样的消息很可能会在德国引起糟糕的效应。倘若借助于政治手段，这件事就会容易很多，我们可以宣称，由于芬兰作出的决策而导致罗马尼亚人偷走了德国人的工作。

对于这件事，诺基亚董事会在2007年秋季曾持有完全一致的意见。根据我们之前的经历，我们很清楚在德国关闭工厂将会激起强烈的反应。我们了解，德国强大的工会运动会借此机会大展拳脚。一切都必须被计划得万分缜密而周全，我们应当兼顾好相关的政治关系，以致诺基亚不会因关闭工厂而受到损害。如果你想要关闭一家德国工厂，那么你就绝对不能出现任何差错。

我们在12月的董事会会议上详细审视了关于波鸿的计划，我们强调了审慎地处理自身与工会及政治家之间关系的必要性。我们认为，预先向德国总理默克尔（Merkel）和威斯特法伦州州长简明扼要地提及此事会起到一定的促进作用。一周之后，我向康培凯提起了这件事，并且告诉他我很乐于提供帮助。"这样就太好了。"他回答道。此外，董事会也讨论了应当如何将该消息在新年公布于众。这也正是出现问题的环节。

1月，我向康培凯询问了相关情况。他告诉我，工厂将会在本月15日关闭。当我问他应如何将此事告知德国的高层权威人士时，他则告诉我已决定采用不同的方式去处理。

董事会对此表示很难理解。我们已经在上次会议上就处理方式达成了一致意见，在那次会议后，康培凯和我们的企业关系负责人威利·桑德巴克也曾讨论了后续工作的进行方式。公司的德国法律顾问曾告诉过他们，事先与工会交涉是毫无意义的，因为他们只会去尽可能地拖延时间。律师的观点是，虽然短暂的强烈打击会更加让人痛苦，但是这个过程结束得也很快。孤立的爆发性运动往往更加倾向于拖延谈判时间，即使其确实会造成不小的煽动效应。

诺基亚需要在波鸿裁去2300名员工，工厂的关闭和裁员依照计划实现了，但是沟通交流的策略终究还是以失败告结。这个消息让默克尔倍加震惊，她曾在1月18日强烈地谴责了诺基亚关闭这家"具有存活实力的工厂"的决定。四天以后，1.3万名德国人便针对诺基亚而发起了游行示威活动。

诺基亚在四月份支付了裁员赔偿费用，对于那些未能找到新工作的工人，我们还需要为之设立一个培训机构。这一切耗费了约2亿欧元。无论如何，这明显要比那种缓慢而传统的谈判模式花费小。但是数周之后，康培凯便承认了自己的失策，因为诺基亚的市场份额"瞬间"从40%降为了35%。诺基亚为声誉问题付出了代价。

例如，《金融时报》曾在五月份指出，诺基亚在关闭工厂这一决策上的协商策略成功地激怒了整个德国。微小的失误已经发展成为巨大的错误。康培凯曾试图为此道歉，但是其效果却并不明显。在董事会看来，对关闭波鸿工厂的处理方式几乎完全有悖于诺基亚悉心培育了15年之久的文化和惯例，这委实相当令人堪忧。这件事由此便被记录在案。当诺基亚在2011—2012年执行裁员时，董事会就曾对此格外谨慎。

在波鸿当地进行的谈判协商于七月份告终，即使工厂在六月末就已经停止运作。虽然诺基亚自始至终都在尽其所能地提供帮助，但是这件事却对企业的名声、市场份额以及康培凯这位总裁的名誉统统留下了永久的污点。

五月末曾举行过一场艰难的策略会议，董事会在会上对领导团队所呈递的策略并不满意。诺基亚对于苹果公司并未做出实际的回应行动，当时苹果公司已经在移动电话市场取得了突破性的进展。数月之后，甚至连芬兰人，那些我们本以为会始终忠实于诺基亚的顾客，都开始连夜排队购买iPhone了。

在诺基亚的策略中，似乎存在着太多的疏漏和不确定性。其对具体行动所提出的明确目标或建议实在少之又少。董事会曾为此感到担忧，于是大家便约定，将会用整个夏季以及秋季的部分时间以草拟的策略方案为基础来进行进一步的探讨。

我们也强化了董事会的实力。德国软件公司SAP的总裁孔翰宁（Henning Kagermann）曾于2007年春季加入了我们，F-Security的创始人里斯托·西拉斯马（Risto Siilasmaa）也曾在一年后进入董事会。他们带来了自己对欧洲软件供应水平的透彻见解，董事会也希望我能够为此多尽些力。我们曾约定过，自己每周会为诺基亚奉献一两天的时间。现在，董事会则希望我再多尽些力，这是由董事会成员玛乔丽·斯卡尔迪诺所说。看来，我已经并非一名"执行董事长"了。

在康培凯上任后的最初18个月，一切都进行得比较顺利。董事会经常会询问这位总裁，我是否对他太过严厉苛刻，或是我是否会在正确决策或其他方面对他造成了阻碍。康培凯的回答十分清楚：约玛相当了解这家企业，我们的交谈也往往都是中肯而切题的。同时他也表示，一切都进展良好。

2008年秋季，全球经济发生了跌落性的巨大转变。九月，投资银行雷曼兄弟（Lehman Bros.）破产倒闭，其在世界各个证券交易所的股价一落千丈。这场危机的根源在于美国的房地产市场。房地产价格出现了难以控制的涨势，房产贷款就像庆祝活动中的五彩纸屑纷飞四散。那时，贷款都被包装成了复杂的衍生产品。在2007—2008年，一切都变得让人愁眉不展，金融领域也在经受着史上最为严重的危机。在2008年秋季，诺基亚的那些命脉数据仍然呈现着良好的状态，尽管其股票价格也毫无例外地发生了下降。

2008年12月，危机直接侵袭了诺基亚。在新旧年交替之际，移动电话业务团队收到了大批量的订单取消信息。销量状态极度疲软。虽然移动电话市场曾一度陷入了停顿状态，但是到来年年末时就已经恢复得差不多了。那时，诺基亚的高管层都在专注于谋求生存。企业觉察到了开销的压力，并且开始实行节约措施，例如通过削减差旅开销。在这个形势严峻的时刻，大家的关注点却都纷纷远离了那些最为重要的目标，即整顿塞班的结构体系，为市场开发出成功的产品。

艰难的决定

我卸任前打算在董事会留守两到四年的初始计划被耽搁了，董事会请我多留一阵子。于是，我同康培凯约定了期限。我们的秘书负责预定时间，我们则按约定的时间共同梳理一些问题。康培凯负责管理企业的运营，我的工作则在于确保其能够正确地遵循董事会决策的路线方针。此外，我也乐于随时提供帮助。

在2009年以前，我们希望为董事会留出一些喘歇的空间。N97于2008年末发布，并于第二年六月在美国上市，不久之后又在其他的一些国家陆续开始发售。该款手机为触屏式，并且具有侧滑键盘。其使用的是塞班软件并且具备Skype功能，因此，人们能够用它通过互联网来进行通话。这款手机是在N95推出后三年上市的。

N97并未能对iPhone造成冲击。它的软件功能不够完善，并且存在着其他一些基本的技术问题。安西·范乔基后来将其描述成一种令人失望的用户体验。这只是一种委婉的说法，其实则意旨N97是一次彻底的失败，而此时却恰恰又是诺基亚亟需取得成功的时候。

董事会在2008年的感受后来被不幸地印证了，但是这种迹象在当时还并未清晰地显现出来，因为那时的业绩成果仍然势态良好。N95是一次伟大的成就，销量可观，资金财源随之滚滚而来。可是，我们却没有透彻地看清这个策略，以致其酿成了惨淡的结局。2009年春季，诺基亚内部传出了企业正在沉陷的消息。事务的发展开始出现阻滞状态，决策的进度被拖慢放缓了，讨论中也越来越多地提到委员会。这些消息来自于四面八方，并且谈论声不是很大。但是，那些领导者却本应对此更加关注重视。

康培凯曾在2007年实行过一次改组重构，但是其效果却并不显著。任何一名总裁都是在根据自己的想法创建企业，康培凯的职能组织机构授权了足够多的代表团体并且设立了大量的工作小组，但是最终的决策权还是取决于总裁。至少，这个最终环节也是一种希望。在实际中，事务大多先由工作小组探讨，以总结出小组内部无法解决的争议问题。这些处事方式曾在董事会于2007年探讨改组重建计划时被提出，经过长时间的讨论后，董事会决定支持总裁的这些改革提议。

总裁的更换对企业而言往往都是一次冒险，在诺基亚，更换总裁的标准一向都被设定得很高。董事会往往会关注策略问题，而非运营问题。诺基亚的文化中从来不允许出现粗心大意或匆匆忙忙的决定，因此，康培凯便得以拥有这次机会来显示他的真才实干。康培凯是一名经验丰富的企业管理者，但是作为一家大型全球企业的顶级领导而言，其资历还明显尚浅。在这个层面上，他的上任可谓是一场赌博。你永远也无法估计一名总裁的潜力有多大，康培凯是这份工作的最佳人选，他将自己过去25年在诺基亚及其他地方所积累的专业技能都用在了这场赌局中。他对这份工作所怀有的那份尽心尽力的真诚是绝对不容置疑的。

康培凯领导的这家企业不仅面临着内部挑战，还面临着与苹果、iPhone以及史蒂夫·乔布斯的血腥之战。诺基亚的总裁是无法平静地度过其任期生涯的，竞争对手经常都会出其不意地涌现出来，而这也便是康培凯将要面对的。

康培凯曾率先承认自己并非软件专家,这的确是事实,然而那时的我也是如此。史蒂夫·乔布斯不仅是名副其实的软件专家,而且对客户、服务设计及市场营销也有着充分的理解。比尔·盖茨也是位软件专家,尽管他曾被认为在事业起步阶段窃取了他人设计的软件。

总裁不必成为软件或其他技术领域的专家,他真正需要的是对基本原则的探究热忱以及知人善用的能力。诺基亚未能找到那种能够将企业转型为软件公司的人。由于对塞班的依赖和信任,诺基亚已经变得停滞不前且实力虚弱。董事会相信企业拥有着充足的软件专业人才,高管层也曾向他们保证,企业在基本技能方面不存在任何问题,并且塞班的相关难题也会被解决。

在2009年的夏季和秋季,预警信号开始真正严峻起来。我经历过多个这样的夏天,那时问题开始显露,这种感觉很糟。我的身体会比思想或头脑更早地感知到即将发生的麻烦。2009年也是如此,我的身体曾感受到一种无力和疼痛。我认为,最多多一年后企业就将要经历艰难时期,这或许会是诺基亚有史以来最为严重的一次危机。

在8月的鳌虾派对上,一名诺基亚董事会成员首次问及了企业是否一切进展良好。他说出了我一直以来的担忧。他说,事态的发展似乎没有朝着董事会所希望的方向进行。到了本年末,董事会举行了一场年度评估,其对自身的行事情况及董事会主席的表现进行了评价。副主席玛乔丽·斯卡尔迪诺是这场讨论的主持者,讨论则主要围绕着企业运营的管理方式。会上,几乎每位董事会成员都问及了总裁的办事是否存有失当之处。这些讨论也是后续事件的导火索。

在2010年1月的董事会会议上,我们对公司的竞争力进行了长时间的探讨。我的任务是同执行委员会成员在广义层面上讨论企业的领导力问题,委员会对该问题的意见几乎完全一致,只有一名芬兰成员认为最终的决定是仓促且出乎意料的。

在2月到4月之间,我在康培凯知晓且赞同的前提下举行了多场面谈交流。每场交谈的持续时间为半小时到九十分钟不等。我将这些交谈在一段相当长的时期中分散开来，因为我不希望让人们觉得我们正处于一种亟需快速解决方案的危机之中。我试图去寻找承压点的确切位置，以及它们是如何影响了企业的效率。每场交谈结束时，我都会用同一个问题收尾：康培凯是领导诺基亚的正确人选吗？

这些交谈进行得并不容易，但是，我很了解与自己谈话的每个人。他们都在谨慎地措辞，并且都希望对董事长的提问作出慎重的回答。我总共进行了十二场面谈，绝大多数是在总部会议室进行的，只有一场发生在我出访伦敦期间。

在我咨询的人当中，约有半数人毫无保留地支持康培凯，而其余的人则用尽可能委婉的言辞表达了他们自己的怀疑。康培凯是一位体贴和善的人，他不会引起任何人的反感。然而，那些怀疑他的声音却有着足以让人信服的力度。与董事会成员的这些交谈并没有让这些人成为总裁，但是他们确实提供了重要的支持证据。5月初，董事会便开始筹备着下一项决定性行动，诺基亚会尽快委任一名新的总裁。我们为此成立了工作小组，遴选委员会，其由玛乔丽·斯卡尔迪诺、佩尔·卡尔森和我组成。

新任领导

六月中旬，玛乔丽·斯卡尔迪诺、佩尔·卡尔森和我在伦敦聚首，见面的地点是我经常造访的伯克利酒店。我们很快便商定了后续的行动。玛乔丽·斯卡尔迪诺将会与猎头联系，我们一致同意雇请史宾沙管理顾问咨询公司，一家为IT及通信科技公司招募高管人员的专业化公司。

咨询师们马上便开始着手工作，他们准备了一张清单让我们三个人过目。总共耗费了不到一周的时间，随后我们便从清单中选出了五名美国候选者。此外，还有两名候选者是诺基亚内部成员：领导移动解决方案部门的安西·范乔基和负责服务与设备部门的尼克拉斯·萨万德（Niklas Savander）。他们两人均是董事会成员，在企业的任职时间也都很长。我们决定对他们和外部候选者一起面试，唯一的问题则在于，我们必须要找到那些外部候选者。

寻找诺基亚的新任总裁是我的任务，虽然猎头曾将之作为了自己的分内之事。我必须要立刻动身，这是刻不容缓的事情。六月末，我便乘坐私人飞机从赫尔辛基前往圣弗朗西斯科。我计划用三天时间与这五名候选者会面，其中三场会面是在四季酒店进行的，分别是早餐后一场、午餐后一场以及私人会议间一场。这些结束之后，我便继续前往雷德蒙德和微软帝国的心脏。

雷德蒙德的酒店不是很多，因此我便于早餐结束后在自己的套间中会见了候选者，以避免产生流言蜚语。晚上，我则再次登上自己的飞机从西海岸向东飞去。我在长岛的南安普顿与最后一名候选者共进了晚餐，这片区域曾因弗朗西斯·斯科特·菲茨杰拉德（Francis Scott Fitzgerald）的小说《了不起的盖茨比》（*The Great Gatsby*）而出名。在东海岸的最后这次会面结束后，我的任务就近乎完成了。我在前往机场的途中和猎头在车内见了面，之后便登上了飞往赫尔辛基的飞机。

我的三天之旅以及我所会见的那些候选者让我感到高兴。尽管如此，当我在回程的航班上重新反复思索这些事时，我仍然不确定是否能从这群人中为诺基亚找到正确之选。我们不但得确信自己的选择，被选中的候选者也必须要有意领导诺基亚。这些便是我在伴随着飞机那平稳的嗡嗡声昏昏入睡之前的所思所想。

我马上还要和另外两名候选者面谈，他们都拥有着适宜的从业背景，并且都有望领导诺基亚，尽管在发展方向上会略有差异。对我而言，为所有候选者进行排序并不难。我的首选是一名美国人，他是一家知名科技公司的二把手，年龄50岁左右，曾在同一家企业中度过了相当漫长的时间，他是靠自己逐步地晋升至如今这个权威之位的。

我对自己偏爱有加的个别候选者进行了二次会面，与他则发展到了第三次交谈。他和诺基亚无疑都是彼此间的最佳之选。这名候选者通晓世界科技企业的情况，而我也很喜爱他的领导风格。此外，他的价值观似乎也非常符合诺基亚的理念。但是，我的候选人在经历了长时间的深思熟虑之后却决定退出，当中的原因完全是个人性质的，其与诺基亚并无关联。

继此之后，仅有一名外部候选者进入了最终的环节。他便是加拿大人史蒂芬·埃洛普。他是微软办公软件部门的领导，也是微软公司的高管团队成员。在此之前，他已经在美国企业中度过了相当长的职业生涯。他曾为奥多比（Adobe）和瞻博（Juniper）效力过，这个人似乎既是一名优秀的销售人员也是一位果断的管理者，并且他还具备着软件科技领域的相关经验和专业技能。这些都是诺基亚非常渴求的能力和品质。此外，他还热爱冰球运动，这对芬兰人来说是一项重要的运动，尽管这项技能在对他进行评选的过程中并未起到什么作用。

我喜爱史蒂芬·埃洛普在谈论自身经历、微软和诺基亚时的那种芬兰式的直率，他的身上没有华而不实的成分。他不仅热情充沛而且能力很强，同时他的额外功课也做得相当好。他非常了解自己希望领导的这家企业。早在诺基亚和微软宣布其合资企业的前一年，他就已经开始密切地关注诺基亚了，并且他在这次合作中也曾起到了至关重要的作用。

然而，我还是向自己提出了很多问题。史蒂芬·埃洛普似乎是一名善于沟通的人，他能够涌现出许许多多的想法，但是他是否能够有效地委派任务？他是否具备十足的"产品思维"以取得与史蒂夫·乔布斯类似的成就？在他的加拿大人外形下，史蒂芬·埃洛普确实能成为一名美式领导者吗？他确实兼具这类领导所必备的积极或消极的特质吗？他理解诺基亚吗？

遴选委员会和诺基亚的所有董事会成员均对这些问题进行了考虑，最终的答案令人满意。因此，讨论便继续进行了下去。

外部候选者由此便被确定下来。此外还有两名内部候选者有待抉择，我曾在2010年春季对他们进行了匆忙的面试。尼克拉斯·萨万德在一轮面试之后便被淘汰出局，于是最终还剩下两名竞选者：史蒂芬·埃洛普和安西·范乔基。

安西·范乔基已经在诺基亚度过了一段漫长且飞黄腾达的事业期，他曾在没人相信诺基亚的时候而坚守着对诺基亚品牌的信任。安西易于产生强烈的情感，无论是支持还是反对，这源自于他那自信、易怒且略具美式风格的人格特质。如果他被选为康培凯的继任者，某些高管人员将会因此离开公司。至少，那些人曾这么说过。尽管如此，销售和市场营销业务区中却没有人会质疑安西的成就。他往往都能从他的销售之旅满载而归，即使客户并非总是他最热情的拥护者。

这些年以来，安西·范乔基像我们所有人一样已经变得成熟起来。他那强硬的性格已经有所软化。然而，我们此次的选任却并非基于个人品质。安西所带来的业务似乎并不足以让他获得总裁的职位。在诺基亚，他一直负责的部门本应生产出与苹果相抗衡的产品。他曾负责过MeeGo项目，雇用了2000名员工。而谷歌的安卓却仅仅需要四五百人。此外，MeeGo项目也未能带来我们所期盼的结果。如今，卓蓝（Jolla）已经在其手机中使用了相同的平台，但其效率却更高。因此，卓蓝便收获了自己的硕果。我们曾问安西，如果由他来掌控全局，他会希望将诺基亚领往何方。然而他的答案却并没能为自己增加优势。

我向安西解释了我们的决定，他自然是既惊讶又失望。八月，我也向康培凯传达了我们即将任命新总裁的决定。他对这个过程发生得如此迅速而倍感吃惊。实际上，任何人都完全不应对这个消息感到意外，因为我的美国之行已被《华尔街日报》透露过，其启发性地向读者告知了诺基亚正在寻找新任总裁的消息。这篇报道刊登于7月22日的报纸上，细节相当精准，因此泄密者必定是候选人之一。这是一次具有损害性的泄密，但是，由于我们加速了遴选过程，结果并未受到影响。

当诺基亚的董事会在8月认可了新任总裁时，一名董事会成员曾对我们的办事速率之快而感到震惊。他认为，我们本来应该再给康培凯一些时间。而其他人却并不这么认为。事不宜迟，我们便在最后关头作出了决定。

2010年9月10日，在赫尔辛基当地时间上午8:30，记者和分析师们获悉了史蒂芬·埃洛普已被选为诺基亚总裁的消息。在这天的晚些时候，我们在拥挤的礼堂中举行了一场新闻发布会。在这里，我曾多次举办过类似活动。五年前，我曾在这里宣布了自己卸任总裁一职的消息。当我坐在聚光灯下为康培凯在诺基亚的长期效力而对他表示感谢时，相机的快门声便频繁地响了起来。如今，企业又一次要朝着新的方向起航，这回则轮到史蒂芬·埃洛普接受我的祝愿。虽然不清楚前方将会如何，但是我却会竭尽全力地扮演好自己的角色。

激发个人成长

多年以来，千千万万有经验的读者，都会定期查看熊猫君家的最新书目，挑选满足自己成长需求的新书。

读客图书以"激发个人成长"为使命，在以下三个方面为您精选优质图书：

1、精神成长

熊猫君家精彩绝伦的小说文库和人文类图书，帮助你成为永远充满梦想、勇气和爱的人！

2、知识结构成长

熊猫君家的历史类、社科类图书，帮助你了解从宇宙诞生、文明演变直至今日世界之形成的方方面面。

3、工作技能成长

熊猫君家的经管类、家教类图书，指引你更好地工作、更有效率地生活，减少人生中的烦恼。

每一本读客图书都轻松好读，精彩绝伦，充满无穷阅读乐趣！

认准读客熊猫

读客所有图书，在书脊、腰封、封底和前后勒口都有"**读客熊猫**"标志。

两步帮你快速找到读客图书

1、找读客熊猫

2、找黑白格子

马上扫二维码，关注**"熊猫君"**

和千万读者一起成长吧！

图书在版编目（CIP）数据

诺基亚总裁自述 /（芬）约玛·奥利拉
(Jorma Ollila)，（芬）哈利·沙库马
(Harri Saukkomaa) 著；王雨阳译. -- 上海：文汇出
版社，2017.11
ISBN 978-7-5496-2352-5

Ⅰ. ①诺… Ⅱ. ①约… ②哈… ③王… Ⅲ. ①移动通
信-电子工业-工业企业管理-经验-芬兰 Ⅳ.
① F453.166
中国版本图书馆CIP数据核字(2017)第271565号

诺基亚总裁自述

作　　者 /　[芬]约玛·奥利拉　哈利·沙库马
译　　者 /　王雨阳

责任编辑 /　吴　华
特邀编辑 /　袁海红　乔佳晨
封面装帧 /　谢明华　余晶晶

出版发行 /　文汇出版社
　　　　　　上海市威海路 755 号
　　　　　　（邮政编码 200041）
经　　销 /　全国新华书店
印刷装订 /　三河市龙大印装有限公司
版　　次 /　2018 年 1 月第 1 版
印　　次 /　2018 年 1 月第 1 次印刷
开　　本 /　710 × 1000mm　1/16
字　　数 /　345 千字
印　　张 /　25.5

ISBN 978-7-5496-2352-5
定　　价 /　69.00 元

侵权必究
装订质量问题，请致电010-85866447（免费更换，邮寄到付）